身体を中心から変える

コアパフォーマンス・トレーニング

Mark Verstegen and Pete Williams

PERFORMANCE

マーク・バーステーゲン＋ピート・ウィリアムズ=著

咲花正弥=監訳　栢野由紀子＋澤田 勝=訳

大修館書店

CORE PERFORMANCE

by Mark Verstegen and Pete Williams

Copyright © 2004 by Joxy LLC

Japanese translation rights arranged
with Mark Verstegen and Pete Williams
c/o David Black Literary Agency, Inc., New York
through Tuttle-Mori Agency, Inc.,Tokyo

Taishukan Publishing Co.,Ltd.
Tokyo, Japan, 2008

エイミーへ捧げる
　　　　　──マーク・バーステーゲン

スージー、そしてルークへ捧げる
　　　　　──ピート・ウィリアムズ

謝 辞

　この本は、人生をさまざまな角度から継続して向上させていくために、いまも進行している学びの過程の一部分です。この本のページに反映されている私の知識やプログラムそして情熱を育てるのに、力を貸してくださったすべての方たちに感謝したいと思います。一人ひとりお名前をあげているとページが尽きてしまいますが、なかでも次の方たちには特に感謝したく思います。

　両親。愛を注ぎ、私の人生の支柱となる力を育んでくれました。あなた方が示し、教えてくれたことの生きた例に私がなれれば、と願っています。また、示唆に富むロールモデルとなり、現在そしてこれからの私を形つくってくれた、血のつながりのあるなしにかかわらず、私の親戚にも感謝しています。

　私の指導教官であったケイとサラ・クリュッケンバーグ。こんなに早く2人と人生の意味を分かち合うことが終わってしまうとは思ってもいませんでした。いまも2人を手本として毎日を過ごしています。友というのは、本当に人生という庭に咲く花です。

　アスリーツ・パフォーマンスでトレーニングをしているすべての人たち。その一人ひとりが我々に示唆を与え続けてくれ、我々の最善の追求を受けるに値する人たちです。また、アスリーツ・パフォーマンスのスタッフとアスリーツ・パフォーマンス・コミュニティのみなさん。みなさんが私に力を与えてくれたのと同じくらい、私が皆さんに力を貸すことができているでしょうか。みなさんを代表することができるというのは、私にとってかけがえのない名誉です。

　大切な協力者、ディビッド・ブラック、ピート・ウィリアムズ、そしてクレイグ・フリードマン。私の構想をともにしてくれてありがとう。ルー・シュラー、ジャーミー・カッツ、そしてローデール・チームの皆さん、私のメッセージを他の人々に伝えるための手助けに感謝します。

　限りないサポートと、いかに2人の人間が愛や喜び、そして友情をも分かち合えるかという私のわがままな期待に応えてくれている私の妻、エイミー。毎日を感謝しています。私にとってのコアは、あなたです。

マーク・バーステーゲン

日本の読者のみなさんへ

　この『コアパフォーマンス・トレーニング』を通じて、私たちのコア・パフォーマンス・システムを日本のみなさんへお届けできることは大変うれしいことです。ことに日本文化から多くのことを学び、日本の方々との友情を長年にわたって育んでいる私にとっては、大きな誇りに感じています。
　「人生」というゲームで自らのパフォーマンスを向上させようと本気で取り組んでいる人、ことにそのゲームの場に「スポーツ」というフィールドを選んだ人にとっては、全体的・統合的なアプローチこそが大切だと、私は信じています。
　この本は、アメリカによくある「ハウツー」本ではありません。総力を挙げて成功への後押しをしようという、国際的な分野の専門家たちがチームとなって結果を生み出してきたシステムです。
　本書ならびにコア・パフォーマンス・システムは、プロのアスリートのためのものと思い込んでいる人たちがたくさんいるのは私にとっては不思議なことです。たくさんのトップアスリートたちがこのシステムによって大きな成功を得ていることを考えれば無理がないかもしれません。
　しかし、偉大なアスリートたちの成功のサポートができたことは大変名誉なことではありますが、それよりも、オフシーズンもなくトレードもないけれど、代わりに突然の退職勧告や、時間に追いまくられ、技術に追いかけられるストレスだらけの職場環境など、「人生」という場で戦う人たちにこそ、このシステムは強力にサポートできるという成果を経験しています。
　人生において様々な出来事に遭遇しながらも、何かを「達成したい」と思っている人たちや、「今日よりも明日は少しでも向上していたい」と思っている人たちにとってこそ、コア・パフォーマンスの価値は高くなると思います。
　あなたが朝目覚めてから夜の眠りにつくまでの間を最適なものに整えるため、すなわちリフレッシュし、エネルギーに満ち、自信を持ってそ

の日のチャレンジに向かうために最も効果的なシステムでサポートするための本がここにあります。

　ここに書かれたホリスティック（全体的に把握し、全体的に対応していく）な考え方は、私たちの「人生やスポーツを成し遂げていくための核となる土台」を身につけていこうという強い信念に基づいています。「成し遂げるための核」とは、「考え方の骨組み」「栄養」「動き」「回復」の４つであり、この４つの柱が継ぎ目なく統合された時に、病やケガから身体を守りつつ、より高い場所を目指すためのエネルギーを作り出してくれるのです。いくつかのシンプルなことをしっかりと実行して、「成し遂げるための核」をマスターすれば、一生涯持続することが可能な土台を手に入れられます。

　人間として、職業人として、運動選手として、ワールドクラスの人物になるためには、素晴らしい何かを一度だけすればよいのではなく、毎日、毎年、常にし続けること、また常に成し遂げていくことが必要です。一度この考え方を身につけることができれば、身体的な準備や回復ができるようになります。この基礎を身につけ、次にパフォーマンストレーニングに取り組めば、より専門的で個別的な目的や目標に向かった調整ができるはずです。

　ようこそ、コア・パフォーマンスの仲間へ。みなさんのそれぞれの夢を実現させる入り口にこの本がなってくれることを願い、ここをスタート地点にして、みなさんとのつながりがこれからも続き、強くなっていくことを望んでいます。

アスリーツ・パフォーマンス創設者・会長

マーク・バーステーゲン

監訳者のことば

　日本でもファンクショナル・トレーニング、コア・トレーニング、コレクティブ・エクササイズなど、より競技特性に合い、かつ理に適ったトレーニング方法や、体幹部を中心に人間の基本動作を補助する筋肉群を鍛えるトレーニング方法などが随分普及してきました。

　しかし今日まで、アスリートを取り巻く環境を様々な方向からサポートする、ひとつの完全なる体系としてのシステムを提案し、実践してきたところがいくつあったでしょうか。

　原著者であるマーク・バーステーゲンは、常日頃からアスリートを取り巻く環境を、いくつもの小さな歯車から成り立つ、ひとつの大きな機械に例えています。パフォーマンスという歯車を中心に、生理面、心理面、技術、戦術、競技環境、感情面という歯車が取り囲む。さらにそれぞれの歯車の周りには、生理面だけを考えても、ストレングス、パワー、エネルギーの供給システム、栄養、健康状態など様々な要素が関与しているのです。それら小さな歯車の1つが減速してしまえば、中心にあるパフォーマンスという歯車はもとより、すべての歯車が減速し、その選手のパフォーマンスレベルは減退してしまいます。また、1つの歯車に異常に執着し、手間隙かけてその歯車に油をさしたり磨いたりして機能するように準備をしても、その他の歯車を無視していては、選手のパフォーマンスは一向に進歩しません。

　競技の技術、戦術などという部分にはあるところまでしか関与できないにしても、その競技で身体にかかる負荷を理解し、その選手に必要とされる運動量や質を計測し、競技環境を考慮したうえで、栄養面、心理面も含めたトレーニングプランをアスリートに提供する。これがコア・パフォーマンスの根幹にあるフィロソフィー（哲学）であり、アスリーツ・パフォーマンスで実践され、数々の成功を収めてきたシステムなのです。

　『コア・パフォーマンス』という原本の表題だけを見れば、アメリカから入ってきた体幹トレーニングのハウツーものだと思われてしまうかもしれません。しかし、お読みになっておわかりいただけるように、こ

れはマークの哲学であり、科学的根拠に基づいたトータルなサポートシステムなのです。

　これまでにアメリカをはじめヨーロッパでも出版され、現場の指導者だけでなく、選手自身がこれを読み、ただ単にパフォーマンスが向上したというだけでなく、選手寿命が延びたり、ケガからの復帰が早まったりしたという体験談が多く寄せられています。また、トレーニングに熱心に取り組んできた一般の読者の方々から、この本から多くを学び、職場や家庭など、プライベートでのパフォーマンスが劇的に変化したという声もよく耳にしました。日本のみなさんには決して目新しい情報ばかりではないかもしれません。ただ、今まで目や耳にしてきた様々な断片的な情報を、ひとつのシステムとして実践できるサンプルがこの本には詰まっています。

　今ではアメリカの4大スポーツのアスリートたちだけでなく、サッカーではドイツ代表やプレミアリーグチームを指導し、中東ではアジア大会で優勝したサッカーのカタール代表、ワールドカップ3位となったラグビー・アルゼンチン代表も、マークが提案したこのシステムを実践しています。

　5大陸を飛び回る、まさに国境なき指導活動をしている彼は、日本にも数回訪れており、かねてからこの本を通じて、日本のアスリートをはじめ、指導者やトレーニングに真剣に取り組む方々をサポートしていきたいと願っていました。

　この本を手にとってくださった方々には、コア・パフォーマンス・システムのトレーニング方法だけでなく、そんなマークの情熱や思いも読み取っていただけると信じています。

　　　　　　　　　　アスリーツ・パフォーマンス　パフォーマンス・スペシャリスト

　　　　　　　　　　　　　　　　　咲花　正弥

CONTENTS

謝 辞・iv
日本の読者のみなさんへ・v
監訳者のことば・vii
はじめに・xiii

PART 1 　コアへようこそ ——————————— 1

第1章　コアって何？……………………………………… 2
　　　　　　　　自分自身への投資／8

第2章　コアの始まり……………………………………… 11

第3章　コアへの挑戦……………………………………… 16
　　　　　　　　運動の3平面／17　　"かしこい身体"をつくる／18
　　　　　　　　ゴールの設定／19

PART 2 　コア・ワークアウト ——————————— 21

第4章　基 礎 ―強い支柱〈ピラー〉をつくる― ……………… 22
　　　　　　　　スーパーセブン／25

第5章　ムーブメント・プレパレーション ―動きのための準備― … 28
　　【エクササイズ】ヒップ・クロスオーバー／32　　スコーピオン／33
　　　　　　　　カーフストレッチ／34　　ハンドウォーク／35
　　　　　　　　インバーテッド・ハムストリングス／36
　　　　　　　　ラテラルランジ／37
　　　　　　　　フォワードランジ、フォアアーム・トゥ・インステップ／38
　　　　　　　　バックワードランジ・ウィズ・ツイスト／39　　ドロップランジ／40
　　　　　　　　スモウスクワット・トゥ・スタンド／41

第6章　プリハブ ―身体を守りながら、鍛えるための準備― ……… 42

【エクササイズ】フロア／バランスボールY／45　　フロア／バランスボールT／46
フロア／バランスボールW／47　　フロア／バランスボールL／48
バランスボール・プッシュアップ・プラス／49
グルトブリッジ／50
サイドライイング・アダクション・アンド・アブダクション／51
クワドラプト・サークル／52
ピラーブリッジ・フロント／53
ピラーブリッジ・サイド、ライト・アンド・レフト／54

第7章　バランスボール・エクササイズ …………………………… 55

【エクササイズ】ラテラルロール／58　　ロシアンツイスト／59
プレートクランチ／60　　ニータック／61
ライイング・オポジット／62　　リバースハイパー／63
リバースクランチ／64　　ヒップ・クロスオーバー／65
ブリッジング／66

第8章　弾 性 ―エネルギーを蓄え、そしてリリース― …………… 67

【エクササイズ】ベースローテーション／71
ベース・サイド・トゥ・サイド／72
ワン・レッグ・オーバー・ザ・ライン／73
スプリットジャンプ／74　　スクワットジャンプ／75
ラテラルバウンド／76　　アンクルジャンプ／77
リアクティブ・ステップアップ／78
タックジャンプ／79　　ゲットアップ／80
サイド・トゥ・サイド、ジャンプ・トゥ・スプリント／81
スリーハードル・ドリル／82　　プライオ・プッシュアップ／83

第9章　ストレングス ―動きに必要な筋力を養う― ……………… 84

【エクササイズ】オルタネット・ダンベル・ベンチプレス／88　　ベンチプレス／89
ワンアーム・ワンレッグ・ダンベル・ロウ／90
ダンベル・フロントスクワット・トゥ・プレス／91
スプリットスクワット、ランジ／92
フロア／バランスボール・レッグカール／94
ケーブル・ワンアーム・ローテーショナル・ロウ／95

　　　　　ケーブル・チョッピング／96
　　　　　ケーブル・リフティング／98
　　　　　ダンベル・プルオーバー・エクステンション／100
　　　　　スプリット・ダンベル・カール・トゥ・プレス／101
　　　　　ルーマニアン・デッドリフト／102
　　　　　プルアップ／103

第10章　エネルギー供給システムの開発（ESD） 104

第11章　リジェネレーション —再生：明日への準備— 110

【エクササイズ】AIS ロープストレッチ：ストレートレッグ・ハムストリングス／117
　　　　　AIS ロープストレッチ：カーフ／118
　　　　　AIS ロープストレッチ：ITバンド、グルト／119
　　　　　AIS ロープストレッチ：アダクター／120
　　　　　AIS ロープストレッチ：クワッド、ヒップ／121
　　　　　AIS ロープストレッチ：トライセップス／122
　　　　　AIS バランスボール：リーチ・ロール・リフト／123
　　　　　AIS 90 - 90ストレッチ／124
　　　　　AIS クワドラプト・ロッキング／125
　　　　　AIS ショルダー（サイドライイング）／126
　　　　　フォーム：ハムストリングス／127
　　　　　フォーム：ITバンド／127
　　　　　フォーム：クワッド／128
　　　　　フォーム：グロイン／128
　　　　　フォーム：グルト／128
　　　　　フォーム：バック／129
　　　　　フォーム：ラット／129

第12章　コア・ワークアウト・シート 130

　　　　ワークシートの見方／130
　　　　コア・ワークアウトへの準備とは／133
　　　　どのようにトレーニングすればよいか／133
　　　　コア・ワークアウトへの準備／136
　　　　コア・ワークアウト
　　　　　〈フェイズ1／141　　フェイズ2／145　　フェイズ3／149
　　　　　　フェイズ4／153　　短縮版／157〉

PART 3　コア・ニュートリションプラン ──── 163

第13章　食事を考える10のポイント ………………… 164

【ポイント】No.1 少量を何回も食べよう／165
No.2 タイミングがすべて／166
No.3 すべての糖質（カーボ）は平等につくられていない／171
No.4 プロテインを知ろう／174
No.5 脂肪は素晴らしい／175
No.6 最も大事な食事――朝食／177
No.7 昼食と夕食はコンボで／177
No.8 間食は悪くない／179
No.9 サプリメントを毎日の習慣に／180
No.10 水分たっぷりでいよう／182

第14章　コア・パフォーマンス・フード ―「よい」「普通」「悪い」食品を考える ……………… 185

農産物／186　　デリ／186　　ベーカリー／187
香辛料、調味料、ジャム類／187　　シリアル、朝食用食品／188
魚と肉／189　　パスタ、サイドディッシュ／189
スイーツ、ミールリプレイスメントバー／190　　飲み物／191

PART 4　コア・ライフプラン ──── 195

第15章　コア・チャレンジ ―再び、コアへの挑戦― …………… 196

夢とゴール　197

第16章　FAQ ―みんなが知りたい23の質問― …………………… 202

用語解説・212
エクササイズさくいん・215
訳者あとがき・216
付属CD-ROMのご利用にあたって・218

はじめに

プロフェッショナル・ベースボール・プレーヤー
ノマー・ガルシアパーラ

　私は、これまで10年以上、「コア・パフォーマンス」に従ってきた。マーク・バーステーゲンの指導とモチベーションの技術によるこのプログラムは、70kgちょっとのやせっぽちでパワー不足のカレッジ・ベースボール・プレーヤーだった私を、メジャーリーグでベストコンディションの選手のひとりへと変身させてくれた。

＊

　私は毎年1月、アリゾナにある「アスリーツ・パフォーマンス（マーク・バーステーゲンが運営するトレーニング施設）」へ6週間の集中トレーニングに行っている。その間、普段より長く密度の高いコア・トレーニングを、来るべきシーズンに向けて行うのだ。
　1年のうちの他の期間は、この本で紹介しているプログラムとほぼ同様のプログラムを行っている。毎日45分から1時間程度、ほとんど特別な道具も必要ないトレーニングだが、他のどんなプログラムよりもよりよい状態に保ってくれる。四六時中移動していることが多いが、どこのどんなトレーニングジムでも自分のトレーニングはできるものだ。
　このプログラムの一番よいところは、決してプロのアスリートだけのものでなく、子どもにも、大人にも、高齢者にも、すなわち誰にでも実行可能なことだ。男性でも女性でも、むしろ女性のほうが生来の柔軟性やバランス能力、安定性などに助けられて、男性よりこのプログラムを早く習慣化している。

＊

　マークは、トレーニングのゴールは「見栄えをよくするためでなく（このプログラムは身体をかっこよく変えてはくれるが）、パワフルで機能的な動きのできる身体にコンディショニングすることだ」という。これは日々の生活のすべての動作、例えば車から降りるとか、子どもを抱え上げるとか、あるいはスポーツに特有な動作、ゴルフやテニスのスイングなども含んでいる。
　一般的に多くのトレーニングプログラムはボディビルディングに基本を置き、「見栄え」をよくすることを主眼としてつくられている。体重を落とし、筋肉を発達させ、ベンチでかっこよく映えるためのものだ。それが悪いというわけではない。実際、マークのプログラムを実行すれば、いままでの人生で一番かっこいい身体がつくれるだろう。違いがあるとすれば、マークのプログラムは、より素早く、力強く、対応能力豊かで、柔軟性に富み、全身でパワーをつくり出せる身体になる。十分に使いこなすことができ、かつ機能的な"力"を獲得できるということなのだ。

＊

　ほとんどのトレーニングは、身体を各部分に

分けてそれぞれの筋肉を発達させることを目標にする。だが、それでは柔軟性は向上しない。また、筋力は向上するかもしれないが、動きに不可欠のパワーはつけられない。上腕二頭筋や三頭筋などの目につきやすい筋肉のトレーニングのためにはトレーニングジムで長い時間を費やしても、肩や胴体、股関節を動かしている、小さいけれども非常に重要な筋肉群のトレーニングには目をつぶってしまう。

*

小さいけれども重要な筋肉群、すなわち「コアの部分」こそが動きの土台となる身体の中心の柱、「ピラーの力」をつくり出すのだ。使わなければ、この力は失われていく。だから多くの人々が肩や背中、腰などの障害に行き着いてしまうのだ。マークは、このピラーのことを身体の「サスペンションシステム」に例える。これがないと日常生活に不便を感じることがあり、年をとるとともに急激に衰えることになる。しかし、力強いサスペンションシステムをつくることができれば、すぐにでも生活の質を向上させながら、さまざまな慢性的問題の予防ができる。

これまでにもマークの指導によって、ビジネス・エグゼクティブたちが柔軟性を改善し、ひねりの効いたゴルフスイングを身につけていくのを目撃してきた。あるいは、さらに高い位置でバスケットボールをキャッチできるようになったり、テニスで長時間のプレーにも耐えて横への動きが広がったり、空手では可動域が増えパワフルになったりした人たちなど、数多く目にしてきた。往年の高校生アスリートが30代、40代、50代になっても、加齢と戦えるだけでなくパフォーマンスが上達するのを実感しているのだ。

マークとトレーニングすることによって、もっと高齢の人々も永遠に失ったと思っていたものを取り戻し、子どもたちはポジティブなトレーニングの習慣を身につけている。これは運動の機会がどんどん失われていく現代においてとても大切なことだと思う。誰もが継続的な向上によるエネルギーや精神的なパワーの増加から恩恵を受けているのだ。

*

行動的でトレーニングもちゃんとやっている、という人でも、コアの部分は忘れているのではないだろうか。50kgものダンベルを持ち上げる大男のいるトレーニングジムによく行くのだが、私が2kgのダンベルを取り上げると、彼らはクスクス笑いながら、「あんなダンベルで何ができると思っているんだ」というような顔を見せる。私は「このダンベルで競技にも日常生活にも必要な肩の小さな筋肉をトレーニングするんだ」と言ってやる。あるいは小さなダンベルを使って、彼らには柔軟性とバランス能力が欠けているためにできない別のリフトを見せることもある。彼らが無視し続けてきた筋肉群を使ったり、バランス力を必要とするバランスボールを利用してのプッシュアップや腹筋運動をやって見せたりする。

*

また、「運動は大嫌いだ」というタイプの人もいる。トレーニングなど面白くもなく退屈だと思いながらも、自分より少しでも格好がよく

パワフルな人がいると落ち着かなくなってしまう。その気持ちはよくわかる。ジョージア工科大学の十把ひとからげの野球選手だった頃、私もトレーニングはいやだった。ボールも打てるし、守備もできるのだから、「コンディショニングなんかどうして必要なのか」と思っていた。それでも、体格のがっしりとしたフットボール選手が重いウエイトを持ち上げているのを見ると、きまりが悪かった。自分はウエイトを何もつけていない22kgのバーでもベンチプレスができなかったのだから。

当時マークはジョージア工科大学に勤務しており、私のフラストレーションを感じ取ったに違いない。ある日、私を呼び出して、筋力より柔軟性とバランスを中心にしたエクササイズをやらせた。私がそれをやり終えたとき、マークはフットボール選手たちのほうを見ながら、「やつらは、いまキミがやったことはできないんだぜ」と言った。

マークはコアの安定性と身体のサスペンションシステムをどうやって向上させるかを示してくれた。そのエクササイズのすべてが柔軟性を高め、バランスよく、パワフルになることに繋がっていた。トレーニングの主眼はできる限り"パワフル"に強くなることだった。ボディビルダーたちは体格はがっしりとしているが、あまりパワーは持っていない。とても重いウエイトを持ち上げることはできるが、テニスラケットやゴルフのクラブを力強く振りきることはできない。彼らはそういう動きに必要な小さな筋肉群を鍛えていないし、柔軟性にも欠けているからだ。

この数年間で、私は70kgから86kgまで体重を増やした。筋肉質になり、「筋肉が割れているね」と言われることもある。しかし、筋骨隆々ではないし、実際86kgもあるようには見えないだろう。なぜなら、1kgの脂肪は1kgの筋肉よりずっとかさばるので、同じ身長、同じ体重の人の隣に立つとずっと小さく見えるのだ。しかし、彼らが出せる力は私も出すことができる。

マークは、年間162試合の野球シーズンを乗りきるために必要な、あと"もうちょっと"の筋肉をつけるために、コア・ワークアウトのプログラムをひとひねりしてくれた。だから同じような目的がない限り、この本にあるプログラムを行ったからといって、16kgも体重が増えるなどということはないことをつけ加えておこう。

プログラムをこなしていると、時々、マークの努力に応えるのは私にとっての挑戦だと思うことがある。やる気がちっとも起こらない日々が続いて、何セットかをとばしてみたくなったり、早めにバイクから降りてしまいたくなったりする。そんなとき、マークは彼自身もどれほど厳しくトレーニングするかを見せることで、私がこうしたスランプを克服するのを助けてくれる。その結果、私は1セット余分にトレーニングしたり、いつもより長めに自転車をこいだりすることになるのだ。誰もが彼と一緒にトレーニングできるわけではないが、この本に書かれた彼の知識と情熱はあなたにやる気を起こさせてくれるだろう。

＊

マークの大きな強みは指導力の確かさにある。運動生理学やスポーツ科学、パフォーマンス・コンディショニングの専門家だが、複雑な

内容をとてもわかりやすく教えてくれる。どのようにすればいいかを教えるだけでなく、なぜそれをするのかを理解させてくれる。トレーニングはどうしても言われたとおりにするだけになりがちで、子ども時代には有無を言わせないコーチや先生の言ったことさえすればいいと思っていた。しかし、マークは1つひとつのエクササイズや食事の裏に隠されている"科学的な理由"を理解するよう求める。この本を読んでいくうちに、ただエクササイズのプログラムを知るだけでなく、身体がどのように機能するのかも知ることになるだろう。そして、私同様、あなたも「コア・パフォーマンス」は単なるトレーニングプランではないことに気づくだろうし、人生の他のことにも自信がもてるようになるだろう。格好がよく、しかもパワフルでいられるならば、人は自分自身をポジティブに受け止められる。このトレーニングを通じて、人生が投げかけてくるさまざまなことへの準備を整えることができるだろう。

*

　私がこのプログラムによって成功を得たことで、たくさんの人たちからマークに関する質問を受けるようになった。「このプログラムのどんな点によって成功を手にすることができたのか」。そんなとき私は、彼の知識、やる気、やる気にさせる能力などを話すことにしている。しかし、この本が出版されたおかげであなた方にそれを伝えることができて大変喜んでいる。

> 1973年7月23日生。アメリカ合衆国カリフォルニア州ウィッター出身の野球選手。一塁手。右投右打。ジョージア工科大学からボストン・レッドソックス（1996～2004年）、シカゴ・カブス（2004～2005年）、ロサンゼルス・ドジャース（2006年～）。アメリカンリーグ新人王、首位打者2回獲得。

■ コア・ミッション

　コア・パフォーマンスに与えられた使命は、あなたが潜在的にもつ「人生」のすべての要素から見た能力を、最新のトレーニング法や栄養に関する研究に基づいた統合的なライフスタイル・プログラムによって、最大限のレベルに到達し得るようにサポートすることだ。

《 コア・パフォーマンスの目標 》
・あなたの動きや生産性、幅広い意味での健康をサポートすることによって、あなたの人生の質と長さを向上させる。
・長期にわたる健康障害の可能性を軽減させる。
・あなたの人生のすべての部分で成果が上がるように、実行しやすい計画によって、あなたの意志を後押しする。

PART 1

コアへようこそ

Chapter 1
コアって何？

　これまで10年以上にわたって、私はさまざまな人生を歩む人々がスポーツに限らず毎日の生活をもよりよく"演じられる（パフォーム）"ように手助けをしてきた。よりフィットして見えるようにするためだけではなく、身体のパフォーマンスを最大限に向上させ、老いてからもより質の高い生活が可能になる"一生の習慣"として役立つプログラムを提供してきたつもりだ。

　たいていの人は「すでにダイエットとエクササイズのプログラムの恩恵を受けている」と信じているに違いない。というのは、誰もがより健康になろうという大きなステップを踏み出しているのだから。それだけでも十分心強いことだ。

　しかしそのプログラムが、子どもやお年寄り、あるいは仕事をもつ成人に共通したある要素——ときにはプロのスポーツアスリートにさえも見られる——をもっているとしたら、そのプログラムは正しく機能しなくなるか、よくても本来得られるべき効果を上げられないで終わってしまう。メディアや宣伝戦略が吐き出す誤った情報によって、多くの人はほんのわずかな効果しか得られなかったり、かえって故障や病気を招きやすい身体にしてしまったりしているのだ。

　共著者であるピート・ウィリアムズを取りあげてみよう。彼は30代半ばの男性としてはかなり理想的な体格に見える。高校時代には多くのスポーツを経験し、いまでは父親として仕事をもちながらも週に4日はウエイトトレーニングやランニングに励んでいる。それでも、野球のバッティングや空手の練習のときに大きなパワーを出せない自分にいつもいら立っていた。数

えきれないくらいゴルフレッスンを受けたにもかかわらず、ボールをティーから飛ばせないことさえあるのだから。

あるとき、私はピートに「何か身体的な症状はないか」と聞いてみた。すると驚くこともなく、「運転中にいつも背中が張ってきてしまう」と言う。そういえば、彼はいつもシートにくねくねと背中を押しあてており、長時間運転するときは1時間ごとに車から降りてストレッチしなければならなかった。

現在アリゾナ州テンピにある私の最先端のトレーニングセンター「アスリーツ・パフォーマンス」に彼が到着したとき、私は彼をマッサージテーブルに上がらせ、あお向けに寝かせた。そして左脚をできるだけ高く上げるように指示すると、彼は45度ぐらいまで上げるのが精いっぱいだった。次に、脚を下ろして自分の左側へ開いていくように言うと、脚をほとんど動かすことさえできなかった。

老人や肥満の人たちでさえ、彼よりももっと動ける人たちは多い。インターンたちが周りに集まってきて、彼の柔軟性の乏しさに驚いている。そのとき、たまたま隣のベッドでストレッチとマッサージを受けていたのが、プロテニスプレーヤーのマリー・ピアースだった。彼女は何でもないように、片脚を持ち上げて、つま先を肩につけた。

「やるなぁ、素晴らしい！」。ピートはうなずきながら、マリーに言った。「これがプロのアスリートと、スポーツライターとの違いだね」と。

「違う！」。私は叫び、ロープをピートの足に巻きつけると同じストレッチをさせた。できるところまで自力で脚を上げさせ、それからロープを慎重に引っ張りながら、ストレッチの終わりで息を吐ききるようにしてさらに2秒間脚を伸ばさせた。そして、動作の終わりにピートの脚を軽く押して補助をした。このようにしてわずか10分ほどの努力を続けると、両脚ともほぼ90度近くまで上げることができるようになったのだ。

もう20年もの間、ピートは自分がハムストリングスを45度以上ストレッチすることはできないと思い込んでいた。その結果がスポーツをするときのいら立ちや腰の痛みを引き起こしていたのだ。しかし、たった10分間このプログラムをやっただけで、彼は柔軟性を獲得することをあきらめる理由など実はなかった——努力さえすれば——ことを学んだのだ。

翌日、ピートはメジャーリーグのスター、ロベルト・アロマーと並んで、彼とまったく同じトレーニングプログラムをしていた。ピートが柔軟性を満足できるものにするにはまだまだ道は遠いが、前日に自分が短時間のうちになし得た経験のおかげで、「もっとできるんだ」という自信がもてたようだ。24時間も経たないうちに、彼はロベルトにインタビューしていたスポーツライターから、ともにトレーニングするアスリートに変わったのだ。もちろん、ピートがメジャーリーグでプレーすることはあり得ないが、彼がエリートアスリートと同じような柔軟性や関節の安定性、身体的なパワーなどを得られない理由はどこにもないことがわかったのだ。

この本のプログラムはもともとプロのアスリートのためにつくられたが、この本で学んだテクニックは誰にでも効果をもたらしてくれる。もちろん、ほとんどの人はプロのアスリートと同じようにトレーニングに割ける時間はないだろう。そのため、より簡素化したプログラムに

し、私たちはこの本を「特選おすすめ版」として考えている。ひとりのスポーツライターがこのプログラムについていけるということは、みなさんの誰もができるということであり、プロのアスリートたちもそれに賛同してくれることだろう。

ピートは他の多くの人たちと同じように、規則的に運動をし、正しい食事——その食事というのはたいてい一時の流行のダイエット法や、世間でいう"専門家"たちによって広まったものだが——を摂っているから、「自分の身体は大丈夫」と思っていた。しかし実際には、あのような劇的な変化が身体に起きなかったら、そのうち深刻な腰痛に悩まされていたはずだ。腰痛は人生を妨害する身体的な問題の代表のひとつだと言える。

ピートの股関節はとても硬くて柔軟性がなく、そのうち股関節置換手術が必要になるかもしれないくらいの状況だった。彼は幼い息子を抱き上げるために腰を悪くしたのかもしれない。

これまでに彼が野球やゴルフのボールが打てず、力強い空手の蹴りがうまくいかなかったのは不思議なことではなかった。彼の身体は肩、胴体、股関節からなる「コア」からの動きができないのだから。

数えきれないバッティングの練習も、ゴルフのレッスンも、機能的な動き、すなわちコアからの動きができない身体の代わりは務められない。かわいそうなピート！ 子どもの頃からウエイトトレーニングに励み、走り、ゴルフの打ちっぱなしやバッティングセンターで倒れるほどがんばってきたけれど、そのときに本当にすべきことは股関節や胴体、肩周りなどを鍛え、「ピラー＝身体の支柱」をしっかりつくることだったのだ。

なかでも最も悪いことは、ピートがハードワーク信仰とでもいう考えをもっていたこと。つまり、より厳しく追い込むことがよい結果につながると信じていたことだった。ピートは自分が正しいと考えるプログラム——筋肉、フィットネス、持久力を向上させるためのもの——に従ってきた。しかし私たちがプログラムの中で焦点をあてている身体の"動き"を鍛えるのではなく、身体の"部位"を鍛えようとしたために、結果が得られなかっただけでなく、将来、問題が起きるかもしれない身体にしてしまっていたのだ。

彼にはもっとよいプログラムが必要だった。それこそが「コア・パフォーマンス」なのだ。確かに、このプログラムはプロのアスリートのためにつくり、また彼らは私たちの仕事の大きさを成果として示してくれている。しかし、この同じプログラムはどんな年代であろうと、どのようなスポーツをしていようと、それどころかスポーツなど全然していなくても効果をもたらすのだ。

あなたの身体がコンピュータだと思ってみてほしい。コンピュータは素晴らしいハードウエアだ。たくさんのパワフルなソフトウエアもついてくる。そのプログラムのほとんどは、「使い方を知ってさえいれば、もっとコンピュータを使いこなすことができるのに……」というものだ。人間の身体もコンピュータと同様、ウイルスや故障によって不調になる。「コア・パフォーマンス」は、ウイルスや故障を避けながら最大のパワーで潜在能力の極限まで到達できるように、ハードウエアのもつ能力を最大限に引き出すために、すべてのソフトウエアをどのように使えばよいのかを示すものだ。

第1章　コアって何？

　私がトレーニングにかかわってきた人たち――子どもから大人、高齢者、プロのアスリートに至るまで――のすべてが体脂肪を減少させ、柔軟性を高め、よりパワフルになり、関節の強さや安定性を増すことができた。以前からトレーニングしていた人は、それまでのトレーニングがパフォーマンスを最大限に向上させるために必要な要素のうちのほんの一部にしか焦点をあてていなかったことに気づいてくれた。最も重要なことは、彼らは短時間のうちにすべての要素にわたって向上し、効率よくいくことを発見できたことであり、またその過程を楽しんでいるということだ。

　私同様、あなたもプロのアスリートではない。仕事上でも、個人としても責任をもち、それらに多くの時間を割いていることだろう。しかしアスリートと同じように、あなたにも目標や夢、上達したいという欲求があるはずだ。あなたの身体は成功への乗り物であり、私はその乗り物を最も力強く、できる限り効果的に走らせる方法を教えたいと願っている。

　私がこの本を書こうと思った一番の理由は、自分自身を慢性の障害に追い込んでいる人たちだらけの国が目の前にあるからだ。私たちの活動量は減り、テレビやコンピュータの前で過ごす時間が多くなった。子どもでさえ学校などで運動する機会がない限り身体を使わなくなり、しかもその機会さえ少なくなっている。多くの学校では体育の授業を省いてしまった。

　働く大人たちも運動する時間は以前に比べて大幅に少なくなっている。その結果は、2型糖尿病や肥満、心臓病、そして股関節置換手術などをする人たちの増加だ。近代医学はいままでになく寿命を伸ばしたが、生活の質は落ちていく一方だ。

　『内科学会紀要』（米国内科学会が発行する雑誌）に紹介された最近の研究によると、40歳以上で太り過ぎの人は、標準体重の人より少なくとも3年は寿命が短いことが明らかになったという。また他の研究では、肥満の子どもは肥満の大人になりやすいとも報告されている。私たちがこのような流れを食い止めなければ、いくら現代医学が進歩しようと、将来平均寿命が短くなっていくことになりかねない。

　食事とエクササイズをしばらく続けさえすれば、すぐに何kgかの体重を減らせるだろうが、長期的な問題の解決にはならない。外見的にはやせた身体になるかもしれないが（とはいえ一時的なものにすぎないが）、よりパワフルで故障しにくい身体をつくるには程遠い。

　「見栄えさえよければいい」という考えは忘れてほしい。「生活のすべての面において、"パフォーマンス"をよりよくしたい」というのが本当の目的ではないのだろうか？

　これがすごく単純な質問だということくらいはわかっている。しかし私と一緒にトレーニングをしたいという人たちは、こう聞くとしばしば戸惑った顔を見せる。彼らは脂肪の少ない、強い身体をつくることに私が手を貸すものと思っていて、今度はそのことに私が驚かされるのだ。

　もちろん、私は手を貸すことができる。このプログラムを実行すれば、彼らの望む効果が出る。だが、なぜ単に外見を整えて気分がよくなるためだけに多くの時間と努力を使うのだろう？　そんなことより、もっと"パフォーマンス"を向上させたくはないだろうか？　仕事でもっと成功や達成感を経験したくないだろう

か？　遊びや、友だちや家族との時間では？　見た目がいいというだけなく、スポーツで活躍したり、毎日の生活の中での避けられない身体的労働を軽くこなせたりする身体を手に入れたくはないだろうか？　ケガをしにくい身体、多くの人々を悩ませる腰や股関節の問題を起こしにくい身体をつくりたくないだろうか？　肥満や2型糖尿病を防ぐことのできる栄養プログラムこそを試したいと思わないだろうか？

　フィットした身体をつくることが最終目的なのではなく、職業的にも個人的にも、自らを最高レベルに到達させるために必要な、そして自分の人生の核心に迫る価値観や自信を確立するための手段となるような、そんな身体を手に入れたいと思わないだろうか？

　このプログラムを実行した人は、「いままで決してできないと思っていた動きができるようになった」と私に話してくれる。あなたも、以前よりもっと柔軟で、しなやかで、爆発的な動きができるようになったことに気づくだろう。さらに、私のプログラムは他のトレーニング法が無視するような関節周りの小さな筋肉をも鍛えるので、前より安定性が増し、関節がしっかりしてきたと実感するはずだ。そのうえ、トレーニングを仕方なくするのではなく、過程を楽しみながら、いままでやってきたことに統合させている自分を発見できると思う。

　週に3〜6日、1日あたり30〜60分のトレーニングでこのような効果を手に入れられる。このプログラムは6つの核になるユニットと、エネルギー供給システムのトレーニング（一般的にカーディオトレーニングと呼ばれているもの）から成り立っている。この7つのユニットのうち、3つないし4つのユニット、あるいはユニットの一部分を1日に行うことになる。

　身体を刺激するためには、これらのユニットは常に変化させて行う。マンネリに陥らないためには、身体への継続的な刺激が必要だ。さらに身体には回復の時間も必要で、そのために1週のうち2日ないし3日はトレーニング強度が軽いものになっている。"アクティブレスト""再充填"ともいわれる「リジェネレーション」の日が待ち遠しくなることだろう。それらの日は身体をより早く回復させ、障害につながるオーバートレーニングを避けるための日となるからだ。また、プログラムには手軽に体重を減らす方法ではなく、科学に基づいた栄養プログラムも含まれている。

　プログラムはどの日も身体全体を鍛えるようになっている。もしいままでその日ごとに身体のある部分を集中してトレーニングする方法をとってきたとすると、このやり方で大丈夫なのだろうかと思うかもしれない。しかし身体のいろいろな部分やシステムをターゲットにしているので、オーバートレーニングの危険に身をさらす可能性はまず起こらないはずだ。

　では、なぜ危険性がないと言えるのだろうか？　その理由は、"動き"をトレーニングしているのであって、身体のある"部分"をトレーニングしていないからだ。多くのトレーニングプログラムは、単にコンテストで勝つためや鏡に映った自分に満足するためにデザインされた、一次元的なボディビルトレーニングが基になっている。そこではただ押したり引いたりする動きばかりが多く、すべての動きの鍵となる部分、つまり股関節周りや胴体、骨盤、下背部などがトレーニングの中にほとんど統合されていない。

　多くの人が股関節や腰の障害に悩まされるのは不思議でも何でもない。それらの"動き"の

ためにトレーニングしていないのだから。ボディビルディングコンテストでの優勝を目指してトレーニングするのでなければ、もっと機能的でケガをしにくい、そして本当の意味で"かっこいい身体"になるために時間を使ったほうがよいのではないだろうか？

より効率的に、最大限に身体を生かすためのテクニックを私が示すまでは、多くの成功したアスリートたちでさえも、適切なトレーニングをしていなかったことに気づいていなかった。

トップアスリートたちでさえ間違ったエクササイズをしていたのだから、あなたがたも同様なのはほぼ間違いないだろう。だが、心配はいらない。このプログラムの最もよいところは、私がそうしたアスリートたちに教えてきたテクニックをあなたもすぐに学ぶことができ、そしてドラマティックな変化を、あなた自身の目ですぐ見られることなのだから。

毎日トレーニングしているというのに、何年も成果を出せずにいる人がたくさんいる。ストレッチしているのに相変わらず身体は硬く、毎週毎週同じ重さのウエイトを持ち上げ続けている。自分の弱点を改善するよりも、強いところをより強くしようとしている。そのほうが気分がよくなるのは確かで、それなりの意味もあるとは思うが、なぜ弱点を改善して強くしないのだろうか？

もう一度、私たちが持って生まれ、子どもの動きの中に見ることができる"動きの原動力"を再発見し、再活性化する必要がある。小さい子どもたちを見ていると、自然に片脚を踏み出したり、身体をひねったり、全身ではい回ったり、引っ張ったり、バランスをとったりしているのに気づく。しかし、いつの間にかこのような自然な動きをしなくなり、その代わりにそれをわざわざ妨げるようなトレーニングを始めるのだ。

本書では、プロのアスリートが彼らのパフォーマンスを最大限向上させるために使っているのと同じ方法を示している。これらは、子どもが自然に覚えてしまうのと同じ動きであり、あなたが無駄なく、力強く、爆発的なパワーをもった、もっと機能的な身体をつくるためにも役立つ。年齢や性別、スポーツ歴に関係なく、身体的な挑戦をすることで、あなたは新しい身体と精神的な強さを獲得し、それが人生のすべての要素にわたって新たな高みへと押し上げてくれることだろう。

私の言っていることを誤解しないでほしい。あなたが格好よく見えるようになることは間違いない。しかしそこにたどり着く間に、まず構造的な要素、つまり関節の機能や柔軟性、可動性、筋力、そして姿勢の維持につながるすべてのものに多くの時間を費やすことになる。いままでのようにとぼとぼと歩くのではなく、1歩1歩のステップにスプリングでもついたかのように人生を送り始めたことを実感するだろう。あなたが実際にどう歩くかという身体的なことだけでなく、他の人があなたをどう見るようになり、またチャレンジの種類にかかわらず目標を達成するために自分が自分の能力をどのように認識するようになるかということも意味している。

そして、それはトレーニングの目的でもあるが、人生に必要となるものへの準備にもなる。よりよいパフォーマンスのための方法を第1章から学び始め、先にいくに従って、フィットネスのレベルを上げるための秘訣だけでなく、もっと大切な、パフォーマンスのレベルを上げる秘訣を身につけていくことになるのだ。

自分自身への投資

あなたの身体はあなたの生涯において最も重要な投資対象である。そして幸運なことに、それは自分でコントロールできるものだ。もし自分の身体に投資しなければ、これからの人生の価値は下がってしまう。自分で自分の面倒をみられなければ、家族、友人、仕事などの関係において、自分自身を役立てることはできない。

人々が自分の身体よりも車を大切にし、予防的な整備をしているのは驚くべきことだ。私たちは大金を車につぎ込み、買った初日から投資分を守ろうとできる限りのことをする。5,000kmごとに忠実にオイルを替え、ちょっとした故障の兆候があれば急いで修理工場に駆け込む。私たちは保証延長や保険にお金を使うが、それはどんなことをしても8～10年後には価値のなくなることがわかりきっているからこそ、投資を無駄にしないためなのだ。

それなのに、私たちは大事に至らない限り、医者に行ったり身体のことを気にしたりしない。われわれが望む健康的な生活がくずれれば、車やその他の物質的なものは何の意味ももたなくなる。世界で一番の金持ちでも、健康を金では買えない。人生プランの中に、健康を維持するための時間と努力の投資が必要なのだ。それも単なるプランではなく、投資に対して最大限の利益をもたらすプランでなければいけない。

ほとんどのトレーニングプランは、自動車のように短期的な投資のことが多い。結婚式や同窓会、海へ出かけるために格好よくなるための努力はするが、長い人生において身体が機能的に動くことを確保するためには何もしない。20代、30代、40代に格好よく見えることのほうが、60代、70代、そして80代に関節の痛みに悩んだり、満足に身体が動かなくなったりしてしまうことより重要だというのだろうか？

まだ気づいていないかもしれないが、このプログラムこそがあなたが必要としていたものなのだ。「コア・パフォーマンス」は、生産性や質の高い生活のための長期的な自己投資なのだ。健康にかかわることであれば、いま払うか、後でいや応なくもっとたくさん払わなければならないか、だ。それならば、いまのほうが比較にならないほど簡単に、よい投資ができる。ぐずぐずケガをするのを待っていたら、長期的に対処しなければならない問題を抱えることになり、そこから回復への道は長いものになってしまう。障害を抱え、不健康で質の悪い生活への悪循環は簡単に始まってしまうのだ。しかし、もしいま始めれば、こうしたリスクを最小限にすることができる。

私はこの予防的な行為の概念を「プリハブ（prehab）」、または「プレハビリテーション（prehabilitation）」と呼んでいる。リハビリテーションとかリハビリと聞くと、ケガや手術の後に復帰するために身体の一部を強化する、辛く、フラストレーションだらけのトレーニングを思い浮かべることだろう。プリハブは、この本であなたが学ぶ一連のエクササイズのことで、リハビリが必要となるようなケガや故障を予防するものである。

車はいつでも新しく買い直すことができる。しかしもともと身体に備わっていたものは、一度失ってしまうと、そうはいかない。プリハブは5,000kmごと、あるいは長期的に故障を防ぐためにもっと頻繁に行おうとさえするオイル交換のようなものと考えてほしい。

私がこのパフォーマンスの分野で仕事をし始めたとき、この方法がスポーツの世界を越えて

第1章 コアって何?

及ぼし得るインパクトなど考えもしなかった。しかしそのうちにアスリートたちが、このプログラムが彼らの心のもち方をどのように変え、そして人生のさまざまな局面で彼らに新しい取り組み方を示唆してくれたかを語ってくれるようになった。

もしあなたがトレーニングというものをまだ始めていないのなら、いまがまさにチャンスだ。あなたは真っ白なキャンバスで、まだ何も悪い習慣がついていないのだから。いまどの位置にいるかは関係なく、この本はあなたに最も効率的な道を示せると思う。

まずは自分の思い込みで限界をつくってしまうことを止めよう。目隠しを取り外し、身体のために達成したいことを視覚化してみよう。そのとき、自分の可能性に決して限度や限界をつくってはいけない。私はすでにゴールを極めたと思われているアスリートたちが、このプログラムを通じて新たなレベルに入っていくのを見ている。だから、できないなどと言わないでほしいのだ。

最初のうち、「このプログラムはちょっと自分には合わないのではないか」と感じても、自信をなくさないでほしい。新しいことを始めるときは何であれ、慣れるまで少し時間がかかるものだが、このプログラムこそが目標達成への最短距離なのだ。

私がいままでかかわってきたアスリートたちみんな、たとえ年間に何百万ドルを稼ぐプロでさえ、初めはこのプログラムを難しいと感じ、怖じ気づいていた。それにもかかわらず、彼らが成功したのは自らの意志で努力を惜しまなかったからだ。そして、そのことこそがあなたに望むすべてだ。

アスリートが私のトレーニングセンターに着くと、最大限の努力を約束し、人生の質を向上するために取り組むことを誓うために、"本気"で「コア誓約書」(10ページ)にサインをしてもらう。本気で遂行しようとしない限り、何も成し得ない。コア誓約書はあなたがサインするのを待っている。

「コア誓約書」

親愛なる友へ

　この本の目的は「パフォーマンスを向上させること」です。私の研究と工夫は、あなたの運動歴や競技歴にかかわりなく、目標達成のアシストができるプログラムをつくることを目的としています。「コア・パフォーマンス」は、あなたが望む結果を達成するための適切な方法を提供できるようにつくられています。

　私はいままで私がトレーニングしてきたアスリートたちをとても誇らしく思い、彼らに非常に大きな期待をもっています。同じくあなたもひとりのアスリートとして、自分のパフォーマンスに究極の責任を負っていることを、私はここで強調しておきます。それゆえ、あなたが「コア・パフォーマンス」に参加するのであれば、私はあなたに以下のことを約束してほしいと思っています。

・最大限の努力
・正直さ
・優秀さ
・一貫性
・過程を楽しむこと

　結果は保証されていません。それは勝ち取るものです。この「コア・パフォーマンス」の成果を最大のものにし、またパフォーマンスを向上させるために私たちが一緒に最高のものを求めていけるよう、自分の意志で最大の努力を惜しまず、自分自身に正直になることを宣言し、この誓約書にサインしてください。

あなたのサイン：＿＿＿＿＿＿＿＿＿＿＿＿

（マーク・バーステーゲン）

Chapter 2
コアの始まり

　私は5人兄弟の末っ子として、教育者の家に生まれた。少年時代のあるとき、私の周りの多くの友人が、成績表の数字に従ってごほうびのお金をもらっていることを知った。私の家庭ではしたことのないことだった。ある日学校から帰り、母に向かって、「私の成績ならいったいいくらもらえるのか」と尋ねてみた。

　母は、そのときチーズとピクルスをスライスしていて、私のほうを見ようともしなかった。彼女は「あなたの人生よ」と淡々と言った。「教科を全部落としたいなら、そうなさい。それはあなたが決めることで、その結果をあなたは一生抱えて生きることになる。成功も失敗もあなた自身が選べるのよ」

　そう言うと、母は再びスライスを始め、もういまの会話のことは頭から消し去ったように見えた。しかしこのアドバイスは、その後もずっと私の人生の原動力となった。私は「成功とは選択、または心のもち方」と唱える最初の人物ではないけれど、この言葉を信じている。そしてまた、成功のためには計画が必要だということも信じている。

　かつてワシントン州立大学のフットボールチームに所属していた頃、私はラインバッカーとしては小さな体格だった。だから、普通サイズのアスリートがどうしたらステロイドのような違法かつ反倫理的な方法に頼らず、筋力や瞬発力、柔軟性、パワーを高め、身体のサイズを補うことができるか、独学でのエキスパートとなった。

　私の大学時代の選手生命は初めての試合での首の負傷とともに幕を閉じてしまったが、この失望感によって、身体とパフォーマンスのすべての要素を学び、それらを向上させるためのプ

ログラムをつくりたいという願望を強めることになった。「コア・パフォーマンス」は、人生で出会ったプロのアスリートを含むたくさんの人たちとの15年にわたる研究と工夫の結果なのだ。

「コア・パフォーマンス」はもちろん身体のトレーニングプログラムではあるが、私たちを人間として成り立たせている「コア＝核心的」な価値の基盤の上に成り立っている。身体への挑戦に打ち勝つにつれ、私たちは人生のあらゆる困難に対しても同じ価値を適用できることがわかってくるだろう。

アイダホ大学で運動生理学の修士号を取得した後、1990年代の初めからジョージア工科大学で私の指導教官となったジェイ・オマーのもとで選手育成のアシスタントディレクターのひとりとなり、パフォーマンスプログラムの実践を始めた。その頃、後にボストン・レッドソックスで2つのバッティングタイトルを獲得することになるノマー・ガルシアパーラという若い学生アスリートを見始めた。

1994年、インターナショナル・マネージメント・グループ（IMG）は、フロリダ州ブラデントンにIMG（元ボレッティエリ）アカデミーのスポーツ科学とパフォーマンス部門、インターナショナル・パフォーマンス研究所（IPI）を設立するために私を採用した。ここでは、アスリートが運動パフォーマンスを向上させるため、また筋力や瞬発力、柔軟性、そしてパワーを劇的に向上させるための方法だけでなく、彼らが人生の他の場面、つまり競技生活以外での過ごし方や、その先にある人生についての指針を示す基準を定めることになった。

私がIPIにいたときも、また1999年に「アスリーツ・パフォーマンス」設立のためアリゾナに移った際にも、ノマーはパワー、柔軟性、そして持久力を増すために私とトレーニングを続けていた。彼は5年が経過するうちに除脂肪体重を16kgも増やし、やせたパワーのない内野手から、ホームランを打つことのできる万能選手に成長していった。それだけでなくアジリティの能力を向上させ、フィールド内で最もきついポジションとされる遊撃手としても素晴らしい選手となった。

マリー・ピアースは、2000年の全仏オープンに焦点を定め、現代の女子テニス界で戦っていくのに必要なパワーをつけるためのトレーニングに取り組んだ。またメガン・ショーネシーは、このトレーニングプログラムに参加してから女子テニス協会のランキングを12位まで上げることができた。

ゴルフ選手のビリー・メイフェアは慢性的な背中の障害のために30代の初めには引退しなければならないのでは、と思っていた。しかしトレーニングすることで、引退する代わりにより柔軟で粘り強く、ケガに強い身体をつくることができた。その結果、彼はいまやチャンピオン（以前のシニア）PGAツアーでプレーすることさえ考え始めている。

ナショナルホッケーリーグ（NHL）のトップゴールキーパーのひとり、ニコライ・ハビブーリンは、このポジションでよく見られる鼠径部とハムストリングスの負傷を予防し、身体の柔軟性と安定性を維持するためにこのプログラムを取り入れている。

またこのプログラムは、ナショナルフットボールリーグ（NFL）のスカウトコンバイン（ドラフト指名候補生が集まり、体力測定などを行

う）のための準備をする数多くのアスリートをサポートしてきた。カイル・ターリー、レオナルド・デイビス、そしてレヴィ・ジョーンズといった選手たちは、ドラフトまでの期間で劇的に筋力、スピード、パワー、柔軟性を高め、その結果より上位で指名されて何百万ドルも多い契約書にサインすることができた。

　これらの選手は、より速く、キレがあり、より強くなるための専門的なトレーニングを行う。また体重120〜170kgの選手が大多数を占めるNFLで張り合うために、しっかり筋肉をつけるためのトレーニングをする選手もいる。それとは逆に体重を落とし、締まった身体を手に入れるためにトレーニングをする選手もいる。

　なかにはこんなことを言う選手もいる。「身長を伸ばせるものならなぁ……」と。技術的には不可能なはずだ。しかし私たちは、選手たちの身長が1〜2.5cmほど実際に高くなったという経験をしている。それはトレーニングプログラムによって骨盤の緊張が緩められ、筋肉を伸ばし、元の理想的なアライメントを取り戻せたからなのだ。肩甲骨の位置を整え、つまり肩甲骨を後方、かつ下方に引っ張ることによって、首を伸ばし、さらにもっと重要な身体の安定性を整えたのだ。

　これはアスリートに限った問題ではない。多くの人たちは重力のために、また特にコンピュータに向かって長時間座り続けているために背中が丸まっている。年をとるにつれて、肩や首のゆがみのために本来の身長から2〜4cmも低くなっていることがままあるのだ。そして、それはあなたにも起こり得ることである。

　もし専門的なスポーツマッサージを受けたことがあるなら、肩の筋肉のコリをほぐし、身体の自然なアライメントを取り戻すことによってとてもラクになったと感じたことだろう。しかし、同時に自分の身長が伸びていたことに気づいた人はそれほどいないのではないだろうか。

　このプログラムでは、筋肉のコリをほぐして正しいアライメントを取り戻すという、マッサージと同じ効果を手にすることができる。目に見えて必ず身長が高くなるという約束はできないが、自分の身長が伸びたように感じたり、周りの人にそう思わせたりするようになる自信はある。なぜならこのプログラムを続けた多くの人々は、自信とエネルギーのレベルを友人の目から見てもわかるくらい高めることができたからだ。

　私の身長は180cmだが、周りの人たちはもっと高く見えると言う。私がこのプログラムによって「完璧な姿勢＝パーフェクトポスチャー」をとれるようになったからだ。共著者ピートと私がこの本についての会議に出席したとき、彼は私が"上げ底靴"を履いているのではないかと疑って足元を見たくらいだった。「いつもとは"認識のための基準枠"が違っているせいだ」と私はピートに言った。彼は「アスリーツ・パフォーマンス」の中でしか、つまり指導を受けている人たちに比べれば小さく見える場所でしか私を見たことがないからだと思った。しかし、ピートは頭を振った。会議に出席していたうちの何人かは私よりも背が高かったが、働きすぎのうえに少しも運動をしない典型的なアメリカ人の常で、みな背中が丸まり、くたびれた外見をしていた。私は姿勢とアライメントを最大限によくすることで、本来の私の身長より高く見せるという"魔術"が使えたのだ。

　このプログラムは15年前のスタート時から進

化し続けているが、2つの原則によって導かれてきたと思う。その1つ目は、すべてを身体の機能や働きをよくする方向に準備していく必要があるということ。これはアスリートのためだけでなく、加齢に適応していかなくてはならない一般の人にとっても日常生活の中で必要となることだ。2つ目は、ほとんどの人は運動に使える時間が限られているということ。「アスリーツ・パフォーマンス」で行っているもっと多くのトレーニングプログラムの中からこの「特選おすすめ版」をつくった理由でもある。

いま「コア・ワークアウト」と呼んでいるものを、私は初期の頃、授業や練習、旅行などで時間にいつも追われている大学のアスリートたちにさせていた。できるだけ短い時間で最大の効果が得られるプログラムとなるようつくったのだ。

おそらくあなたは、学生アスリートたちよりもっともっと多忙な生活を送っているだろう。だからこの本は、トレーニングに使える時間の中でできるだけ多くの結果を得られるよう、さらに選りすぐったものにした。

私たちはアスリートのことを"スポーツにおいて優れている人たち"と考えがちだが、それよりも立場や目的に関係なく、向上しようという気持ちをもつ人たちに共通な"心のもち方"のほうが大切だと思う。私たちはみんなそれぞれ目標をもち、成長していきたい気持ちをもっているが、それらの夢を実現させるためには"規律"と"指導"を要するのだ。

この本はその"指導"を提供する。母がチーズとピクルスをスライスしながら言った言葉が私を導いたように、この本があなたのチーズやピクルスになってくれればと思う。

■コア・セルフ・エバリュエーション（自己評価）■

「アスリーツ・パフォーマンス」にトレーニングに来たすべての人たちは、バランスやハンド-アイコーディネーション（眼と手の協調性）、柔軟性、体重、体組成、体力、ケガへの抵抗力、病気への抵抗力などについて、1～5までにランク分けした自己評価表に答えなければならない。このプロセスはこれからのトレーニングの効果を測るための基準となっていく。

以下のカテゴリーについて、1～5段階（1＝よくない、2＝まあまあ、3＝普通、4＝よい、5＝素晴らしい）で自己評価をしてみよう。

カテゴリー	評価ランク				
睡眠の質	1	2	3	4	5
ケガへの抵抗力	1	2	3	4	5
病気への抵抗力	1	2	3	4	5
トレーニングに関する知識	1	2	3	4	5
栄養に関する知識	1	2	3	4	5
モチベーション／願望	1	2	3	4	5
過去のトレーニング歴	1	2	3	4	5
健康的な生活スタイル	1	2	3	4	5
可動性／柔軟性	1	2	3	4	5
筋肉と関節の硬さ／痛み（1＝強い；5＝ない）	1	2	3	4	5
体組成（1＝非常な過脂肪状態；5＝筋肉質）	1	2	3	4	5
体重（1＝目標体重よりも多過ぎ、または少な過ぎ；5＝目標どおりの体重）	1	2	3	4	5
筋力	1	2	3	4	5
持久力	1	2	3	4	5
コア（肩、胴体、股関節からなる部分）の強さ（1＝腰または肩に、現在または慢性の障害がある；5＝障害なし）	1	2	3	4	5
直線的スピード	1	2	3	4	5
アジリティ	1	2	3	4	5
バランス	1	2	3	4	5

Chapter 3
コアへの挑戦

「第2章で行ったばかりのあなたの自己評価は間違っている」と指摘したら、どう感じるだろう？ あなたがウソを書いていると言っているのではない。あなたは指示に従って、適切に丸印をつけたはずだ。私が言っているのは、このプログラムを続けていくことによって、実はいままでのあなたの"認識のための基準枠"が大きく外れていて、トレーニングや生活のスタイルを変えなかったら本当の能力を知ることはなかったことに気づくだろうということだ。

バランスの項目にあなたが「5」をつけたとしよう。あなたはアイススケートかマーシャルアーツ、あるいは体操をしているのだろうか。バランス感覚には自信をもっていて、「5」を選ぶのは当然なのかもしれない。しかしこのプログラムを始めると、いままで考えていたように自分が「バランスがとれている」とは思えなくなるはずだ。

しかし同時に、数週間後には、いままではできるはずがないと思っていたバランスがとれるようになることも確約しよう。そして、いままで自分自身に与えていた「5」が、実は「3」だったことに気づくだろう。言い換えれば、数週間後の再評価では、以前の「5」という評価を基準にするならば、向上したバランスは「7」をつける必要があるということだ。

このプログラムを実行した人たちは、「それまで自分にとって可能なこととは思いもしなかったレベルに到達できた」と言う。身体的にどんなことでもできると思えるようなプロのアスリートでさえ、新たなレベルに到達できたと言っている。

一般的なトレーニングプログラムの問題はすぐに壁にぶつかってしまうところにある。すぐ

に"ワークアウト・ラット"状態に、つまり決まりきった同じエクササイズを繰り返すだけで、それ以上自分の身体に挑戦することを忘れてしまうようになる。トレーニングを始める前から、「これくらいしか自分の身体は柔らかくならないだろう」とか、「これくらいの筋力にしかならないだろう」「これくらいしか速く走れないだろう」と決めつけてしまっている。人は、"普通"であることに磨きをかける技については名人級なのだ。

あなたは自分のパフォーマンスを最大限に向上させるために、「コア誓約書」にサインしたのだから、新たなレベルへの努力を惜しまないはずだ。だから決して「できない」とは言わないでほしい。私を不機嫌にさせ、いら立たせるのは「そんなこと、私（僕）にできるわけがない」という言葉だ。そう言っている時間があるのなら、できることを見せてほしい。

これまでの古典的なトレーニング方法がどれくらい効率の悪いものなのか、そしてどうして多くの人々が自分の身体の潜在能力のほんの入り口のところをノックしただけで終わってしまうのか、これからお見せしよう。このプログラムの背景にある科学と哲学についても説明したい。どのようにあなたの身体は働いているか、よりよいパフォーマンスのためにはどのようにトレーニングするのがベストなのか、より深い理解をしてほしい。

あなたが理解しやすいよう、まず身体をいくつかの要素に分類したうえで、股関節や骨盤、下背部、腹部、胸部、そして肩甲骨に付着するたくさんの筋肉がつくり出す「ピラーの強さ」に焦点をあてていこう。上腕二頭筋や上腕三頭筋、大腿四頭筋などにばかり着目する多くのト

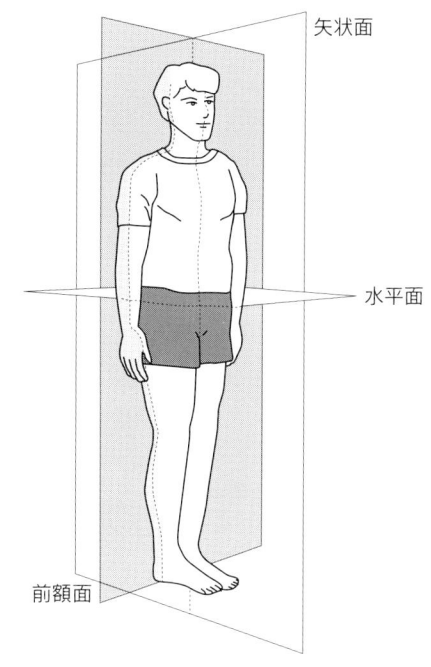

〔図3-1〕3つの運動面

レーナーやアスリートに無視されているこれら「コア・マッスル」こそが、動きの核心を担っている。それだけでなく、これらの筋肉は身体の安定性を高め、ケガをしにくく、長期にわたってバランスのとれたアライメントを向上させるのだ。

身体は三次元の中で動く。つまり3つの面を横ぎって動かすことができる。しかし、いままでのウエイトトレーニングやカーディオトレーニングは一次元での動きにしかすぎなかった。

運動の3つの運動面

身体を頭のてっぺんから足元まで、鼻の頭を通る平面でまっすぐに縦に2つに分け、左の半身と右の半身に分割したとしよう。身体を縦に分かつ面は「矢状面」と呼ばれるもので、屈曲、伸展という動きをカバーしている。

次に、身体を腰から上下2つに分割してみよ

う。これが「水平面」で、回旋の動きをカバーする。次に身体を前後半分ずつになるように分割してみよう。これが「前額面」だ。

「コア・パフォーマンス」のトレーニングでは、この3つの平面すべてを横ぎるように動く。ほとんどの場合、ひとつの動きの中でそれが行われる。なぜなら、人の動きは一次元や二次元のものはないからだ。例えばスポーツの動きをとってみると、身体はこの3つの平面すべての中を動いている。

単に見栄えのいい筋肉と体脂肪の少ない身体をつくるのではなく、「ファンクショナル・ムーブメント」、つまり機能的な"動き"をトレーニングすることが極めて重要になる。外見に対して強い執着をもって生まれてくる者はいない。それよりもむしろ動きを自分のものとし、自由に、思いっきり生きたいという欲求を受け継いできている。このプログラムを通して、新しい動きが早くできるようになりたくて仕方ない、歩き始めの子どもを自分の中に再発見してほしいのだ。

ストレッチやウエイトリフティング、カーディオトレーニングに至る古典的トレーニングは、身体が必要とする関節の支持力や持久力を得たり、新しいチャレンジをしたりするために始められたものではない。これまでの鏡の前で格好よく見せるために費やしてきた時間があれば、もっと爆発的なパワーをもち、もっと柔軟に、もっとしなやかに、そして機能的な身体になるようトレーニングできる。あなたが最近流行のエクササイズに従って何年鍛えたとしても、少年時代の身体を動かすことの喜びを取り戻したり、パワフルなスポーツ科学の世界への扉をたたいたりすることはあり得ないだろう。

その結果、効果のないトレーニングを続けたり、人生の質を左右するほど重要な動きや身体の部分や関節を無視したトレーニングを続けたりすることになるかもしれない。

たくさんの難しい専門用語であなたを煩わせるつもりはないが、PART2の「コア・ワークアウト」で行うことになるトレーニングプログラムの背景にあるものについて、ぜひとも理解を深めておいてほしい。

"かしこい身体"をつくる

大多数の人はワークアウトに対して受動的なアプローチをする。コーチやジムのトレーナーは若い人たちに対して、「何々をせよ」と指示する。大人はパーソナルトレーナーを雇って、自分が何をしているのかじっくり考えなくてもすむようにしている。せいぜい体重を減らすため、ほっそりした身体をつくるため、あるいはその両方のために運動しているのだというくらいの認識しかしていない。

知識は力を与える。あなたがたに自分が行っていることの背景にある科学を理解してほしいと思う。過去の経験を基準にして、意味なく自分に限界をつくり、自分に枷（かせ）をはめなければならないような根拠はどこにもないことを理解してほしい。私のところにいるアスリートたちがそうだったように、あなたもいままでの自己評価を再評価することが必要なことに気づくだろう。

私の究極のゴールは、費やせる時間や運動する場所にかかわらず、あなたが身体活動の効果を実感したり、身体面だけでなく精神面での自由をも楽しんだりできるよう、このシステムを理解してもらうことだ。

このプログラムは、単に身体を変えるための手段だけではなく、人生をも変え得る手段とし

第3章 コアへの挑戦

て見てほしい。この本のあらゆるところで、私をすべての面でここまで導いてきた哲学にも触れている。これを「人生の原則の核心＝コア・ライフ・プリンシプル」と呼んでいる。同じことを「アスリーツ・パフォーマンス」でトレーニングしたプロフェッショナルアスリートたちからも聞くことがあるかもしれない。彼らがコア・ワークアウトから哲学を学び取り、それを彼らの生活のすべての面にわたって応用しているという話をしてくれるに違いない。

いまはそれが不可能としか思えないゴールや夢であっても、あなたがそれを達成し、実現することができるように、各章の中で「人生の原則の核心」をどう応用していけばいいのかについてコラムとして紹介していく。

ゴールの設定

他のたくさんのトレーニング法の問題はバーを十分な高さまで引き上げないということだ。明確なゴールを定める代わりに、もっとあいまいな目標、つまり「体重を何kgか落としたい」「もっといい体形になりたい」「ウエストを引き締めたい」といったことを考えているのだ。

もちろんこういった目標も価値ある望みだし、このプログラムを通して達成できる。しかし、明確なゴールを定めずにトレーニングを行ったために、最大限の結果を得られなかったという例をいくつも見てきた。ひとたび体重が落ちたり、少し体形がよくなったり、3cmか5cmウエストが細くなったりすると、トレーニングしないための理由を探すのは容易になる。自分自身のごく控えめなゴールにはすでに到達しているのだから。

ゴールは"時間"の問題にもかかわってくる。誰もがトレーニングのための十分な時間を確保するのに苦労している。けれども、もしゴールがもっと具体的で、単なる体力的なゴールだけではなく、パフォーマンスのゴールであったらどうだろう。

例えば、あなたがゴルフをするとして、このプログラムをすれば、ボールをさらに20m飛ばせると私が確約したら？ 5kmや10kmのランニング大会でタイムを数分縮められるとしたら？ テニスの試合でサービスのスピードを速められるとしたら？ バスケットボールならダンクシュートができるようになるとしたら？

私の先輩アスリートのひとりに、T.C.シュワルツという起業家がいる。彼はプロゴルファーではないけれども、いつかチャンピオンズPGAツアー（以前のシニアツアー）に参加しようとがんばっている。

あなたはスポーツをしていないかもしれない。私はそれを受け入れないわけではないが、あなたが友だちとともに過ごしたり、競争を経験したり、そして人生を楽しんだりといった素晴らしい機会を見落とすことになると申し上げたい。いまあなたがスポーツをしていなくても、きっと家族の中にスポーツをしている人がいるだろう。その人たちの仲間に入って、一緒にそのスポーツを楽しんでみてほしい。一緒にやらないとしても、その時間を自分の身体を動かす時間にあててみてほしい。

もしかしたらあなたはスポーツをしたいけれど、ケガや体力不足でできないのかもしれない。そんな場合、あなたのゴールはやっていたスポーツへ復帰することや初めてスポーツで競争するということになるだろう。マラソンを走ってみたくはないだろうか？ これは明確なゴールになる。

おそらくゴールの先には目指すべき"生活の

質"があるはずだ。私の共著者、腰を痛めているピート・ウィリアムズは、車を降りたりストレッチしたりすることなく３時間のドライブができるようになることをゴールに設定した。ゴルファーのビリー・メイフェアは背中の手術をしなくてもいいようになるのがゴールだった。きっとあなたにも問題となる身体部分があるだろう。本来の動きを取り戻すための明確なゴールを設定しよう。

これから少しの時間をかけて、あなた自身の５つのパフォーマンスゴールを設定してみよう。目標は高く、できる限り具体的なほうがいい。自分のゴールを文字にできる人はずっと目標を達成しやすいという研究結果がある。それぞれに時間の枠を設け、あなたが短期、長期の両方のゴールを達成できるようにしている。

明確なゴールを設定できたら、さあ、コア・トレーニングへ出発しよう。

ゴール１（３ヵ月後）
_____

ゴール２（６ヵ月後）
_____

ゴール３（１年後）
_____

ゴール４（１年半後）
_____

ゴール５（２年後）
_____

PART 2

コア・ワークアウト

Chapter 4
基 礎
―強い支柱〈ピラー〉をつくる―

　私たちは、動きは手足から始まると考えがちだ。例えば、何かをつかもうと手を伸ばしたり、前に1歩踏み出そうとしたりするとき、これらの動きが始まりであり、それに結果がついてくると思っている。手を伸ばしたから、腕を使ったのだと。前に踏み出したから、脚を使ったのだと。数多くのエクササイズプログラムが、太い腕や美しい脚を第一の効果として約束している。

　しかし動きは、まさに身体の中心であるコアの部分から始まる。四肢の切断手術を受けた人が生活を全うできるのも、体幹部が損なわれていないからだ。凍傷が身体のコアから遠い手先や足先から始まるのは、身体の最も大事な部分を守るために、命綱である熱を身体の中心部の大切な臓器に集めようとするからだ。

　だから、私たちは体幹部、すなわちコアを「動作と生命の構造的なピラー＝支柱」と呼ぶ。そのピラーのアライメントと機能を維持することは、私たちの臓器やその他の身体部分の健康に直結している。すべては相互関係のうえに成り立っているのだ。

　ピラーの強さは、すなわち動作の基礎だ。より詳しく言えば、それは肩、胴体、股関節の安定性から成り立っている。これら3つの部分は動作の中心軸となる。身体を車輪に例えると、ピラーはハブ（軸受け）であり、四肢はスポークにあたる。

　身体の中心から身体の隅々までエネルギーを効率的に運ぶためには、ハブを完璧に調整しておかなければならない。スポークが何か固いしっかりしたものに取りつけられていなければ、それを効率よく力強く動かすことは不可能だ。

　エネルギーを身体の隅々へ効率よく運べれば運べるほど、より効率的に動くことができ、障害や疲労は少なくなる。身体のピラーがしっか

■ 完璧な姿勢＝パーフェクトポスチャー

「パーフェクトポスチャー」とは、理想的な動作のために欠かせない立ち方である。肩甲骨を後方かつウエストに向かって引き下げ、腹は上方かつ背骨に向かって引き込む。この姿勢で立っているとき、耳と肩、股関節、膝、足首は一直線上に並ぶ。座っている場合は、耳の線と股関節が一直線上に並ぶ。

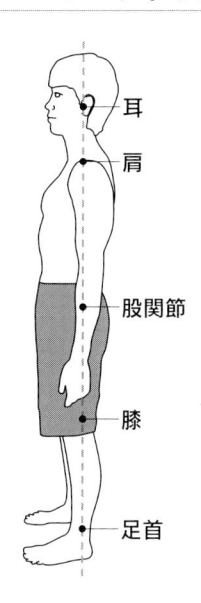

りしていれば、足を1歩踏み出したとき、力は足からふくらはぎ、臀部へと均等に伝わり、ピラーを通って頭のてっぺんへとまっすぐに伝わる。

ピラーの強さが欠けている場合、特に股関節の安定性が弱ければ、エネルギーは股関節で漏れてしまい、他の部分が補うことになる。すると、膝や腰に強い負担がかかり、長い時間のうちに障害を起こす原因となってしまう。

親はいつも子どもにまっすぐ座ったり立ったりするように言う。そこには理由がある。ピラーが強くなければ、つまり「完璧な姿勢＝パーフェクトポスチャー」がなければ潜在的な障害のリスクは目に見えて高くなり、身体への負担は腰を起点として、膝と足首へと下がるチェーン、または肩から肘へと上がるチェーンを伝わっていく。

身体のすべてはピラーの強さにつながっている。肩と脊柱は胴体や大臀筋と関係し、最大の効率を生み出すためには互いに組み合わされた編み目がバランスよく調整されていなければならない。

身体にゴムのバンドが巻きつけられていると考えてみよう。一方の端が固定されていなければ、十分なテンションは得られない。バンド自体に問題はなくても、両端がしっかり固定されていなければ、エネルギーを貯めたり、使ったり、身体の隅々に伝えたりすることはできない。

すべての作用には反作用が伴う。1つの筋肉を動かせば、他の筋肉に反作用が起こる。筋肉を引き伸ばせば、勢いよく元に戻ろうとする。前から後ろへ、右から左へ、上から下へという

ダイナミックな多方向へのエネルギーの伝達によって、しっかりしたピラーをもっている人ほど流れるような動作を生み出せるのだ。

ワールドクラスのスプリンター、マリオン・ジョーンズは飛び抜けたピラーの強さをもっている。彼女が100mを走るとき、安定したピラーを伝わって滑らかなエネルギーの伝達が行われ、彼女にそれだけのスピードでの走りを可能にさせている。そこには調整力や筋力、安定性、バランス、弾力性、柔軟性の完璧な調和がある。

すべての動作は「腹横筋」と呼ばれる特筆すべき筋肉から始まる。腹横筋は自然のウエイトベルトと言える。脊椎下部から始まり、包み込むように肋骨、腹筋、骨盤に付着している。私たちがへそを背骨に向かって引き込み、かつ肋骨に向かって引き上げようとすると、このベルトをしっかり締めて骨盤と下背部を守ることになる。この自然のウエイトベルトは骨盤を安定させ、体幹をサポートしているのだ。

動作を始めるとき、腹横筋は一番初めに働く筋肉だ。少なくともそうであるべきなのだ。多くの人はケガや運動不足の生活のせいで腹横筋の能力が落ちている。テレビやコンピュータの前で過ごす時間が長いために、私たちの姿勢はどんどんひどくなっている。障害はその結果であり、問題はさらに悪化することになる。

ホームセンターのような大きな商品を扱う店で働く人たちは、荷物を持ち上げたり移動させたりするとき、安全のために必ず腰と腹筋を守るベルトを着用するよう求められている。彼らがそうしたものを身に着けないといけないのは、もはや自然のウエイトベルトを活用できないからなのだ。

もし腹横筋を働かせることを身につけられれば、あるいは再度身につけることができれば、私たちは自然のウエイトベルトを利用でき、実際にベルトを巻かなくてもすむ。骨盤を安定させることができて、脚部や体幹部の筋がサポートに回れる。それは腰痛を予防することにもなる。腰や関節を通してではなく、筋肉を通じて力を効率的に伝達することができるようになる。

このプログラムを行う前に、まず腹横筋の使い方を身につけてもらうことから始めている。簡単なことだが、最初は意識的な努力が必要だ。しかしすぐに"第二の天性"のようになり、意識しなくてもできるようになるだろう。

さて、コアの安定、すなわちピラーの強さのために果たす腹横筋の役割を理解してもらったところで、パーフェクトポスチャーにとって同じく重要な肩について話しておかなければならない。教室にぶら下がっていた骨格標本を思い浮かべてみよう。肩甲骨は自然に後方かつ下方へぶら下がって、パーフェクトポスチャーとアライメントを形づくっていたはずだ。

残念なことに、多くの人は背中が丸まって肩甲骨は前方かつ上方にずれている。働くアメリカ人の多くがそうであるように、1日のほとんどをコンピュータの前で過ごしていると、知らず知らずに前かがみになっている。自分で変えようとしない限り、残念なことに一番必要なときにこのプログラムを知らなかったたくさんの年上の人たちと同様、年をとったときに背中が曲がってしまうだろう。

胸を前に突き出すようなつもりで、肩甲骨を後方、かつウエストに向かって引き下げるように保ってほしい。今後、多くのエクササイズをする際に、同じ指示が出されるのに気づくだろ

う。このプログラムの中で、そして生活の中で、肩甲骨の位置を維持するのは重要なことなのだ。

ピラーの強さを理解するための鍵となるもうひとつのコンセプトは、筋肉を包み込んでいる「筋膜」だ。この膜はさまざまな筋肉を互いに結びつけるロープのようなものだと考えるといい。特に、左右の臀筋をそれぞれ反対側の肩と、そして股関節の筋群と下背部とを結びつけるために重要な役割を果たしている。

観客席からティーグラウンドに立つタイガー・ウッズを真下に見下ろしているとしよう。バックスイングが後ろに引かれるにつれて彼の肩は回っていくが、彼の下半身はしっかりと止まっている。一瞬のことだが、あなたの位置からは彼の身体がアルファベットの"X"のように見えるだろう。彼は肩と腰を、横断面上で互いに反対方向に独立して動かすことで、計り知れないパワーを生み出せるのだ。これは、彼が素晴らしい可動性としっかりしたピラーの強さを身につけているからに他ならない。

タイガーは三次元上をパワフルに動いているが、あなたもいったん強いピラーをつくりあげれば同じことができる。私はすべてにおいてピラーに重点を置いているが、それはあなたがこれまで親しんできたトレーニング法とは反対のものだろう。

おそらくあなたは、ある日は脚の、次の日には腕のワークアウトを行い、その間に時間があれば腹筋のワークアウトを入れるというトレーニングをしてきたことだろう。目的のひとつとして、6つに割れた引き締まった腹筋をつくることがあったのではないだろうか。トレーニングに対するその動機は健全であり、取り組む姿勢もまじめなものだろうと確信している。けれども、ピラーとのつながりを考えずに腕や脚、腹筋だけに集中するのは、家を建てる前に庭をつくったり、でこぼこでサビだらけのボディの車に高級なホイールとタイヤのセットをつけたりするようなものだ。

次章からプログラムの説明を始めるが、まずは家を建て、基礎がしっかりしていることを確認していこう。大丈夫。あなたはちゃんと素晴らしい腹筋をもてる。しかし、それはゴールではなく、力強いピラーをつくりあげた証拠のひとつでしかない。

さあ、7つのユニットに分割したコア・ワークアウトにとりかかろう。

スーパー・セブン

コア・ワークアウトは以下の7つのユニットから成り立っている。

❶**ムーブメント・プレパレーション**：従来のトレーニング前のストレッチに代わる、積極的かつ能動的なウォームアップ。

❷**プリハブ**：ケガや障害を起こさないための予防的アプローチ。

❸**バランスボール・エクササイズ**：肩、胴体、股関節、つまりコアの強さと安定性を向上させるためのエクササイズ。

❹**弾性**：身体がスプリングの上で跳ね上がるような弾力的な力を生み出すためのエクササイズ。

❺**ストレングス**：パワー、安定性、可動性を高めるための"動き"そのものを強化する新しいレジスタンストレーニングへのアプローチ。

❻**エネルギー供給システムの開発（ESD）**：従来のカーディオトレーニングではできなかった、爆発的なエネルギー発揮を可能にするカーディオトレーニング。

■ 腹横筋を使う（ドローイン）

「腹を引き締めて」と指示したら、まるで腹へのパンチを受けるかのように息を止めたり、腹筋運動（クランチ）のような格好をしたりするのではないだろうか。それらの姿勢は誤った姿勢であり、背中に不要なストレスをかけることになる。

「腹を引き締めろ」という指示は「パーフェクトポスチャーを維持しろ」ということだ。腹筋を引き込むようにはするが、呼吸はそのまま続けなければいけない。氷のように冷たい水の中に足から入っていくときのことを想像してみよう。たぶん間髪を入れず、胴体ができる限り水面から離れていられるよう、腰をしっかり伸ばすのではないだろうか。自然にへそを引き込み、腹横筋を使っているのだ。この本の後半で、「コールド・プランジ（＝水風呂）」の効用について述べるが、いまここでパーフェクトポスチャーの練習のために冷たい水に入る必要はない。

腹横筋をしっかり働かせる練習としては、次の3つの方法をとってみよう。
・ベルトを締め、息を止めずにへそをベルトからできるだけ離すようにする。
・あお向けに寝て、ホッケーのパックがへその上に乗っているとイメージして、パックを上げたり下げたりする（私の同僚のマイケル・ボイルは、彼の受けもつプロホッケー選手全員にこの方法をやらせている）。
・あお向けに寝て、息を止めずにへそを背骨のほうに向けて引きつける。

もし出産を経験したことのある人だったら理解してもらえるだろうが、腹横筋は赤ちゃんをお腹の中から押し出すための力を生み出していた筋肉だ。腹横筋を使う練習として、出産よりもっと簡単な方法があってよかったではないか！

《ポイント》
腹横筋と骨盤底の筋群（排尿を途中で止めるときに使われる筋）を混同しないように。これらの筋群も重要であり、使わなくてはいけないが、腹横筋とは別のものだ。

コア・ワークアウトの初期の段階では、机に向かって座っているときや、ひげそりやメイクアップのために鏡の前に立っているときなどに腹横筋のエクササイズをするといい。腹を押し出すようにしつつ、上方に引き上げ、引き込むことを意識する。12週間のプログラムの間、腹を意識して固く保つようにしよう。これができれば、あなたの身体が"強いピラー"に変わる確率はより高くなる。

❼リジェネレーション：回復力を高めるための低い強度での身体運動。

また、それぞれのユニットからのエクササイズを1週間に6日のプログラムにまとめた（第12章参照）。出張が多い人や時間的余裕のない人のために、短縮版として週3日のバージョンも用意した。週に4日（月、火、木、金）はしっかりとトレーニングを行い、水曜日と土曜日はリジェネレーションのための軽い運動を行う。2日間のトレーニングに対し1日のリジェネレーションというサイクルが守られていれ

ば、必要に応じて日数の調整をしても構わない。

エクササイズの詳細、そしてそれをどう組み合わせるかに入る前にパーフェクトポスチャーとアスレティックポジションの重要性を忘れないでおこう。

アスレティックポジションとは、膝を軽く曲げ、尻を軽く突き出し、体重を足の裏の前半部分の中心になる位置で支える姿勢のことだ。少し時間をとって、この2つの姿勢をとる練習をしてほしい。

これで7つのユニットの1番目である「ムーブメント・プレパレーション」を始める用意ができた。

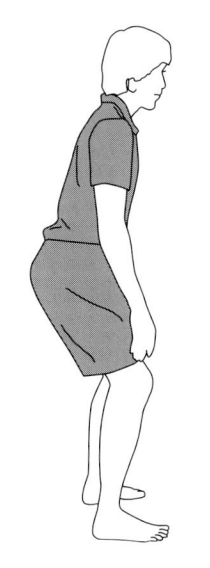

〔図4-1〕アスレティックポジション

Chapter 5
ムーブメント・プレパレーション
─動きのための準備─

　もし何らかのスポーツやトレーニングの経験があるなら、多かれ少なかれストレッチをしたことはあるだろう。私たちは小さい頃から、ケガの予防のためにストレッチが必要だと言われてきた。寝る前の歯磨きのように、ストレッチは運動前の習慣とみなされ、ほとんどの人は驚くまでもなくストレッチを上の空でやっている。

　伸ばしたところで止める従来のスタティックストレッチは、正しく行えば素晴らしい効果があるし、私のコア・ワークアウトにも入っているが、トレーニングの後に行うだけである。温まったゴムバンドのほうが冷えたゴムバンドより伸びやすい。つまり身体が温まった運動後のほうが、最もストレッチをするのに適しているのだ（このことについては「第11章　リジェネレーション」で詳しく述べる）。

　私たちは運動前のスタティックストレッチの代わりに、ストレッチのような"儀式"ではなく、このプログラムにとって重要な「ムーブメント・プレパレーション」をしてもらっている。あなたがこの本から１つのユニットだけを自分の日課に取り入れるとしたら、ムーブメント・プレパレーションをすすめたい。短時間でこれほど効果をもたらすものは他にないと思うからだ。

　ムーブメント・プレパレーションは、この言葉が意味するように、身体に動くための準備をさせる。心拍数を上げ、筋肉への血流を増やし、コア部分の体温を上げる。さらに神経系の機能も目覚めさせる。

　ムーブメント・プレパレーションプログラムは、１晩中冷たい外気の中に置いてあった車に２、３分間のウォームアップをさせるようなも

のだと思えばよい。あるいは、離陸前に飛行士が操縦室のすべてのスイッチを入れることにも例えられるだろう。このムーブメント・プレパレーションによるチェックをすべて行うと、その後のワークアウトが身体的にも精神的にもずっとやりやすくなる。その結果、可動性、柔軟性、安定性の飛躍的な向上につながり、さらにはスタティックストレッチに比べて、スピードとパワーに20％近い向上が見られる。

このユニットでは、筋の可動域と柔軟性を長期間にわたって高めることを目的とする。従来のストレッチにありがちな、伸びるようになってもすぐ元に戻ってしまうようなものでなく、その可動域を身体に覚え込ませてもらいたい。

私たちは、これを従来のストレッチと同様に、筋肉を伸ばす（アクティブ・エロンゲーション＝動的伸長）ことから始める。しかし、それからが違う。この新しい可動域まで筋を伸ばした後に、筋を収縮させる。つまり、ただ筋を伸ばしてストレッチは終わり、ではなく、伸ばした位置で実際に筋を使うのだ。

これにはいくつかの利点がある。まずその新しい可動域でストレッチすることで、関節を保持している、関節周りの小さな筋を安定させることができる。これによって、姿勢やパフォーマンスを向上させ、またケガや障害の可能性を減らせる。次に、最も重要なことだが、これらの小さな筋肉を活動させることによって、いつでも使える態勢がとれている、いわばスイッチが入った状態にできるのだ。

ほとんどすべてのアスリートたちは、少なくとも1つの筋群のスイッチが完全に切れている状態で私たちのところにやって来る。その結果、身体の他の部分がそれを補おうとして、高い確率でケガの危険性にさらされている。そのよい例が中臀筋だ。臀筋群の中の小さな筋肉のひとつだが、これがちゃんと機能できないと、下背部の障害や膝の痛み、足首の捻挫などを引き起こす。まるで誰かが電気回路のブレーカーを落としてしまったときのように、これら小さな筋へのパワーが断ち切られてしまうのだ。

これが一流のアスリートに起こっていることなのだから、歩いたり階段を上ったりする以上の運動をめったにしない平均的な大人のことを考えてみれば、彼らがどれだけ多くのスイッチを切ったままにしているか、想像ができるだろう。

感謝すべきことに、ムーブメント・プレパレーションをすれば、たった1日から2日で、これらの働いていない部分を再び活性化することができる。器具を必要としない10種類のエクササイズで、子どもの頃以来ずっとやっていなかった動作を再び呼び覚ますことができるのだ。若いアスリートたちにとっては、この"動きのための準備"をすることが、確実にそうした動作を行う能力を維持することにつながる。

従来のストレッチの目的は筋をリラックスさせるために可動域を伸ばし、それを保持するということに対して、ムーブメント・プレパレーションでは筋を収縮させることで活動状態にさせるという違いがある。

例として大臀筋、縮めて臀筋とも呼ばれる尻の筋肉を見てみよう。まず左の尻のふくらみを緊張させ、次に右も同じように緊張させてみよう。簡単にできただろうか。意外に多くの人、現役のアスリートでさえもが、自分の臀筋を自由に動かすことがほとんどできないのだ。結果として、日々の動作においても非常に大きな役割を果たす、この大臀筋を十分に生かしきっていないことになる。

29

> ●●コア・ライフ・プリンシプル(人生の原則の核心)：ムーブメント・プレパレーション●●
>
> 　身体活動の欠如は身体に対する最大の敵であり、動きを伴わない進歩は人生を全うするための一番の障害となる。私たちは日々準備し、使うためのスキルをもっている。言い換えれば、そのスキルは使わないでいると失われてしまう。
>
> 　また、私たちはたくさんのつながりをもっている。子どもとして、親として、兄弟姉妹として、友人として。これらのつながりは日々育まなければいけない。あるのが当たり前と思っていてはいけないのだ。自分がすることすべてに対し、能動的でいよう。何かが起こってくれるのを待っているだけではいけない。もって生まれた天分と才能を目覚めさせ、実際に毎日使おう。何をするにしても、前に向かって進もう。
>
> **コア・ライフ・アクション**(人生の行動の核心)
> 　大切なつながりを育むために、今、自分に何ができるだろう。電話をかけよう。eメールを送ろう。会えるときを、今すぐ、予定に入れよう。

　その代わり、私たちは多くの時間を大臀筋の上に座ることに費やしている。そのために大臀筋に相対する筋肉、つまり股関節の屈筋群が固く、活動していない状態になっているのだ。このように拮抗し合う筋肉同士の神経―筋の関係を「相反性神経支配」という。1つの筋群が収縮するともう一方がリラックスすることを別言すると「相反抑制」になる。一方が発火しているとき、もう一方は準備に入る。ムーブメント・プレパレーションは、実際に交互にこの関係を起こさせている（訳者注：筋肉は縮むことしかできず、自ら伸びるのではなく拮抗する筋肉に伸ばされている。つまり、縮むべき筋肉が縮み、伸ばされる筋肉が伸ばされるように相反抑制の作用によって行っている）。

　筋肉を目覚めさせるムーブメント・プレパレーションは、ただトレーニングのためだけでなく、1日の残りの時間も筋肉のスイッチが入った状態にしておいてくれる。これは重要なことだ。

　ある冬の日、歩いていて氷に足を滑らせたとしよう。そのときあなたの身体がどう反応するかは、関節や筋肉、腱にあるバランスを保つための圧力（固有感覚）を感じ取る固有受容器の働きにかかってくる。小さな筋群のスイッチを入れるムーブメント・プレパレーションは、この固有受容器の感度も高める。つまり命令系（運動神経）とフィードバック機構（感覚神経）の感度を高めて、身体に予期せぬ不規則な動作への準備をさせることにもなる。

　ムーブメント・プレパレーションのエクササイズは、基本的に各エクササイズを5～10回繰り返して行う。これは従来の退屈な、いわゆる準備運動とは異なり、トレーニングの一部だと実感できるだけでなく、初めのうちはこれ自体がトレーニングだと感じるかもしれない。でも、心配無用。あなたの身体はすぐにエクササイズに対応できるコンディションになり、このワークアウトを終えるときには、疲れではなく、しっかり身体が温まったと感じるだろう。そしてその後のどんな動きに対しても、それがトレーニングや試合であろうと、日常生活の中の動作であろうと、よりよい準備ができた状態になる。

まとめ

「ムーブメント・プレパレーション」はあなたの身体の動きの土台となる体幹部の体温を上昇させ、筋の活動を活性化し、柔軟性を長期間にわたって高める。さらにバランス能力と固有感覚を高め、可動域、柔軟性、安定性、筋力を向上させるための完璧な処方となる。

アドバイス

何の器具も必要なく、最小限の時間で行うことができる。私はクライアントの生活レベルやトレーニングレベルに合わせて、いろいろなバリエーションのコア・ワークアウトを提案しているが、ムーブメント・プレパレーションが共通の分母となっている。もし他のエクササイズをまったくしないとしても、まずこのプログラムを身につけ、1日たった10分でもいいので週に2～6回行ってみてほしい。それだけでも、とても大きな成果が得られるはずだ。

次のページから、エクササイズの説明がある。なかには目新しいエクササイズもあるが、写真を見れば動作のイメージがつかめるだろう。CD-ROMもぜひ活用していただきたい。各エクササイズの選択と反復回数は、コア・ワークアウトの1日、1週間、3週間ごとのゴールによって変わってくる。136ページからのコア・ワークアウトのワークシートを参照してほしい。

ヒップ・クロスオーバー
Hip Crossover

◆ 分 類 ◆
ムーブメント・プレパレーション

目 的
- 臀部と肩を反対方向にひねり、体幹部の可動域と筋力を高める。

開始姿勢
- あお向けに寝て、腕を肩の高さに置く。
- 膝を曲げて立て、足首を90度に曲げ、かかとをつける。

手 順
- かかとを支点にして両脚を左右にひねる。

ポイント
- 腹横筋をしっかり働かせたまま、腹部を引き締め（ドローイン）、両肩が離れない範囲で反動をつけずに左右にひねる。

感 覚
- 腰背部周辺の筋のストレッチと収縮。

発展プログラム１
- 股関節と膝関節、足首をそれぞれ90度に曲げ、床から浮かした状態でこの動作を行う。

発展プログラム２
- 両脚をまっすぐに伸ばした状態でこの動作を行う。

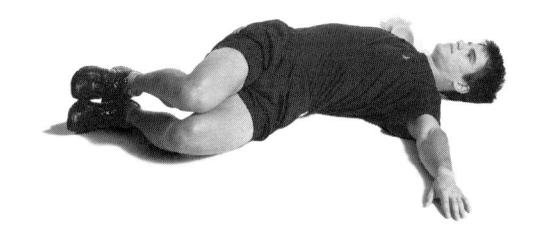

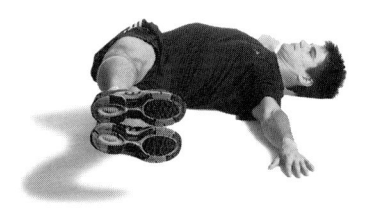

● *Scorpion* ●
スコーピオン

◆ 分 類 ◆
ムーブメント・プレパレーション

目的
- 大胸筋、大腿四頭筋、体幹部の可動域と筋力の強化。
- 臀筋群を活性化する。

開始姿勢
- うつ伏せに寝て、腕を肩の高さに置く。

手順
- 左のかかとを右手に近づけるようにひねる。このとき右の臀部は床につけたまま、左の臀筋群（ひねる側）を収縮させる。
- 脚を替えて、反対側も同様に行う。

ポイント
- ひねるときに臀筋群を収縮させて行う。

感覚
- 臀筋群の収縮に対して、股関節の屈筋群と大腿部前面のストレッチ（訳者注：最近は脊柱への過度なストレスがかかりやすいため、現場では注意が必要な種目のひとつになりつつある）。

• Calf Stretch •
カーフストレッチ

◆ 分 類 ◆
ムーブメント・プレパレーション

目的
- 忘れがちな下腿部の柔軟性を高める。

開始姿勢
- 腕立て伏せの状態から、左の足首を右のかかとの上に乗せる。体重は右足の拇指球に乗せる。

手順
- 右のつま先をすねに向かって引き上げながら、かかとを地面に向かって下げる。
- 次に右のつま先で地面を押し上げながら、かかとを持ち上げる。
- 脚を替えて、反対側も同様に行う。

ポイント
- かかとを地面に押し下げるのと同時に、つま先をすねに向かって引き上げる。そして、新しい可動域まで押し戻す。
- かかとを下げるときに息を吐き、そこで1カウント止める。

感覚
- ふくらはぎと足首のストレッチ。

発展プログラム
- 伸ばしているほうの脚の膝を曲げると、アキレス腱を伸ばせる。

● Hand Walk ●
ハンドウォーク

◆ 分類 ◆
ムーブメント・プレパレーション

目的
- 肩周辺と体幹部の安定性を高め、ハムストリングス、ふくらはぎ、腰背部などの身体の背面の可動域を高める。

開始姿勢
- 両脚を伸ばして立ち、両手を床につける。

手順
- 両脚を伸ばし、へそを背骨のほうに引きつけ、腹部を引き締め（ドローイン）、手で歩く。
- 次に両手を伸ばしたまま、足首を使って、手の位置まで歩く。

ポイント
- 手は肩幅、足は腰幅で歩き、体幹部や臀部がこの幅から外れない（揺れない）ようにしながら、赤ちゃんのようによちよち歩きをする。

感覚
- ハムストリングス、上背部、腰背部、臀部、下腿のストレッチ感と、足首が焼けつくような感覚。

インバーテッド・ハムストリングス

Inverted Hamstring

◆ 分類 ◆
ムーブメント・プレパレーション

目 的
- 動的なピラーの安定性とともに、ハムストリングスの柔軟性と片脚支持でのバランスを向上させる。

開始姿勢
- 腹部を引き締め、肩甲骨を後方かつ下方に向かって引き寄せ、頭が天井からひっぱられるように背を高く保つ。パーフェクトポスチャーをとり、右脚で立ってバランスをとる。

手 順
- パーフェクトポスチャーのまま、両手を横に広げ、股関節から身体を折るようにして前に倒す。左の脚は臀筋群を収縮させながら後ろに伸ばす。頭部からかかとまでを1本のラインとして動かす。
- 1歩下がって脚を替え、反対側も同様に行う。これを繰り返す。

ポイント
- 頭部から足首まで身体を一直線上に保つ。ほうきの柄を背中の上にぴったりと乗せるつもりで、頭部から骨盤までを平らにする。

感 覚
- 支持脚のハムストリングスのストレッチ感と伸ばした脚の臀筋群の収縮。

● *Lateral Lunge* ●
ラテラルランジ

◆ 分 類 ◆
ムーブメント・プレパレーション

目 的
- 鼠径部と股関節周辺の可動域を高める。
- しゃがみ込むことにより、ピラーを強化する。

開始姿勢
- パーフェクトポスチャーで立つ。

手 順
- つま先を正面に向けたまま、右に向かって1歩踏み出す。足の裏を床につけ、左脚を伸ばしたまま、パーフェクトポスチャーのままできるだけ深くしゃがみ込み、その位置で2秒間止める。
- 踏み出した脚を元の位置に戻し、同じ動作を繰り返す。脚を替えて、反対側も同様に行う。

ポイント
- つま先と膝をまっすぐ正面に向け、足の裏をしっかりと床につけて行う。

感 覚
- 大腿部の内側のストレッチ感。

● Forward Lunge / Forearm-To-Instep ●

フォワード・ランジ、
フォアアーム・トゥ・インステップ
"世界で最も偉大なストレッチ"

◆ 分類 ◆

ムーブメント・プレパレーション

目的
- 腰背部、ハムストリングス、体幹部、股関節、鼠径部、股関節屈筋群、大腿前部の柔軟性を高める。

開始姿勢
- 左足を大きく前へ1歩踏み出し、ランジの姿勢をとる。踏み出した左足の横に右手をつけ、左足と右手に体重を均等にかける。

手順
- ランジの姿勢を維持したまま、踏み出した左脚の内側に沿うようにしながら左肘を下げていく。
- 次に左手を左足の外側につけ、左足のつま先をすねに向かって引き上げながら、臀部を上に向かって突き上げる。
- 脚を替えて、反対側も同様に行う。

ポイント
- 後ろの膝を床から浮かせておく。肘を下げるときに息を吐く。臀部を持ち上げ、つま先をすねに向けて引きつけるときに、両手を床につけたままにする。

感覚
- 鼠径部、後ろに伸びた脚の股関節屈筋群、前に踏み出した脚の大腿四頭筋のストレッチ感。
- 臀部を持ち上げた動作のときは、前脚のハムストリングスとふくらはぎのストレッチ感。

Backward Lunge With A Twist
バックワードランジ・ウィズ・ツイスト

◆ 分 類 ◆
ムーブメント・プレパレーション

目的
- 股関節屈筋群、大腿前部、体幹部を伸ばす。つま先から両手まで全身をストレッチする。

開始姿勢
- 両足をそろえた立ち姿勢から、右脚を後ろにつけてランジの姿勢をとる。

手順
- 体幹部を左脚(前脚)の方向へひねりながら、背部を弓なりに軽く反らす。右手は斜め上に、左手は斜め下に向かって伸ばす。
- 脚を踏み替え、反対側も同様に行う。

ポイント
- 後ろに反りながら身体をひねるとき、後ろ脚の臀筋群を収縮させ、相反性抑制を利用して股関節の屈筋群を伸ばす。

感覚
- 後ろ脚の股関節から体幹部、上背部にかけてのストレッチ感。

Drop Lunge
ドロップランジ

◆ 分 類 ◆
ムーブメント・プレパレーション

目的
- 腰背部、臀筋群、腸脛靱帯（両脚の大腿から膝の外側に伸びている厚い帯の組織で、下腿の大きな骨である脛骨につながる）、大腿外側部の柔軟性を高める。

開始姿勢
- 腕を体側に伸ばして、バランスをとりながら立つ。

手順
- 下肢を回旋させながら、左足を右足の後ろへ交差させるように外側（約60度）へ踏み出す。左右のつま先は正面に向けたまま、ひねられた上半身を正面に戻し、肩のラインとつま先のラインとが平行に位置するようにする。胸を張り腹部を引き締め、体重は右脚にかける。右足の裏は床につけたまま、臀部を後方に下げるようにしてしゃがみ込む。
- 次に、右足で素早く床を蹴るようにして立ち上がり、右側に移動しながら初めの姿勢に戻る。右方向に移動しながら、決めた回数を繰り返す。
- 脚を替えて、反対側も同様に移動しながら行う。

ポイント
- 下肢のひねりを利用して、脚を交差させる。つま先を正面に向けて保ち、膝は親指から小指の範囲に収まる位置を保つ。

感覚
- 股関節、臀筋群、腸脛靱帯のストレッチ感。

Sumo Squat-To-Stand

スモウスクワット・トゥ・スタンド

◆ 分類 ◆
ムーブメント・プレパレーション

目的
- ハムストリングス、臀部、鼠径部、足首、下背部の柔軟性を高める。

開始姿勢
- 腰幅より少し広く開いて立つ。

手順
- 股関節から上体を前に曲げ、つま先の下側をつかむ。腕を伸ばして両膝の内側に入れ、臀部から深くしゃがみ込む。パーフェクトポスチャーを維持し、つま先を持ったまま臀部を持ち上げて、膝関節をまっすぐに伸ばす。

ポイント
- 動作中、常にパーフェクトポスチャーを意識し、つま先はしっかりとつかんでおく。このとき体幹部は水平でなく直立するように、腰を前方に出すようにする。背中を平らに保ったまま、尻を持ち上げる。

感覚
- 鼠径部、臀筋群、腰背部のストレッチ感。ふくらはぎにも軽いストレッチ感。

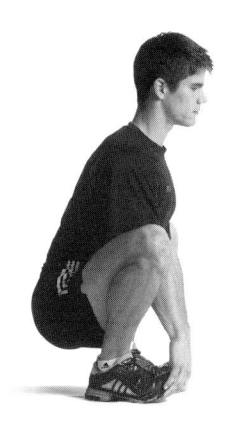

Chapter 6
プリハブ
―身体を守りながら、鍛えるための準備―

　何年も前、アメリカの人々は5,000km走行ごとに車のメンテナンスサービスを提供する"ホンダ"を「クレイジーだ」と考えていた。「なぜ、どこも悪くない車をいちいちチェックに出さなければいけないのか」と思っていたのだ。いまでは5,000kmごとにオイル交換をしたり、点検をしたりすることは当たり前になっている。

　もう、誰も「なぜ？」とは思わない。車のメンテナンスをきちんとやっておけば、故障の可能性が減ることを誰もが知っている。同じことは私たちの身体にも言える。本章のプリハブ・エクササイズは、日常生活の動作でストレスを受けやすく、最も障害を起こしやすい身体の部分である体幹部、すなわち肩、胴体、股関節の強化を図ることができる。これらは身体のピラーを形成する部位であり、ここを強化することは姿勢とアライメントを改善し、関節の動きをよりよくすることになる。最悪の場合には手術が必要となるような慢性的な痛みに悩まされる前に、障害を起こしやすい部位をこれらのエクササイズで強化しておこう。

　コア・ワークアウトは総合的なプログラムなので、行うすべてのことにプリハブの要素が含まれているが、本章では特に、身体の可動性、バランス、安定性と関節の機能を高め、パフォーマンスを向上させつつ故障の可能性を減らすことを目的としている。

　さらに、プリハブはトレーニングジムやグラウンド以外の場所、つまり日常生活においても起こり得る障害から守ってもくれるはずだ。多くの人と同じように、あなたもコンピュータにおおいかぶさるようにして長い時間を過ごしていることだろう。必然的に肩は丸まり、こって

第6章 プリハブ

いるに違いない。それだけでもよくないうえに、外へ出てテニスをするとしよう。肩は硬くなっていて、必要なだけの安定性と可動域は失われている。プレー中、あなたの身体は巧みにそれを補う動きをしてくれるだろうが、その分、ラケットを振るときに肘の動きに頼ることになる。仕事をしているときの悪い姿勢のせいで悪くなった関節のアライメントと相まって、やっかいなテニス肘（またはローテーターカフ〈腱板〉の障害や上背部の痙攣など）を引き起こさないとも限らない。

プリハブによって上背部と肩の回旋筋をサポートする筋群が強化され、その結果、肩甲骨は後方に引き下げられ、姿勢が改善される。肩関節のボールとソケットの構造が本来そうデザインされているように、自由に効率よく動くようになる。あなたは生活のいろいろな局面で、いままでとは違う感覚を感じることになるだろう。

1日中机に座っていると、下背部にも過度のストレスがかかり、体幹部にも多大な悪影響を及ぼす。長時間の仕事をした後、外へ出て体幹部の強さを必要とする活動をするのは、その部分をまず"目覚めさせて"からでないと、潜在的な危険がなかったとしても容易ではない。つまりプリハブのもうひとつの目的は、体幹部の安定性を高めることによって、毎日のストレスから腰背部を守ることでもある。

しかし、現代の生活スタイルから生じる問題は腰だけに留まらない。長時間座っていることで股関節は固まり、可動性も低くなる。骨盤が適正なアライメントを保つためには股関節の並外れた可動性と安定性が求められる。プリハブ・エクササイズは骨盤を支えるために他のどの関節よりも強い筋肉がついている股関節部分に働きかける。

肩、下背部、股関節を前もって防護しておくことが、どれだけあなたたちの生活を向上させるかについて紹介しておこう。運動に起因するものであれ、日常のライフスタイルに起因するものであれ、障害の65％はオーバーユーズ、いわゆる筋のバランス不全により機能低下した関節を繰り返し使うことによって発生している。プリハブは筋のバランス不全から起こる障害をターゲットにしているので、例えば腰や肩の障害、ハムストリングスの肉離れなどの防止に役立つ。

残りの35％の障害は、外傷によって引き起こされる。壁に突っ込んだり、スキー場のゲレンデで転倒したりすれば、どんなに注意深くコア・ワークアウトを行っていたとしても、どこかにケガをしてしまうだろう。しかし、プリハブはこれらのケガの機会自体を減らすことにもなる。バランスや安定性のおかげで転倒しにくくなり、転倒したとしても以前のようにひどい転び方をしなくなる。身体の準備ができていないスキーヤーなら大ケガをしたり死んでしまったりするようなひどい転倒から、安定性、弾力性、そして筋力を鍛えているプロのスキー選手は逃れることができるのだ。コンディションのとれた身体を保持していれば、たとえあなたが転んでケガをしたとしてもより早く回復することができる。

プリハブと次章「バランスボール・エクサイズ」でピラーをいったん強化しておけば、劇的に動作を改善する可能性を備え、さらに重要なケガや加齢による衰えに対して抵抗力の高い身体をつくる道のりをかなり進んだことになる。

●●コア・ライフ・プリンシプル（人生の原則の核心）：プリハブ●●

プリハブ（プリハビリテーション）の欠如は、苦痛を伴うケガとリハビリテーションを必要とする手術を招く。あなたの人生においても、準備が欠けていれば、後で痛い目にあうことになる。

日々の手入れを怠れば、あなたの身体、人々とのつながり、仕事、そして精神状態もどこかで大がかりな調整が必要になってしまうだろう。そのときにはもう手遅れの場合もある。プリハブの考え方をあらゆることに応用してみてほしい。

ただ単に怠慢からのダメージを回避するための絶ゆまぬ行動だけでなく、自分自身を教育し、よく計画を練り、自分のゴールに向かって日々のステップを踏んでいってほしい。何か起こってからそれに対応するのではなく、先を見越した準備をしよう。

コア・ライフ・アクション（人生の行動の核心）

いますぐ、ここで、あなたの生活の中で悪循環になりそうなことにプリハブの考え方をあてはめてみよう。そして、問題を解決するための行動を実行してほしい。

まとめ

プリハブは、障害から身体を守るための先を見越したアプローチである。体幹部の安定性によるピラーの強さは効率のよい動作のための基礎であり、パフォーマンスと健康にとっての不可欠な要素である。

アドバイス

プリハブは1週間に2～6回行う。バランスボールを用いたエクササイズ以外は器具は必要ない。1日に少なくとも5分は費やしてほしい。自分のための時間は自分自身でつくるものであり、その小さな時間をつくることはあなたの長期的な健康を守るための最善の投資になる。

Floor / Physioball Y

フロア／バランスボール Y

◆ 分類 ◆
プリハブ

目的
- 肩周辺の安定性の向上、ローテーターカフ（腱板）の強化。
- 肩甲骨周辺の筋力強化、筋の動員パターン（力の出し具合とタイミングのとり方）の向上。

開始姿勢
- ボールの上にうつ伏せになり、腹部をボールの頂点に乗せる。
- パーフェクトポスチャーを意識し、胸部がボールから前に出た体勢をとる。

手順
- 腕を伸ばし、胸を張りながら、左右の肩甲骨を内側下方に向かって引きつけるようにしながら、身体でアルファベットの"Y"をつくるように腕を持ち上げる。
- 肩甲骨と腕、胸を元の位置に戻す。これを繰り返す。

ポイント
- 親指を立てるように手を握る。
- 肩甲骨（特に下角）から動かし始めるつもりで、上体、肩部、腕を伸ばしていく。
- 上腹部がボールの頂点の上に乗るようにする。

感覚
- 腰背部、肩甲骨下部、肩前部の収縮。

※ボールがない場合には、床の上あるいはエクササイズベンチを利用して行う。

― ● *Floor / Physioball T* ● ―
フロア／バランスボール T

◆ 分 類 ◆
プリハブ

目 的
- 肩周辺の安定性の向上、ローテーターカフの強化。
- 肩甲骨周辺の筋力強化、筋の動員パターンの向上。

開始姿勢
- ボールの上にうつ伏せになり、腹部をボールの頂点に乗せる。
- パーフェクトポスチャーを意識し、胸部をボールの前に出した体勢をとる。

手 順
- 両腕を伸ばし、親指を上向きにする。
- 肩甲骨を脊柱に向かって引き寄せるようにしながら腕を横に広げ、身体でアルファベットの"T"をつくるようにする。これを繰り返す。

ポイント
- 背柱と頭部が一直線上にくるようにし、肩甲骨は絞るように脊柱に引き寄せ、かつ引き下げる。

感 覚
- 肩後部、左右の肩甲骨の間の上背部の収縮。

※ボールがない場合には、床の上あるいはエクササイズベンチを利用して行う。

● *Floor / Physioball W* ●
フロア／バランスボール W

◆ 分 類 ◆
プリハブ

目 的
- 肩周辺の安定性の向上、ローテーターカフの強化。
- 肩甲骨周辺の筋力強化、筋の動員パターンの向上。

開始姿勢
- ボールの上にうつ伏せになり、腹部をボールの頂点に乗せる。
- パーフェクトポスチャーを意識し、胸部をボールの前に出した体勢をとる。

手 順
- 親指を上向きにして、わきを締める。
- 左右の肩甲骨を互いに近づけながら手を後方に引き、身体でアルファベットの"W"をつくる。
- わきを締めたまま、手をできるだけ後方に引く。これを繰り返す。

ポイント
- 肩甲骨の下部に緊張を感じるように、親指を後ろに引く。

感 覚
- 肩後部の深いところの収縮。

※ボールがない場合には、床の上あるいはエクササイズベンチを利用して行う。

— • *Floor / Physioball L* • —
フロア／バランスボール L

◆ 分 類 ◆
プリハブ

目 的
- 肩周辺の安定性の向上、ローテーターカフの強化。
- 肩甲骨周辺の筋力強化、筋の動員パターンの向上。

開始姿勢
- ボールの上にうつ伏せになり、腹部をボールの頂点に乗せる。
- パーフェクトポスチャーを意識し、胸部をボールの前に出した体勢をとる。

手 順
- 腕を伸ばした状態から、肘が90度になるまで持ち上げる。
- そこからさらに左右の肩甲骨を引きつけ、両手の甲が天井に向くように外旋し、左右2つのアルファベットの"L"をつくる。これを繰り返す。

ポイント
- 左右の肩甲骨をしっかり引き寄せ合い、肩を後方かつウエストのほうに向かって引き下げた状態で行う。
- 前腕はできる限り外旋させる。

感 覚
- 肩の後方の深いところの収縮。

※ボールがない場合には、床の上あるいはエクササイズベンチを利用して行う。

Physioball Pushup Plus
バランスボール・プッシュアップ・プラス

◆ 分 類 ◆
プリハブ

目 的
- 体幹部、肩周辺の安定性の向上。
- 肩部、胸部、上腕伸筋群の筋力の向上。

開始姿勢
- 両手をボールの上に乗せて指を床の方向に向け、腕立て伏せの体勢をとる。
- 肩甲骨は外側へ向かって互いにできるだけ開いた状態にする(肩甲骨の外転位)。

手 順
- 腹部を引き締め(ドローイン)、胸部が軽くボールに触れるまで身体を下げる。
- 肩甲骨はできるだけ開いた状態にし、ボールをしっかりコントロールしながら、できるだけ身体をボールから遠くに離すように押し上げる。

ポイント
- 動作中は常にドローインを意識し、ピラー(=支柱)を安定させ、頭部から足首まで身体を一直線に保つ。

感 覚
- 腹部、胸部、肩部、上腕伸筋群の収縮。

Glute Bridge
グルトブリッジ

◆ 分 類 ◆
プリハブ

目的
- 臀筋群の活性化、筋の動員パターンの発達・向上。

開始姿勢
- あお向けに寝て、膝と足首を90度に曲げて立てる。丸めたタオルやクッション、ボールなどを膝の間にはさむ。

方法
- 腹部を引き締め（ドローイン）、臀筋群を使って臀部を天井に向けて持ち上げる。このとき、肩とかかとは床につけたままにする。動作の全体にわたって臀筋群を収縮させる。
- トップポジションで姿勢を一度保持してから、床すれすれになるところまで臀部を下げる。この動作を繰り返す。

ポイント
- 臀筋群から動作を始め、戻したときに臀部を床につけないこと。

感覚
- 腰背部やハムストリングスではなく、臀筋群の収縮。

発展プログラム1
- 上記の動きをマスターしたら、片脚ずつ交互に動かし、"行進"をしてみよう。

発展プログラム2
- 片脚は体幹部と一直線になるように伸ばし、床につけた反対側の脚で体重を支え、ブリッジをつくる。足を替えて反対側も同様に行う。

発展プログラム3
- 上げた片脚を胸部に引きつけ、反対側の脚でブリッジをする。足を替えて反対側も同様に行う。

● *Side-lying Adduction & Abduction* ●

サイドライイング・アダクション・アンド・アブダクション

◆ 分 類 ◆
プリハブ

目的
- 臀筋群の活性化、筋の動員パターンの発達・向上。

開始姿勢
- 横向きに寝て、伸ばした腕の上に頭を置く。
- つま先を正面に向け、両脚をまっすぐに伸ばす。
- 上側の脚（エクササイズする脚）は臀部より少し後方に引いた位置をとる。

手順
- アブダクション：上側の脚を天井に向かって持ち上げる（この動作を外転と呼ぶ）。
- アダクション：上側の脚の膝を曲げ、下側の脚と交差するように床に置く。その体勢を維持したまま、下側の脚を天井に向かって持ち上げる（この動作を内転と呼ぶ）。

ポイント
- 腹部を引き締め（ドローイン）、外転の場合は臀部の外側（中臀筋、小臀筋）を使って持ち上げ、内転の場合は内転筋群を使って持ち上げる。

感覚
- 腿の内側、臀部の収縮。

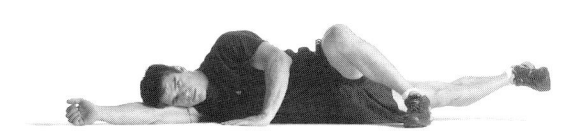

• Quadruped Circles •
クワドラプト・サークル

◆ 分 類 ◆
プリハブ

目的
- 背骨の安定性、股関節の可動性・安定性、筋力などの向上。

開始姿勢
- パーフェクトポスチャーを意識して、手を肩の真下、膝を股関節の真下につけて四つんばいになる。

手順
- 右膝を胸に向かって引き寄せる。
- 臀筋を収縮させて外側に引き上げ（雄犬のおしっこのポーズように）、そのまま脚を腰の高さまで持ち上げる。反対側の脚も同様に行う。

ポイント
- 腹部を引き締め（ドローイン）、股関節を動かすときには骨盤を安定させる。このエクササイズは臀筋群とともに、脊椎の間にあるスタビライザーの役割を果たす小さな筋群「多裂筋」を活性化させる。

感覚
- 股関節の回旋、深部の収縮。

Pillar Bridge Front
ピラーブリッジ・フロント

◆ 分 類 ◆
プリハブ

目 的
- ピラーの安定性の向上、筋力の強化。

開始姿勢
- 肘を肩の真下に置き、前腕部（肘から手首）を床につけて、うつ伏せになる（腕立て伏せの姿勢）。

方 法
- あごを引き、頭から足首までが一直線（パーフェクトポスチャー）になるようにイメージし、つま先と肘で身体を支える。

ポイント
- 腹部を引き締め（ドローイン）、身体を一体化させるように肩甲帯と体幹部と足関節とで安定させる。

感 覚
- 肩甲帯、体幹部、足関節の収縮。

発展プログラム1
- 片脚または片腕を床から持ち上げ、2秒間保持する。脚または腕を交替する。

発展プログラム2
- 対角の脚と腕とを同時に持ち上げ、2秒間保持する。

ピラーブリッジ・サイド、ライト・アンド・レフト

Pillar Bridge Side, Right & Left

◆ 分 類 ◆
プリハブ

目 的
- ピラーとなる肩、胴体、股関節の安定性の向上、筋力の強化。

開始姿勢
- 上から見たときに頭から足首までが一直線（パーフェクトポスチャー）になるようにイメージして、肘を肩の真下に置き、つま先を90度に曲げて横向きに寝る。

手 順
- あごを引き、頭から足首までが一直線（パーフェクトポスチャー）になるようにイメージし、つま先と肘で身体を支え、下側の腰部を持ち上げる。

ポイント
- 腹部を引き締め（ドローイン）、足の外側と肘とで身体を支え、下側の筋群を収縮させて、身体を一体化させるように安定させる。

感 覚
- 下側の臀筋群、腹斜筋群、腰背部、体幹部、肩甲帯の収縮。

発展プログラム1
- この姿勢を20秒間保持する。難しい場合は2秒間保持を10回繰り返す。

発展プログラム2
- ブリッジの体勢から、上側の脚を持ち上げる（外転）。

発展プログラム3
- 上側の脚で支え、下側の膝を胸に向かって引き寄せて保持する。上側の脚の鼠径部の収縮。

Chapter 7

バランスボール・エクササイズ

　バランスボール（スタビリティボール、Gボール、フィジオボールなどとも呼ばれる）はシンプルな道具だが、コア・ワークアウトの最も重要な道具のひとつである。いまやほとんどのトレーニングジムで見かけることができ、スポーツ用品の店で買うこともできる。

　バランスボールにはさまざまなサイズがある（表7-1）。エクササイズに適しているのは、ボールの直径（高さ）が股下の長さに対して15～20％ほど小さいサイズで、しっかり空気が入っているものがよいだろう（訳者注：横から見たときに座ったときの骨盤がニュートラルポジションになるサイズ）。

【表7-1】バランスボール選びの目安

身　長	ボールの直径	ボールサイズ
145cm 以下	35cm	S
140～165cm	45cm	M
165～185cm	55cm	L
185～195cm	65cm	LL
195cm 以上	75cm	LLL

　「バランスボール・エクササイズ」の目的は、可動域を広げ、その過程でバランスや協調性を向上させ、安定性のための筋力を強化させることにある。しかし、これらはほんの一部の効果にしかすぎない。バランスボールの動作は、ピラーの強化に理想的な運動になる。肩、胴体、股関節を安定させることに集中しているとき、固有受容器（30ページ参照）の感度を高めてくれる。そのうえ、このエクササイズは効果があるだけでなく、それ自体が楽しい。コア・ワークアウトの中で本章のエクササイズが一番楽しみになるだろう。

> ●●コア・ライフ・プリンシプル（人生の原則の核心）：バランスボール・エクササイズ●●
>
> バランスボールと同じように、人生は不均衡で、常に変化し、予想ができない。あなたの身体と精神の両面において、バランスボールの不安定な球面を用いることによって、地面にしっかりと接しながら足や体幹部などを使ってコントロールし得る安定性を必ずつくり出してくれる。それを足がかりにして、体幹の安定性をつくり上げていく。
>
> 人はバランスボールへの期待と同様、自分自身が知っている以上のことは予想できない。準備するためには、まず自分を知り、何が自分にとっての基礎となるかを理解しなければいけない。そうすれば、あなたに何か不測のことが起こったときでも、対処できる"安定性"をもたらしてくれるはずだ。
>
> **コア・ライフ・アクション**（人生の行動の核心）
> 自分の生活の中でバランスのとれていない部分はあるだろうか。いますぐ生活にもっとバランスを取り戻すための方法を書きとめてみよう。

　身体の空間での位置や状態を瞬時に教えてくれる"固有感覚"についてもう少し詳しく見てみよう。不安定なバランスボールはいやでも筋の準備を高め、不安定なボールの上で身体を安定させ、かつコントロールするためにより多くの筋を動員しようとする。その結果、ピラーをより協同して働かせることになり、その要素である肩、胴体、股関節の筋肉の力と安定性を向上させることになる。さらにこのエクササイズはムーブメント・プレパレーションと同様に、これらの筋肉の活動と伸張性を向上させ、よりよい可動性と神経系コントロールをもたらしてくれる。

　例えば、単なる腕立て伏せとバランスボール上での腕立て伏せを比べてみよう。床での腕立て伏せの場合、筋力は必要だが、バランスやアジリティ、協調性はほとんど必要ない。しかし、手がボールの上にあったらどうだろう？　ボールが動いてしまわないように、何か代償的な動きが必要となる。つまり、中枢神経系はバランスを保つために、より多くの筋を動員しなければならない。また、安定性のために、より多くの肩周辺の小さな筋群が活性化される。身体のフィードバックシステムを素早く適応させようとするとき、私たちは「そのエクササイズは"固有感覚的に豊かな"エクササイズだ」と言ったりしている。トレーニング仲間にこんなフレーズを使ってみせるといい。

　バランスボール・エクササイズは、安定性の重要な要素であり、生活するうえで不可欠な固有感覚を発達させるようにデザインされている。第5章では、氷の上で滑る例をあげて（30ページ参照）、これらのエクササイズは無意識の瞬間にどのように身体を支え、守るかを述べた。同様に、バランスボールのエクササイズによってもたらされる固有感覚の向上は、まず転倒を防いでくれるだろう。

　スポーツ、特にコンタクトスポーツを例にと

ってみる。サッカーやラグビー、アメリカンフットボール、バスケットボールなどでバランスを失ったとしよう。固有感覚が向上していれば、自分の身体が空間の中でどの位置にあるかを認識する力が向上しているため、足首をひねったり、膝の靭帯を断裂したりせずに着地できるだろう。また、ケガを防ぐだけでなく、ゲームの中で起こったことに対して、よりよいポジションで反応できるようにもなる。

初めのうち、エクササイズがうまくできなくても心配しなくていい。才能のあるプロの選手でさえ、バランスボールを使い始めたときは難しく感じるものだ。しかし、すぐにエクササイズに慣れ、効果もすぐに感じ取ることができるだろう。人々から「いままで自分の身体にあるとは思ってもみなかった筋肉を使ったり、固定させたりした気がする」という感想を聞くことができた。

それだけでなく、不安定なボールの上での動作を行うことができたという達成感も得られる。難易度も上がっていくが、それ以上に効果は飛躍的に向上し、「たくさんの人ができないことを自分はしているんだ」という、素晴らしい感覚を味わうことができる。

いまではほとんどのジムに、あなたの身体に合ったバランスボールが1つはあるはずだ。もしなければ、購入してくれるようジムに要求しよう。21世紀にふさわしい施設となるために、喜んで購入してくれることだろう。また、ほとんどのコア・ワークアウトと同様、バランスボール・エクササイズも自宅で心地よく行うことができる。

もし、ジムでバランスボール・エクササイズをしているのがあなたひとりだったとしても、驚かないでほしい。他の人からは変わって見えるエクササイズをあなただけがやっていれば、目立ってしまって居心地がよくないかもしれない。しかし、あなたは他人がまだ使うことのできない筋を使い、そのエクササイズからはるかに多くの効果を得ることができるのだ。そして、それだけの効果があって、さらに楽しいのだから、何も気にする必要はないだろう。

まとめ

バランスボール・エクササイズは不安定な面での運動を行うことで、より多くの筋肉を活動させ、固有感覚に働きかけ、肩、胴体、股関節の体幹の筋力と安定性を向上させる。

アドバイス

一度バランスボール・エクササイズをマスターしたら、基本動作を5分で行う短縮版をやってもいい。時間が限られているなら、バランスボール・エクササイズだけでも体幹の安定性を向上させる素晴らしいワークアウトになる。たとえムーブメント・プレパレーションの時間がなくても、バランスボール・エクササイズだけで素晴らしい単独のワークアウトができる。

ラテラルロール
Lateral Roll

◆ 分 類 ◆
バランスボール・エクササイズ

目 的
- ピラーの強さの向上。

開始姿勢
- 肩甲骨の間にボールがくるように、あお向けになる。膝を90度に曲げ、頭部から膝にかけて身体を一直線にする。
- 両腕を肩の高さで真横に伸ばす。臀筋群を使って身体をまっすぐに保ち、へそを背骨に向けてしっかり引き込む（ドローイン）。

手 順
- 開始姿勢を保ったまま、バランスをくずさない範囲でボールの上を横に転がる。
- 臀部が下に落ちないように臀筋群を収縮させる。

ポイント
- 親指が床を向くように腕を外旋し、肩甲骨を後方に引きつける。

感 覚
- 上背部、体幹部のストレッチ。
- 臀筋群の収縮。

ロシアンツイスト
Russian Twist

◆ 分 類 ◆
バランスボール・エクササイズ

目 的
- 肩と腰の間の可動性・安定性・筋力の向上。
- 胸椎の可動性・安定性・筋力の向上。

開始姿勢
- 肩甲骨の間にボールがくるように、あお向けになる。膝を90度に曲げ、頭部から膝にかけて身体を一直線にする。

手 順
- 肩甲骨を後方かつ下方に引きつけ、両手を合わせ、腕を胸の前に伸ばす（ウエイトを持ってもよい）。
- 開始姿勢を保ったまま、腕が床に対して平行になるところまで、胸椎を右側に回転させる。反対側も同様に行う。

ポイント
- ひねる方向の臀筋を収縮させ、横に回転させる。動作中は常にドローインを意識する。

感 覚
- 体幹部のストレッチ。
- 臀部・体側の筋肉の収縮。

— • *Plate Crunch* • —
プレートクランチ

◆ 分 類 ◆
バランスボール・エクササイズ

目 的
- 体幹部の全体的な安定性・筋力の向上。

開始姿勢
- ボールの丸みに沿うように、あお向けになる。このとき、肩甲骨、腰背部、臀部がボールに触れるようにし、腹筋が完全にストレッチされるようにする。
- 頭の後方でウエイトプレートを持つ。

手 順
- 腹部を引き締め（ドローイン）、胸部と臀部を同時に持ち上げるようにする。
- 体幹部の上部から身体を起こす。
- 胸部と臀部を下げて開始姿勢に戻す。

ポイント
- ボールの丸みを利用して体幹部をストレッチする。胸部と臀部をへそに向かって近づける。

感 覚
- 体幹部のストレッチ。
- 腹筋の中央部の収縮。

発展プログラム
- ウエイトプレートを胸の前で保持しながら、同じ動きを行う。

Knee Tuck
ニータック

◆ 分 類 ◆
バランスボール・エクササイズ

目 的
- 体幹全体、肩甲骨の安定性の向上。
- 下背部の筋肉のストレッチ。

開始姿勢
- すねをボールに乗せ、腕立て伏せの姿勢をとる。

手 順
- つま先がボールの上にくるまで、膝を胸に向かって引きつける。
- 開始姿勢に戻り、動作を繰り返す。

ポイント
- 腹部を引き締め（ドローイン）、両肩は常に床を押し続ける。背中を反らさないこと。

感 覚
- 体幹部と肩部の収縮。
- 下背部のストレッチ。

発展プログラム1
- 両足でボールを引き寄せ、片足で戻す。

発展プログラム2
- 片足でボールを引き寄せ、同じ足で戻す。

ライイング・オポジット
Lying Opposites

◆ 分 類 ◆
バランスボール・エクササイズ

目 的
- 背部の安定性・筋力の向上。
- 肩と対角線上の臀部を働かせることによる筋の動員パターンの向上。

開始姿勢
- へそをボールの頂点に乗せ、うつ伏せになる。

手 順
- 初めに臀筋を収縮させる。伸ばした片方の脚を天井に向けて持ち上げ、背中を伸ばしたまま、肩甲骨を使って脚と反対側の腕を引き上げる。
- 右脚と左腕で行ったら、次は左脚と右腕で行う。

ポイント
- 脚を持ち上げるときは臀筋を使い、腕を引き上げるときは肩甲骨を使うことで、正しい筋の動員パターン向上の効果を得られる。

感 覚
- 背部、肩甲帯、臀筋の収縮。

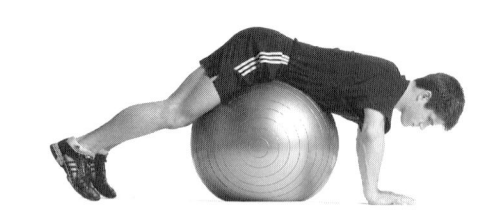

• *Reverse Hyper* •
リバースハイパー

◆ 分 類 ◆
バランスボール・エクササイズ

目 的
- 下背部、臀筋群の強化。

開始姿勢
- 両手と両足を床につけ、脚を伸ばし、つま先を90度に曲げて、ボールの上にうつ伏せになる。

手 順
- 上半身を動かさずに、臀筋を収縮させて脚を持ち上げ、上半身と下半身が一直線になるようにする。

ポイント
- 臀筋を収縮させるとき、肩甲骨を後方かつ下方に引く。

感 覚
- 臀筋、下背部のストレッチと、それらの筋群の収縮。

発展プログラム
- 片脚は上半身と一直線に保ったまま、他方の脚を下に降ろしていき、元の位置に戻す。反対側の脚も同様に行う。

Reverse Crunch
リバースクランチ

◆ 分 類 ◆
バランスボール・エクササイズ

目 的
- ドローインを保持したまま、骨盤を後傾させられるようにする。

開始姿勢
- 背中を床につけ、あお向けになる。かかとと臀部でボールを抱え込む。

手 順
- 骨盤を床から離し、膝を胸に向けて引きつける。

ポイント
- 最大限の効果を上げるには、ドローインを意識したまま、骨盤を後傾させるようにして膝を胸に近づける。

感 覚
- 体幹部の収縮。
- 下背部のストレッチ。

• Hip Crossover •
ヒップ・クロスオーバー

◆ 分 類 ◆
バランスボール・エクササイズ

目 的
- 腰部と上半身の動きを分離することによる、体幹部の可動性の向上、筋力の強化。

開始姿勢
- 背中を床につけ、ボールを両膝の間にはさみ、あお向けになる。
- 両肩を真横に伸ばし、かかとを臀部に向けてしっかりと引きつける。

手 順
- 両肩が床から浮かない程度に膝を片側に倒す。
- ボールを元の位置に戻し、反対側も同様に行う。

ポイント
- 動作中ボールは常に床につけておく。

感 覚
- 体幹部、回旋筋のストレッチ。

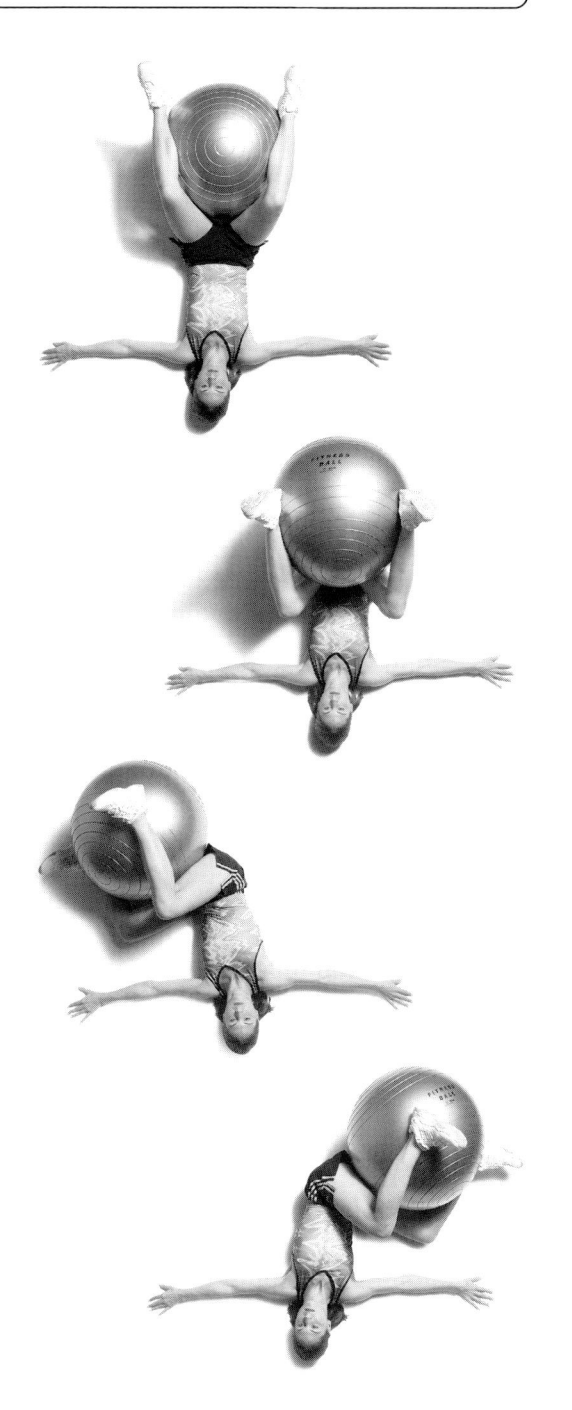

Bridging
ブリッジング

◆ 分 類 ◆
バランスボール・エクササイズ

目 的
- 臀部、下背部の筋の活性化と強化。

開始姿勢
- 両足をボールの上に乗せてあお向けになる。つま先を90度に曲げ、肩甲骨を後方かつ下方に引く。

手 順
- 脚をボールの上に乗せたまま、臀筋を収縮させて腰を持ち上げ始め、頭、肩、腕だけが床についた状態にする。
- 足首から肩にかけて一直線のラインをつくる。

ポイント
- 臀筋を収縮させて腰を浮かし始め、腰が一番高い位置になるまで緊張を保持する。

※予定した時間の保持ができなければ、10回で割った時間で繰り返す。例えば20秒保持が目標であれば、2秒の保持を10回繰り返すことから始める。

感 覚
- ハムストリングス、臀筋群、脊柱起立筋群の収縮。

発展プログラム1
- 片脚を持ち上げて2秒間保持する。反対側も同様に行う。

発展プログラム2
- 片脚を持ち上げて、胸に向けて引きつける。反対側も同様に行う。

Chapter 8
弾性
―エネルギーを蓄え、そしてリリース―

　左手をテーブルのような平らなものの上に置いてみよう。それから中指だけを持ち上げ、できるだけ強く表面に叩きつけてみてほしい。そして次に、まず左手をリラックスさせ、右手で先ほどと同じ中指を引っ張り上げ、それからパっと離す。どれくらいの力が必要だったろうか？　たいした力は使っていないはずだ。しかし最初よりも後の方法のほうがより多くの力を生んでいる。

　自分の力で左の中指を上げ続けたら、疲れてしまう。しかし、もう片方の右手を使ってエネルギーを溜め、リリース（解放）したら、1日中でもその動作を行うことができ、わずかな努力で何度もパワーを発揮することができる。

　これは弾性パワーについてのわかりやすい例だ。私たちはエネルギーを効率よく蓄え、解き放てるようにしたいのだ。歩いたり、向きを変えたり、階段を下りたり、スポーツをしたりするなど、私たちが起こす動作のすべては何らかの弾性の要素がかかわっている。より効率的にエネルギーを蓄え、そしてリリースできれば、より少ない努力ですむわけだ（訳者注：この作用を「ローディング」と「アンローディング」という）。

　ゴルフのスイングは蓄えられたエネルギーを見ることのできるよい例だ。第1打でティまで走って近づき、そのまま強くスイングしても、遠くにボールを飛ばすことはできない。バックスイングで臀部、体幹部、肩甲帯をストレッチすることによりエネルギーを蓄え、トルク（回転力）とパワーをつくり出している。その動きがうまくできればできるほど、より多くのエネルギーがリリースされ、ボールがフェアウェイを飛んでいくのだ。どんなスポーツでも、パフォーマンスはエネルギーを効率よく蓄え、リリースすることだとも言える。

> ●●コア・ライフ・プリンシプル（人生の原則の核心）：弾 性●●
>
> 　身体的な弾性の能力を高めるために、エネルギーを蓄えたり、リリースしたりするのと同じように、人生の凸凹や障害を乗り越えるために、私たちはもっとしなやかに、伸びやかになりたいものだ。場合によっては、多少譲って腰を折ったり、障害をやり過ごして成長することも必要だ。日々の生活から学ぶエネルギーの蓄え方、リリースの仕方がうまくなればなるほど、逆境を乗り越え、前進することも容易になる。弾性能力は、与えたり与えられたりすることにもあてはまる。与えるものが多ければ多いほど、受け取るものも増える。他人の成長を助けることによって、自分自身が成長できるのだ。

　あなたの身体を「ホッピング」として考えてみる。金属のフレームをピラー（＝支柱）に、バネを筋肉に例えることができる。ホッピングのように、エネルギーをパワフルに蓄え、そしてリリースできる身体にしたいのだ。

　弾性の働きはゴルフのバックスイングに見られるように、筋が伸張されてエネルギーを蓄える局面からスタートする。その次に、蓄えたエネルギーを解放するスイッチが働く。エネルギーの漏れを防ぐためには、エネルギーを蓄えている間、優れた安定性と固有感覚が重要となる。十分蓄えられたエネルギーを一度にリリースすることで、爆発的な動きがつくられるのだ。

　エネルギーを正しく蓄え、リリースすることができれば、まるでものすごく高く弾むスーパーボールのように身体は反応できるだろう。もしエネルギーが途中で失われれば、空気の抜けたバスケットボールのようにほとんど弾まず床に落ちてしまうだろう。

　本章は、垂直跳びの能力を向上させたいという人に計り知れないほど役に立つだろうが、その効果はスポーツだけにとどまらない。日常生活の一つひとつの動きにも、弾性の要素が含まれているからだ。例えば歩くときには、筋は引き伸ばされ、それによって蓄えられたエネルギーがリリースされて身体は前に向かって進むことができる。弾性とは、身体におけるバネのシステムなのだ。

　さらに、弾性は防御機構ともなる。滑って転びかけたとき、身体は素早く反応しなければならないが、よくトレーニングされた弾性の能力があれば、重要な筋を瞬時に収縮させて転倒から身体を守ることができる。

　子どもが遊んでいるところを見れば、彼らの弾性能力がいかに高いかがわかる。もちろん昔の子どもほどいまの子どもは外で遊んだりしないが、そんな機会があればいやでも気がつくだろう。子どもたちは走ったり、何かの上に跳び乗ったりする。こうした遊びの動作は、子どもを精神的にだけでなく身体的にも発達させ、生活していくのに必要な身体をつくり上げるための発達の手段となる。

　不幸にも、私たちの生活は弾性に関して二重の不幸が加えられている。子どもの頃に弾性要

第8章 弾性

■ パワーエイジング

　ほとんどの人が年齢とともに筋肉が小さくなっていくことを知っている。もし知らなかったとしたら、その人は40歳以下だろう。筋力もまた、衰えていく。改めて言うほどのことではないかもしれない。しかし、ほとんどの人がパワー、つまり非常に短い時間で大きな力を出す能力は、筋量や筋力よりもずっと早い割合で失われていくことを、高齢者割引が適用されるようになるまで気づかずにいる。

　肝心なのは、人生の終章を輝ける時間にできるか、それとも介護施設で過ごすことになるかという分岐点は、筋量でもなければ筋力でもなく、パワーにあるということだ。一番わかりやすい例は、不意に滑ってしまったときだろう。80歳の婦人でもパワーが多少なりともあれば、床に打ちつけられる前に自分の体勢を立て直すことができる。80歳代の男性でも転倒を防ぐパワーを発揮できなければ、腰を打ったり脚を折ったりして、その後を寝たきりで過ごさねばならなくなる。

　しかし、そうなることを座して待っている必要はない。パワーは、それに照準をあててトレーニングすれば、これから実行する弾性のトレーニングの効果と同様、思いの他早く取り戻せる。筋力や筋量、柔軟性など、各章で見てきた機能向上トレーニングの効果に加えて、本章のトレーニングによるパワーの向上は、あなたが50歳以上であれば、数年どころではなく数十年も若返ったような実感をもたらす。それ以上に、あなたの命を救うことになるかもしれない。

素を発達させていたとしても、大人になってコンピュータやテレビの前での生活が長くなれば、その能力は失われてしまう。また幼い頃に外で遊ぶことが少なくなったといわれる若い人たちならば、自分の弾性のポテンシャルを最大限に発達させることができずにいるかもしれない。

　「トレーニングをすれば、こうした弾性の衰えを補えるのではないか」と思うかもしれない。しかし、それが多くのアメリカ人がしているようなジョギングやフィットネスクラブでの運動であれば、補うことは不可能だ。実際には、問題をより深刻にしているだけかもしれない。

　ウエイトルームでかなりの時間を過ごし、自慢できる大きな筋肉をつけたとしよう。あなたは、こうした筋肉がそのサイズに比例した大きな力を出すことができると思っていないだろうか。残念ながらそうではない。筋肉のサイズとパワーとの間には直接的な比例関係はない。例えば、ボディビルダーは巨大な筋肉を持っているが、彼らの筋肉は大きなパワーを発揮するために必要な正しいトレーニングをしたとは限らないのだ。

　身長180cm、体重68kgのメガン・ショーネシーのようなテニス選手を例に考えてみよう。彼女はトレーニングを通じて弾性要素をしっかりと発達させたので、体重あたりでは誰よりも大きなパワーを発揮する。従来のウエイトトレーニングは、ゆっくりと、そしてコントロールされた動作範囲でのトレーニングに重点を置く

が、彼女は弾性を向上させることに重点を置いた。最も効率的に動作を行うことのできる身体機能を発達させるために、エネルギーを蓄え、リリースするトレーニングを行った。

本章では、プライオメトリックスとして知られるジャンプトレーニングを行う。上下、左右、前後、ひねりのジャンプ・エクササイズは中枢神経を活性化させ、速筋線維を刺激することになり、素早くかつ効率的に力を発揮できるようになる。

さらにエネルギーを発揮するのと同じぐらい重要な、より効果的に力を抜くことも身につく。ほとんどのケガは素早く十分な減速ができないために起こる。弾性が向上すれば、急なブレーキをかけることもできるようになる。

本章のエクササイズは3つのカテゴリー、「ラピッド」「ショート」「ロング」に分かれている。

ラピッドレスポンス・ドリルは、低負荷、高速、動作開始のドリルで、地面反力を利用する能力と敏捷性を向上させる。

ショートレスポンス・アクティビティでは、地面を素早くとらえて離れる動作を行い、バネのような弾性を向上させる。バスケットボールがドリブルされているところを想像すればいいだろう。

ロングレスポンス・エクササイズは、より広い可動範囲を使い、より長い時間足が地面についている。しかしそれを繰り返すことによって、そのたびにより高いレベルのパワーを生み出せるようになる。

まとめ

身体の弾性、つまり力をつくり出したり抜いたりする能力を向上させることができる。それによって「ホッピング」のように動作をより弾力的に軽やかにできる。弾性はケガの危険性を減らし、もっと大きな力（必要によってはもっと少ない力）を、より短い時間で発生させる。弾性向上トレーニングは、安定性、可動性、柔軟性、筋力、敏捷性、バランスが完璧にブレンドされたトレーニングだ。

アドバイス

弾性トレーニングは週に2～4日行う。器具は必要なく、10分足らずで身体に活気があふれてくるのが感じられる。

これらのエクササイズでは、アスレティックポジション（27ページ参照）を正しくとることが重要になる。肩甲骨を後方かつ下方に引いて胸を張り、腹部を引き締めたパーフェクトポスチャーを維持してほしい。いすに座ろうとするときのように、膝を軽く曲げ腰を後方に軽く落とす。かかとではなく、足裏の中央からつま先に体重をかける。この姿勢を習得し、基礎的な筋力レベルに達していれば、時間がないときでも弾性トレーニングだけは欠かすまいとするだろう。それは、このトレーニングが完全な身体的効果をもたらしてくれるからだ。

● Base Rotation ●
ベースローテーション

◆ 分 類 ◆
弾性（ラピッドレスポンス）

目 的
- 弾性の向上。
- 腕と腰を分割させて動かす能力の向上。

開始姿勢
- つま先を外側45度に向けて開き、上半身を正面に向けて立つ。

手 順
- 上半身を正面に向けたまま、腰だけを左右に45度ひねるように動かす。腕は腰と逆方向に動かす（つまり腰を左に動かすとき、腕は右にひねる）。

ポイント
- 床に大きな"X"の文字があると仮定し、腰をひねったとき、つま先がXの四隅に位置するようにする。
- 腕からではなく、体幹部から動かす。

感 覚
- 体幹部のひねり。

ベース・サイド・トゥ・サイド
Base Side-To-Side

◆ 分類 ◆
弾性（ラピッドレスポンス）

目的
- ダイナミックなバランス（動きのあるなかでのバランス）と安定性のある下半身の弾性・敏捷性の向上を図る。

開始姿勢
- 両足を腰幅より広く開き、アスレティックポジションで立つ。

手順
- 両足の幅を変えずにラインを左右に跳び越えるつもりで、右に10cmジャンプし、次に左に10cmジャンプする。できるだけ素早くこの動作を行う。

ポイント
- 床に足が触れた瞬間に次の動作に移る。トレーニングの課題は跳ぶ高さでなく、下半身をどれだけ速く動かせるかである（切り返しの素早さ）。

感覚
- 腰部、大腿部、足首周りの筋肉の収縮。

ワン・レッグ・オーバー・ザ・ライン
One Leg Over The Line

◆ 分 類 ◆
弾性（ラピッドレスポンス）

目 的
- 下半身の敏捷性・弾力性・動的安定性の向上。

開始姿勢
- 片足を床に引いたラインと平行にして立ち、もう片方の足を床から浮かす。

手 順
- 片足で、できるだけ速く左右にラインを跳び越す。前ページのドリルの上級編であり、腰の安定性をより必要とする。
- 規定回数の反復を片足で繰り返してから、反対側の脚でも同様に行う。

ポイント
- 着地から飛び出しまでの切り返しをできるだけ速く行う。体幹部の下で着地するようにし、脚をしっかり安定させる。

感 覚
- 大腿部、臀筋群、下腿の収縮。

— Split Jump —
スプリットジャンプ

◆ 分 類 ◆
弾性（ロングレスポンス）

目 的
- 体幹部、脚部の協調性とパワーの向上。

開始姿勢
- 胸を張り、肩甲骨を後方かつ下方に引いて腹部を引き締め、膝とつま先をまっすぐ正面に向けて、片脚を前方に大きく踏み出す。（スプリットスクワットのポジション）

手 順
- スプリットスクワットのポジションから、後方の膝が床すれすれになるまで腰を下ろす。
- その姿勢で2秒間止めてから、体幹部と脚を使い、同時に両腕を振り上げながら上に向かって爆発的にジャンプする。
- 上空で前脚を伸ばし、初めと同じスプリットスクワットのポジションで着地する。

ポイント
- 着地の際のバランスと安定性を維持する。

感 覚
- 臀筋群と両脚の収縮。

発展プログラム1
- 「オルタネット・スプリットジャンプ」に挑戦してみよう。空中で脚を前後に入れ替え、後方の脚を前にして着地する。

発展プログラム2
- 接地している時間をできるだけ短くして、オルタネット・スプリットジャンプを行う。

• Squat Jump •
スクワットジャンプ

◆ 分 類 ◆
弾性（ロングレスポンス）

目的
- 体幹部、脚部の爆発的パワーの向上。

開始姿勢
- 両手を頭の後ろで組み、足を腰幅よりも開き、パーフェクトポスチャーで立つ。

手順
- 大腿部が床と平行になるまで腰を下げる。上半身を直立させ、腹部を引き締める。
- 臀筋と大腿部を使って、一気にジャンプする。このとき、つま先を上げ、膝関節、股関節を伸ばして身体を一直線にし、アスレティックポジションで着地する。

ポイント
- ジャンプしたとき、つま先を上げ、膝関節、股関節を伸ばして身体を一直線にする。
- 一番高い位置で臀筋を収縮させ、膝を曲げて着地する。

感覚
- 臀筋、脚の収縮。

発展プログラム１
- 写真（下）のように左右へ跳ぶ。

発展プログラム２
- ジャンプしながら、少しずつ前へ移動する。

• Lateral Bound •
ラテラルバウンド

◆ 分 類 ◆
弾性（ロングレスポンス）

目 的
- 脚部の左右への爆発的パワーの向上。

開始姿勢
- 左足を床から浮かし、右脚でバランスをとって立つ。

手 順
- 右足1本で軽くしゃがみ込み、脚部と臀部を使って左へジャンプする。
- 足首、膝関節、股関節を伸ばし、左足でバランスを保ちながら着地する。
- 反対側も同様に行い、左右へのジャンプを繰り返す。それぞれ着地姿勢を3秒間保持する。

ポイント
- 臀筋群を爆発的に使い、できる限り高くジャンプする。より高く、より外側遠くへ向かってジャンプすること。
- 体操選手のように"ぴたっ"とバランスをとって着地する。

感 覚
- 臀筋群、脚部の収縮。

発展プログラム1
- 片方の脚の接地時間をできるだけ短くし、反対の脚では3秒間静止する。

発展プログラム2
- 両方の脚とも、できるだけ接地時間を短くして跳ぶ。

Ankle Jump
アンクルジャンプ

◆ 分 類 ◆
弾性（ショートレスポンス）

目 的
- 下腿部の爆発的パワーの向上。

開始姿勢
- 両脚を伸ばし、手を腰に置き、つま先を90度に曲げて立つ。

手 順
- 足首を伸ばし、拇指球で床を蹴って、できるだけ素早く跳ねる。

ポイント
- 床の反力を使って身体を持ち上げ、拇指球で着地する。
- 膝をロックしないようにする。
- つま先を伸ばした後は、元のようにすねに向けて引き上げる。

感 覚
- 下腿部、脛の収縮。

Reactive Stepup
リアクティブ・ステップアップ

◆ 分 類 ◆
弾性（ショートレスポンス）

目的
- 下半身の爆発力・安定性・バランスの向上。

開始姿勢
- 両腕を後ろに向けて引き、15～25cmくらいの高さのしっかりした箱かステップ台の上に右足を乗せる。

手順
- 台に乗せた脚の股関節、膝関節、足首を伸ばして箱をしっかりと蹴り、垂直にジャンプする。
- 同じ位置に着地していったん静止し、これを繰り返す。同じ脚での反復回数を終了してから、反対側の脚で同様に行う。

ポイント
- ジャンプの際、両腕を引き上げるとき、両手を目の高さで止める。
- 足の裏がきちんとボックスの上につくように着地する。
- 着地の際は体幹部を少し前方に屈め、後方の足を軽く曲げる。

感覚
- 臀筋群と脚部の収縮。
- 全身で弾む感覚、パワーを感じる。

タックジャンプ

Tuck Jump

◆ 分 類 ◆
弾性（ショートレスポンス）

目 的
- 腰部、脚部の弾性の向上。

開始姿勢
- 両腕を前に伸ばし、アスレティックスタンス（パーフェクトポスチャーで立つ）で立つ。

手 順
- 膝をウエストの高さまで引き上げるようにジャンプし、アスレティックスタンスで着地する。

ポイント
- 腕の動きとジャンプを連動させる。着地したら、素早く床から跳び出す。

感 覚
- 体幹部、脚部、ふくらはぎの収縮。

発展プログラム
- 連続して行う。着地したら、素早く床から跳び出すようにする。

― ● *Get-Up* ● ―
ゲットアップ

◆ 分 類 ◆
加速への弾性（ロングレスポンス）

目 的
- 爆発力と加速力の向上。

開始姿勢
- 腕立て伏せの姿勢をとる。

手 順
- 片脚を胸のほうに引きつけ、ピストンのように交互に素早く脚と腕を動かし、前方に飛び出して10mダッシュする。

ポイント
- パーフェクトポスチャーを保つこと。

感 覚
- 身体全体。これは全身のエクササイズだ。

Side-To-Side / Jump-To-Sprint
サイド・トゥ・サイド、ジャンプ・トゥ・スプリント

◆ 分 類 ◆
弾性（ショートレスポンス）、横方向から前方への動作

目 的
- 弾性と加速を組み合わせる能力の向上。

開始姿勢
- アスレティックポジションで立つ。

手 順
- 必要な回数だけラインや障害物（15cm以下のもの）を左右へ跳び越える。
- その位置から瞬発的に10mダッシュする。

ポイント
- パーフェクトポスチャーを保つ。
- ピストンのように腕と脚を動かして加速する。

感 覚
- 身体全体。特に脚部と体幹部。

スリーハードル・ドリル
Three-Hurdle Drill

◆ 分 類 ◆
弾性（ラピッドレスポンス）、
横方向への動き

目 的
- 敏捷性、カッティング動作（方向転換）の能力の向上。
- 効率よく床反力を使う能力、コーディネーション能力の向上。

開始姿勢
- タオル、本、コップ、レンガなどの障害物を3個、それぞれ60〜90cm離して並べる。最初の障害物の横に立つ。

手 順
- 次々に障害物の間を踏み越えながら、足を交差させずに横へ走る。
- 最後の障害物を越えたら、素早く方向を変えて、反対方向へ戻る。

ポイント
- 外側の足だけを、一番端の障害物の外側に出す。

感 覚
- 身体全体。これは全身のエクササイズだ。

● *Plyo Pushup* ●

プライオ・プッシュアップ

◆ 分 類 ◆
弾性と筋力

目 的
- 体幹部の安定性、上半身の爆発的筋力の向上。

開始姿勢
- 腹部を引き締め（ドローイン）、両手と両足を床につける。

手 順
- 胸を床まで下げ、肩と腕を完全に伸ばしきり、床からできるだけ身体が離れるようにする。このとき一気に爆発的に押し上げる。
- この体勢が難しければ、下段の写真のようにベンチや壁に手を置いて行う。

ポイント
- 身体を一直線にする。
- 両手の間隔を近づければ近づけるほど、肩と腕により大きな負荷をかけることができる。

感 覚
- 胸部、肩部、腕部の収縮。

発展プログラム1
- できる限り高く身体を空中に押し上げる。

発展プログラム2
- 身体が空中にある間に、両手をたたく。

PART 2　第8章　弾性

04 Elasticity

Chapter 9
ストレングス
―動きに必要な筋力を養う―

　「ストレングストレーニング」という呼び方をほとんどしないのは、おもしろい。その代わりウエイトトレーニングやウエイトリフトなどと呼ぶ。しかし、これは単に言葉の使い方が変だというにとどまらない。「ウエイト」は、身体をより強くしたり、よりパワフルにしたり、バランスや関節の機能を向上させるためではなく、ただ見栄えをよくするための手段だと考えられているようだ。

　外見をよくすること自体を目的としても悪くはないが、なぜいままでのやり方でやっているのかを考えてみるべきだ。何かをよりよくするため、たとえそれが単に外見をよくすることだとしても、進歩していく様子が数値などの目に見えるもので実感できるといいと思わないだろうか？

　けれどもウエイトを使うとき、自分への発展的なチャレンジはほとんど行われない。同じ重さを同じ回数だけ何年も上げ続けるだけで、強くなろうとしない。プログラムを始めた頃、彼らの身体はおそらく劇的かつ顕著な変化を見せたことだろう。しかしその後、より重いウエイトを持ち上げるというチャレンジをやめてしまえば、身体も変化しなくなる。それどころか、単調なプログラムに飽きて運動回数が少なくなり、少しずつ身体も後戻りしてしまうかもしれない。

　おそらく本書を読み進めるうちに、「このトレーニングならば退屈はしないだろう」と気づき始めたはずだ。そして、向上するためには常にチャレンジしていくことが必要なことを理解しただろう。本章のトレーニングでも、自分自身を強くするために自分にチャレンジし続けるはずだ。

ここで紹介するプログラムはストレングスを向上させる以上の効果をもたらす。よく行われている「ワンアーム・ワンレッグ・ダンベル・ロウ」も片足立ちで行う。こうすると、より多くの筋を使うことになり、コーディネーション能力が高まる。このエクササイズは背筋の筋力やサイズを増やすだけでなく、バランスや柔軟性、関節の安定性にチャレンジすることにもなる。

普段行ってきた平均的な筋肥大トレーニングと比べると、それらは「今日は腕を鍛えよう」というふうに、身体を別々の部分の集まりとして見ている。まるで感謝祭のディナーを、1日目はターキー（七面鳥）、2日目はクランベリー、最終日がパンプキンパイ、というように7日間に分けて食べるようなものだ。感謝祭の料理の楽しみは出てくる料理全体なのであって、1つずつ別々で食べても意味がない。

それに対して、本章はそれぞれのプログラムがフルコースのようなものだ。「ベンチプレス」や「ダンベル・ベンチプレス」といった馴染み深いエクササイズも含まれている。しかし、10回ずつ3セットなどという従来のやり方は忘れてほしい。私たちはセット数や反復回数、そしてエクササイズの順番を常に変えている。さらにテンポ（ウエイトを上げたり下げたりするスピード）も、どういう身体的な効果を得たいかによって変えていく。

◉

身体が常にチャレンジしていられるように、エクササイズをシステマティックかつ継続的に変化させている。そして、結果として身体にいくつものはっきりとした効果がもたらせる。例えば筋力の向上、筋の肥大、脂肪の減少など、見た目にも顕著に現れる。また、他人からは見えないが、心理的な効果として、初めてトレーニングを行ったときと同じような面白さを再発見するだろう。鉄の塊を動かすのを楽しいと感じたことがなくても、このストレングストレーニングなら、これまでのどんなものよりも楽しいと感じるだろう。鉄の塊のエクササイズに飽きたり、限界を感じたりしたときには、真のハイパフォーマンスを「カイザー」の空気圧抵抗マシンでのトレーニングを経験してほしい。カイザーの空気圧抵抗マシンは、どんな負荷でも、どんな方向でも、どんなスピードでもトレーニングができ、パフォーマンスの限りない向上を与えてくれる。

◉

あまり目立たないかもしれないが、この他にも効果はある。例えば、いつものやり方をシステマティックに変化させることで、身体が停滞期に入ることを防ぐ。もし以前に停滞期を経験したことがなければ、おそらくその存在に気づかずにすむだろう。またプログラムを継続的に変化させることで、ターゲットにしている筋だけでなく補助している筋もあわせてトレーニングすることになる。通常は無視されてしまうこれらの筋を強化することで、毎週同じことを繰り返していては達成できない、継続的な進歩を手に入れることができるのだ。

また、ウエイトルームでの時間をより効果的に使うことができる。セットをしては休み、座り込んでおしゃべりに興じて、次のプログラムを始める前の数分間を浪費する人が多すぎる。セット間の回復は重要だが、このプログラムでは時間を無駄にせずに回復を図り、よりよい結果を得ることができる。

その鍵は「スーパーセット法」にある。あるエクササイズを行ったら、次にそれとは反対の

> ●●コア・ライフ・プリンシプル（人生の原則の核心）：ストレングス●●
>
> 「ストレングス：強さ」は、単なる身体的なパワーだけのことではない。「強さ」というのは、道筋に留まり、自分の信ずるところに従い、ゴールと信念を揺るがせないことだ。
>
> あなたに「強さ」があれば、人を引きつけ、あなたらしさを生み出し、何ものにも負けないものを得ることができるだろう。また、人を動かし、力づけるには、ただそばにいてゴールを指し示すだけでなく、「強さ」と人柄がなければならない。
>
> 「強さ」は、潜在的な能力の集積だと考えてみよう。このプログラムで、あなたは身体的な「強さ」を最大化しようとしている。さらに、人生においても同じようなアプローチをしてほしい。勉学においても、知識を求める際にも、長期的な人生への投資に対しても、そして周りの人々に対するあなたの存在感についても。人生のさまざまな部分で、よりたくさんの「強さ」を積み重ねていけばいくほど、将来「強さ」のもたらすものを甘受することができるのだ。
>
> そして、周囲の人たちを向上させることこそ、最も素晴らしい「強さ」の表現だと言えるだろう。
>
> **コア・ライフ・アクション**（人生の行動の核心）
> あなたの「強さ」はなんだろう？　「弱さ」は？　いますぐ、それぞれを書き出してみよう。

動きをする別のエクササイズを行う方法だ。例えば、「ベンチプレス」のような押す動作のエクササイズを行った後は、「ダンベル・ロウ」のような引くエクササイズを行う。1方向だけに筋を動かしているときは、逆方向に動かす筋は休んでいることになる。スーパーセット法なら時間的な効率がよいだけでなく、働いていない筋は反対側の筋が働いているほうが早く回復するので、実際のエクササイズでよりよいパフォーマンスを生むことになる。

さらに、エクササイズを組み合わせて複合的な種目をつくる。ただエクササイズと回復のための休息という繰り返しでなく、動かしたばかりの筋のパワーを最大にするため、初めに行ったエクササイズと似た動作のエクササイズを続けて行うようにする。

例をあげてみよう。「スプリットスクワット（ステーショナリーランジとも呼ばれる）」を行ったら、すぐに「スプリットジャンプ」をする。この動作は第8章で行ったスプリットスクワットを思い出すかもしれないが、バーベルを肩に担いだりダンベルを持ったりする代わりに、自体重を使い、筋力を発揮した後の筋に今度はパワーを発揮させるのだ。

このように、弾性の要素がストレングストレーニングに取り入れられている。スプリットスクワットで筋力強化のために時間を割いたのであれば、興奮している神経系をできる限り効率よく利用するために、同じ筋の動員パターンを使う種目で、さらにより早いスピードで行うことで神経系と弾性のトレーニングもやってしまうのだ。

これが先ほどいっていたフルコースの意味だ。「ムーブメント・プレパレーション」で可動域を広げ、ストレングスエクササイズで筋力を発達させ、そして広くなった可動域の中でパワ

フルに収縮させて弾性能力を高めるのだ。

これらすべては、伝統的なボディビルを基本としたトレーニングから大きく踏み出すものだ。ボディビルダーは瞬発力や弾力性、関節の柔軟性や可動域の向上といった恩恵を得られていなかった。彼らはまた伝統的に、1つの平面上でしかエクササイズを行っていなかった。多くがトレーニング種目を押す動作と引く動作に分け、それぞれを別の日に行い、単一平面でのエクササイズ以上に進むことをしない。コア・ワークアウトでは、3つの動作平面上にまたがる動作ができるようなエクササイズを取り入れている。例えばリフティング動作やチョッピング動作は回転運動を必要とするが、ボディビルダーにとってはこうした動きは腹筋運動や、片手のロウイングで重すぎるウエイトを持ち上げるためにごまかすときくらいしか行わないものだ。

従来のウエイトリフティングプログラムでは、まず10回2〜3セットという正しいアプローチをする。しかしコア・ワークアウトでは、それは単なるスタートポイントでしかない。エクササイズの質と強度、そして方法を、プログラムを通して増加させていく。身体を大きく、強くしていくにつれて損ないがちな柔軟性、バランス、弾力性を、筋力と筋量を増やしながら同時に獲得していく。

まとめ

従来のボディビルディングを基本としたストレングストレーニングは、一平面上の動作に焦点をあて、身体を部分に分けてトレーニングする。

コア・ワークアウトでは身体の"動き"を鍛え、筋力、除脂肪量、安定性、可動域のレベルを向上させる。

アドバイス

ストレングスの種目は1週間に1〜4回、10〜60分間行う。より効果的に時間を使うために、スーパーセット法（対となる動きを組み合わせて行う）とコンプレックス法（3つ以上の異なる動きを組み合わせて行う）でより質の高いトレーニングを行う。

Alternate Dumbbell Bench Press
オルタネット・ダンベル・ベンチプレス

◆ 分 類 ◆
ストレングス

目 的
- 肩関節を安定させ、胸、肩、上腕三頭筋の筋力の向上。

開始姿勢
- 手のひらをつま先の方向に向け、ダンベルを肩の外側に合わせて持ち、ベンチにあお向けに寝る。

手 順
- 両手でダンベルを胸の上にまっすぐに上げる。
- 片腕をまっすぐに伸ばしたまま、もう一方のダンベルを下ろし、肩の外側に触れたら押し上げる。
- 動作の頂点にきたら、天井を押し上げるように両手をさらに押す。反対の腕でも同様に繰り返す。

ポイント
- 伸ばした手を安定させるように注意する。可動域全体でダンベルを動かすこと。
- 両腕を頂点でもう一息伸ばす。

感 覚
- 胸、肩、上腕三頭筋。

Bench Press
ベンチプレス

◆ 分 類 ◆
ストレングス

目 的
- 胸、肩、上腕三頭筋の筋力の向上。

開始姿勢
- 両足を地面につけて、ベンチにあお向けに寝る。肩、尻は動作中も常にベンチにつけておく。
- 肩より少し広い間隔でバー（またはダンベル）を握って持ち、腕を肩の真上にまっすぐ伸ばす。

手 順
- 息を吸いながらバーを胸の下部に下ろし、次にバーを力強く肩の真上の位置まで戻す。その動作の頂点で、肩と腕をもう一息伸ばす。

ポイント
- 動作中、常に足は地面に、また尻と肩はベンチにつけておく。頭はまっすぐにして、動かさないようにする。

感 覚
- 胸、肩、上腕三頭筋。

One-Arm, One-Leg Dumbbell Row
ワンアーム・ワンレッグ・ダンベル・ロウ

◆ 分 類 ◆
ストレングス

目 的
- 腰部の安定性を保ちながら、上背部の筋力とパワーを向上させる。
- 肩から反対側の臀部まで対角線に連動させて働かせる能力の向上。

開始姿勢
- 安定したもの（ダンベルラックなど）を片手で握り、その手と反対側の片脚で立つ。

手 順
- 胸を下げ、自由なほうの脚を上げながら上体を前に倒し、身体が"T"を描くようにする。
- 自由なほうの手でダンベルを握る。
- ダンベルを腰の横に引きつけた後、初めの位置に戻す。決めた回数を行ったら、反対の腕と脚で行う。

ポイント
- ロウイングは腕ではなく、肩から動かし始める。
- ダンベルを持ち上げる腕の反対側の足を伸ばす。
- 背中の高さ（肩は地面に平行）を維持し、伸ばした足を床と平行に保つように臀筋を収縮させる。

感 覚
- 背中、広背筋、肩。

Dumbbell Front Squat-To-Press
ダンベル・フロントスクワット・トゥ・プレス

◆ 分 類 ◆
ストレングス

目 的
- 全身の筋力とパワーの向上。

開始姿勢
- 肘を肋骨に乗せるようにし、ダンベルを握った手のひらを互いに向かい合わせて、肩の高さで持つ。

手 順
- 大腿の上部が地面と平行になるまでスクワット動作を行う。
- そこから尻と大腿四頭筋を一気に収縮させ、その勢いを使ってダンベルを頭の上に持ち上げ、腕と脚を伸ばす。
- ダンベルを肩の高さに下げてからスクワットし、この動きを繰り返す。

ポイント
- スクワットするとき、つま先ではなくかかとに体重をかける。

感 覚
- ほぼ全身。これは全身エクササイズだ。

— ● *Split Squat / Lunge* ● —
スプリットスクワット、ランジ

◆ 分 類 ◆
ストレングス

目 的
- 尻、脚の筋のバランス・筋力の向上。

開始姿勢
- バーを肩に背負うか、腕を下へ伸ばしてダンベルを持つ。片脚を前方へ踏み出す。

手 順
- スクワットするように、後ろ脚の膝を地面につけないようにして尻を落とす。
- 踏み出している脚で体重を斜め上方向に押し上げ、初めの位置に戻る。同じ脚で必要回数を繰り返し、次に反対側の脚も行う。

ポイント
- 前脚の膝はつま先より前に出ないようにする。出る場合は、前脚をさらに前へ踏み出してからやり直す。

感 覚
- 臀部と脚の前面。

発展プログラム1

- 後ろ脚を箱やベンチの上に置いて行う（この動作は「ブルガリアン・スプリットスクワット」とも呼ばれる）。

発展プログラム2

- レップごとに脚を交互に出しながら、前方にステップする（ウォーキングランジ）。

発展プログラム3

- 後ろ脚を木の床やリノリウムのような滑りやすいところに置いて行う。または、雑誌やファイルフォルダなどをカーペットの上に置き、その上に足を置く。

● Floor / Physioball Leg Curl ●
フロア／バランスボール・レッグカール

◆ 分 類 ◆
ストレングス

目 的
- 臀筋、ハムストリングス、腰の筋力と安定性の向上。

開始姿勢
- かかとをボールの上に乗せ、あお向けに寝る。
- つま先をすねの方向に引き上げ、肩甲骨を後方かつ下方に引きつける。

手 順
- くるぶしから肩までが一直線になるように、臀筋を収縮させる。
- 腰の位置を高く保ち、かかとを尻に向けて引きつける。
- 腰の位置を高く保ったまま脚を伸ばしながら、ボールをゆっくりと初めの位置に戻す。反復中、ブリッジの姿勢を維持する。

ポイント
- 動作中、臀筋を常に収縮させておき、かかとを引きつけるときに尻を下げない。
- バランスボールがなければ、滑らかな床（フローリングやリノリウム）の上で、かかとの下にタオルを敷いて滑りやすくして行うこともできる。または、カーペットの上で雑誌やファイルフォルダをかかとの下に敷いてもよい。

感 覚
- 臀筋、ハムストリングス、ふくらはぎ。

発展プログラム１
- 両脚でボールを引きつけ、片脚でボールを戻す。

発展プログラム２
- 片脚でボールを引きつけ、片脚で元に戻す。このとき、片方の脚の膝を胸に向けて引きつけながら行う。

ケーブル・ワンアーム・ローテーショナル・ロウ

Cable One-arm Rotational Row

◆ 分類 ◆
ストレングス

目的
- 背中、体幹部、肩、腕の安定性と筋力の向上。

開始姿勢
- ハンドルをロープーリーに取りつける。右膝と左足裏を床につけ、ケーブルマシンに対して垂直に膝立ちになる。

手順
- 身体の前を横ぎるようにして、右手でハンドルを持つ。
- 右肩を回旋させ、ハンドルを右腰に向けてダンベル・ロウのように引く。決めた回数を同じ側で繰り返してから、反対側を行う。

ポイント
- なかなかかからない芝刈り機のエンジンをかけようとしているような動きであり、実際そのように感じるだろう。それぞれの反復の際、肩と腰をまずマシンに向けて回旋させてから、次にマシンから離れるようにすること。

感覚
- 体幹部、腰部の回旋筋、ウエスト、広背筋、腕、肩の後部。

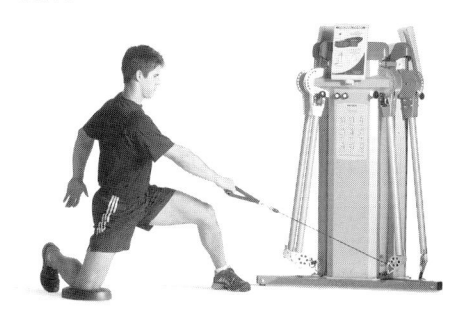

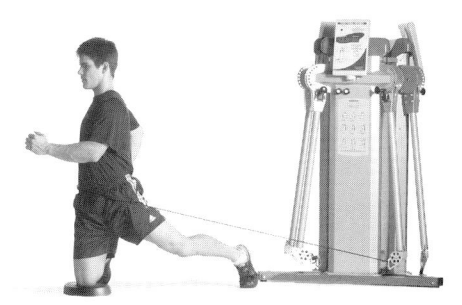

発展プログラム1
- バランスボールに座って行う

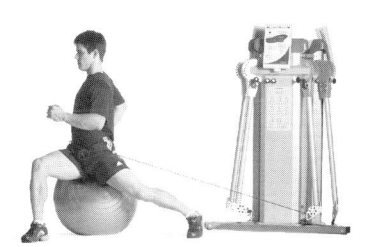

発展プログラム2
- 立って行う。

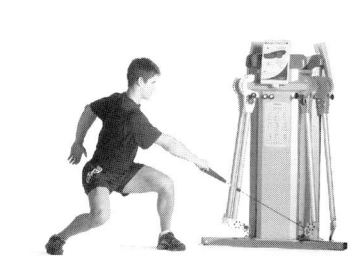

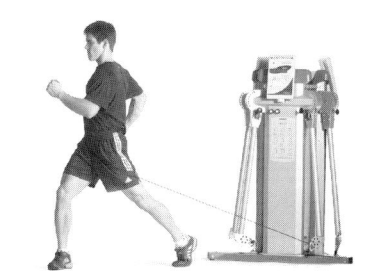

● *Cable Chopping* ●
ケーブル・チョッピング

◆ 分 類 ◆
ストレングス

目 的
- 腕、背中の上部、体幹部の回旋筋の安定性と筋力の向上。
- 体幹部、上背部、腕の回旋能力の向上。

開始姿勢
- ハンドルまたはロープをハイプーリーに取りつける。
- ケーブルマシンに対して垂直の位置で、バランスボールの上に座る。

手 順
- 肩を回旋させ、両手でハンドルを持つ。
- 上体をマシンから離すように回旋しながら、ハンドルを胸に引きつける。
- その動作を続けながら、ロープを下方に押し込むようにする。片側の反復が終わったら、反対側も行う。

ポイント
- それぞれの側で、まずマシンに向かって回旋し、それからマシンから離れるようにする。
- 動作の終わりではしっかりと胸を張り、肩甲骨を引きつけ、腹部を引き締めた状態にする。

感 覚
- 肩、上腕三頭筋、腹筋群。

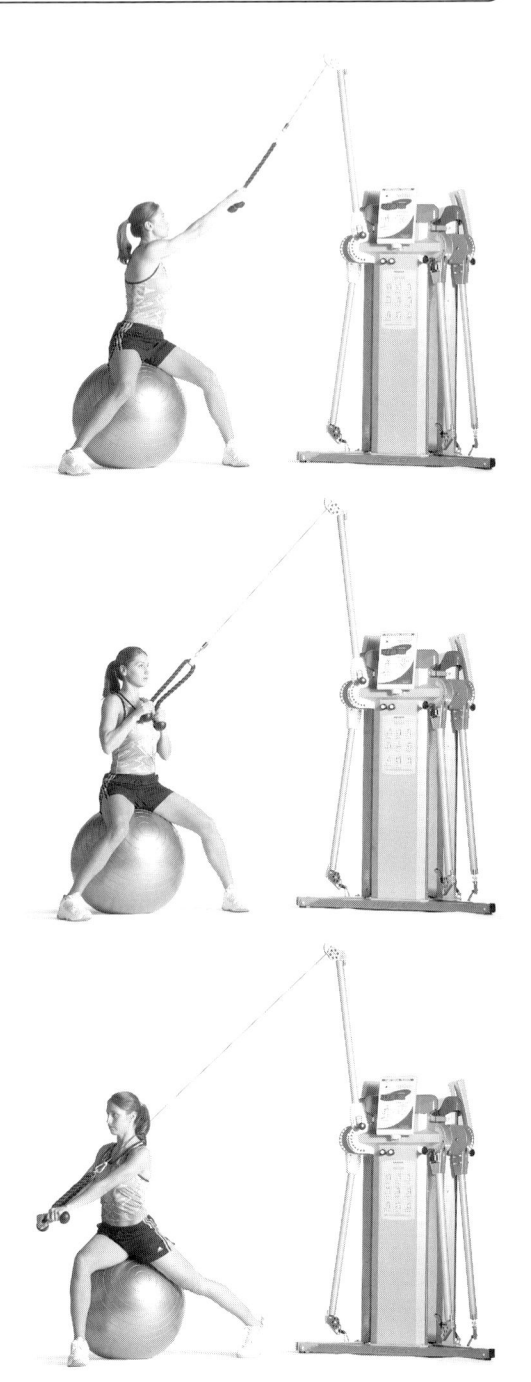

発展プログラム

- 同じようにマシンに対して垂直の位置に身体を置き、バランスボールの代わりに外側の脚の膝をつけ、内側の膝を立てて行う。

ケーブル・リフティング

Cable Lifting

◆ 分 類 ◆
ストレングス

目的
- 体幹部の回旋能力の向上。
- 上背部、肩、胸、上腕三頭筋の筋力の向上。

開始姿勢
- ハンドルかロープをロープーリーに取りつける。
- ケーブルマシンに対して垂直の位置で、外側の脚の膝を床につけ、内側の脚を立てる。

手順
- 両手でハンドルを持ち、胸を張り、腹筋を引き締めた状態で、肩を回旋させる。
- 上体をマシンから離すように回旋しながら、ハンドルを胸に引きつける。
- その動作を続けながら、次にロープを上に押し上げる。片側が終わったら、反対側も行う。

ポイント
- 肩を回転させる。
- 腰を回転させ、動作の終わりにはマシンに背中を向けた状態になる。これは、トレーニング経験者にとって馴染み深い「アップライト・ロウ」と「インクラインプレス」の組み合わせと考えてもよいが、1つのつながった動作として外側に向かって体幹部を回旋しながら行う。
- ケーブルを引き上げるとき、身体を浮き上がらせないこと。

感覚
- 体幹部の回旋筋、腰の上部、胸、肩。

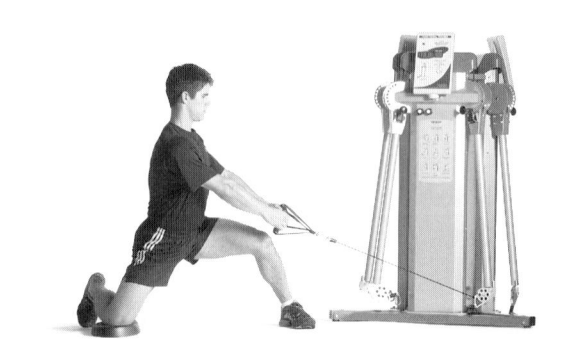

発展プログラム1
- バランスボールの上で行う。

発展プログラム2
- 立って行う。

ダンベル・プルオーバー・エクステンション

Dumbbell Pullover Extension

◆ 分類 ◆
ストレングス

目的
- 上背部と上腕三頭筋とのコーディネーション、筋力の向上。

開始姿勢
- ベンチにあお向けに寝て、ダンベルを胸の上あるいは目の上にまっすぐに保持しながら、腕を伸ばす。

手順
- 上腕部をその位置に保ちながら、肘が90度になるまでダンベルを下げる。
- 次に上腕部が床に平行になるまで下げる。
- 途中で肘を伸ばしながら、初めの位置まで戻す。
- 肩に問題がある場合には、肘を90度に曲げるところまで行い、そこから初めの伸ばした状態に戻す。

ポイント
- まず手から下ろして肘が天井を向くようにし、それから肘を下げていく。

感覚
- 腰の上部、広背筋、上腕三頭筋。

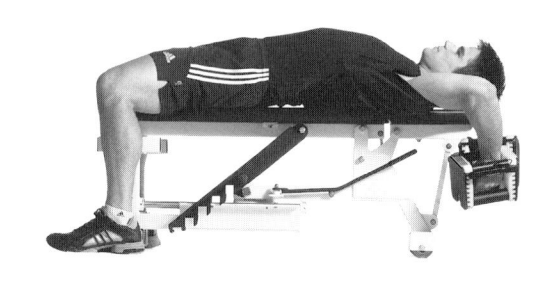

Split Dumbbell Curl-To-Press
スプリット・ダンベル・カール・トゥ・プレス

◆ 分類 ◆
ストレングス

目的
- 下半身とコアを安定させながらの腕と肩の筋力向上。

開始姿勢
- ダンベルを身体の横で持ち、大腿部の中間ぐらいの高さのベンチや安定した台の上に前脚を乗せる。

手順
- 動作の最後に手のひらが互いに向き合うように回旋させながら、「バイセップスカール（肘を曲げる動き）」を行う。
- 次に、ダンベルを頭の上に持ち上げ、動作の終わりでは手のひらが前方、内向き、または後方に向くように回旋させる。反復を終えてから、反対側の脚を前に出して行う。

ポイント
- 腹部をしっかり引き込みながら、肩甲骨を後方かつ下方に引きつけ、パーフェクトポスチャーを保つ。

感覚
- 上腕二頭筋、肩、ピラー。

— ● Romanian Deadlift ● —
ルーマニアン・デッドリフト

◆ 分 類 ◆
ストレングス

目 的
- ハムストリングス、臀筋、腰背部、上背部の筋力の向上。

開始姿勢
- バーベルをオーバーハンドグリップで肩幅よりやや広く握る。またはダンベルを身体の横で持つ。
- 足を腰幅に開き、膝をロックしない程度に伸ばして固定する。
- 肩をしっかり後方に引き、体重を足裏の後ろ半分にかける。

手 順
- 背中をまっすぐにしたまま尻を後方に突き出し、できるだけバーベルを低く下ろす。
- ハムストリングスと臀筋の収縮を意識しながら、初めのアップライトの姿勢に戻る。

ポイント
- ピラーをまっすぐに保つ。
- バーベルまたはダンベルが身体の近くを通るようにし、脚の前面に触れるか、ほとんど触れるくらいの状態で行う。身体を前方に曲げるエクササイズではなく、体幹部を前に倒しながら後ろに座るような動きと考える。
- 動作中、常に肩甲骨を後方かつ下方に引きつけた状態にしておく。
- 骨盤をひねらないようにするため、常にへそを正面にむけておく。

感 覚
- 大臀筋とハムストリングスを中心に、腰背部と体幹部も意識する。
- ウエイトを床に向けて下ろすときに肩甲骨を引きつけるので、上背部の収縮も感じる。

発展プログラム
- 片手と片脚で行う。

Pullup

プルアップ

◆ 分 類 ◆
ストレングス

目的
- 上背部、肩、上腕二頭筋、前腕部の筋力の向上。

開始姿勢
- プルアップバーをオーバーハンドグリップかリバース（アンダー）ハンドグリップで握り、ぶら下がる（もしハンドルつきのバーがあれば、手のひらを互いに向き合わせたニュートラルグリップでもかまわない）。

手順
- バーにぶら下がった状態から、肩甲骨を後方かつ下方に引きつけながら、身体を持ち上げる。最後は腕の力で引き上げる。

ポイント
- 毎回最後には、腕を伸ばしきった状態に戻る。
- ぶら下がった状態でのトレーニングが難しければ、スクワットバーやスミスマシンを使って、Aのように身体を斜めにして行う。

感覚
- 肩甲骨の周辺・下部、肩の後部、腕。

ニュートラル
グリップ

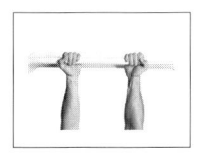

アングルハンド
グリップ

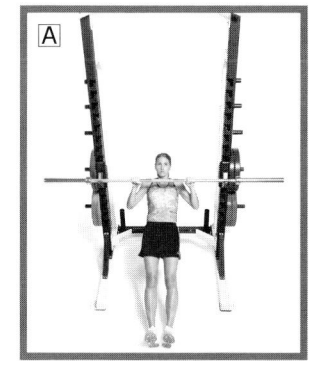

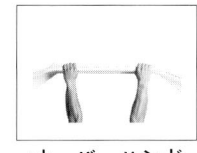

オーバーハンド
グリップ

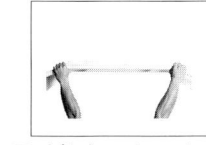

ワイドオーバーハンド
グリップ（最も難しい）

Chapter 10
エネルギー供給システムの開発（ESD）

　日常的な運動が大切だというのは、誰しもが認めることだ。公衆衛生局とアメリカスポーツ医学会は、成人は1日最低30分の"中くらいの強度"の運動を毎日行うことをすすめている。

　しかし、中くらいの強度の運動とはいったいどんなものだろう？　トレーニングプログラムの多くは筋力強化については詳しく述べているわりに、心肺機能向上のためのトレーニングは週に数回というだけでお茶を濁している。心肺トレーニングについての明確な指示がないため、せいぜい簡単なジョギングをする程度で終わってしまう。あるいは新聞を読んだりテレビのニュースを見ながら30分ほどエアロバイクをこいだりする。ほとんどが実際に行うべき強度での心肺機能向上トレーニングを行わず、ただ時間を無駄に使うだけで潜在能力を発揮しきれていない。また、同じことを毎日行うだけだから、身体はいっこうに変化しない。「何をやったって変わらない」という結果になるのだ。

　私がカーディオ（心肺機能）という言葉が嫌いなのは、まさにこの理由のためだ。ここ何年かの間に、この言葉は"軽い運動"として受け取られるようになってしまった。「アスリーツ・パフォーマンス」では、一般にカーディオトレーニングと呼ばれているものを「エネルギー供給システムの開発」または「ＥＳＤ（Energy System Development）」と呼んでいる。なぜなら、このトレーニングはカロリーを燃やすことを目的で行うわけではなく、いまより心肺機能を高め、持久力を発達させるためのものだからだ。つまり身体に新しいレベルに到達することを教えていることになる。

　コア・ワークアウトでは、全体を通してESDの要素が含まれている。すなわち、すべてのプログラムを素早い動きで行っていれば、素晴らしいESDの結果が得られるはずだ。本章のプロ

グラムをするだけの時間がないとしても、素晴らしいトレーニングを行ったことになる。時間があれば、ESDのプログラムを行うことで、さらに健康や体組成、パフォーマンスレベルにより大きな刺激を与えることができるというものだ。

どんな目的のためであろうと、ほとんどのフィットネスプログラムは身体を追い込むことをしない。特にエネルギー供給システムの開発に関しては、まず、ない。だからこそ多くの人にとって、「ランニング」という言葉は「ジョギング」と同じような意味になる。誰かに走るように言えば、自動的に「どれだけの距離を？」と聞き返される。「どのくらいの速度で？」と聞き返してくる人は皆無だろう。

長距離走は身体に大きなストレスをかける。着地するたびに足には体重の7倍もの力がかかる。特にランニングフォームが悪い場合には衝撃の蓄積によって身体を壊してしまう。アライメントがくずれている車で数千kmを走るようなもので、いずれ故障を起こすのだ。

子どもの頃は長距離を走ることは決してなかったはずだ。「走る」ことはどこかへ行くことであり、素早く目的地に到着することだった。おそらく、速く走ることはパワーと運動能力の究極の表現だと気づいていたのかもしれない。学校や仲間内で最も優秀な野球やフットボール、バスケットボールの選手たちはきっと一番速く走れる人だったろう。ストリートフットボールや校庭でのドッジボールの選手に真っ先に選ばれる人は最も速いだけでなく、最もパワフルで、最もボールを強く投げ、最も遠くまで打ったり蹴ったりできたはずだ。

しかし大人になるにつれ、そのことを忘れていく。私たちが望むもの、つまり大きな筋肉や引き締まった身体と、スピードや爆発的なパワーを同じ価値のものとして考えなくなるのだ。だが、まだ遅くない。俊敏になれば、筋のサイズやパワー、神経システムの効率、さらには柔軟性さえも向上し、加えてカロリーも消費する。太ったスプリンターを見たことがあるだろうか？

どうすればこうした恩恵を受けられるか説明する前に、カーディオに関していままで信じてきたことをすべて忘れてほしい。「心拍数を"脂肪燃焼"ゾーンに保つ」などということは忘れよう。はっきりしないゴールに向かって、徐々に距離を伸ばしながらとぼとぼと歩いていたことは忘れよう。農耕馬のようなトレーニングはやめて、サラブレッドのようなトレーニングをしよう。

とはいえ、トラックに連れて行って中距離ランナーのようにトレーニングさせようというのではない。便利だという理由で、あなたはジムでエアロバイクやステップマシン、トレッドミルを使う。しかし、もっと手軽に行おうとするのならば、どこか近くに坂道や階段の吹き抜けを見つけることだ。もし都会に住んでいるなら、大駐車場は上り坂ランニングにぴったりだ。

詳しく述べると、ここでは3つの異なるエネルギー供給システムを開発することになる。

まず初めは3分までの高強度の運動を行う能力、つまり身体の乳酸性作業閾値を開発、向上させる乳酸系トレーニングだ。コア・ワークアウトのESDプログラムは、運動強度の高いものと少ないものを交互に行うインターバルトレーニングの方法をとっている。

PART 2

第10章 エネルギー供給システムの開発（ESD）

> ●●コア・ライフ・プリンシプル（人生の原則の核心）：エネルギー供給システムの開発●●
>
> 自分の身体がより大きい容量をもって活動できるようにするために、新しいエネルギーレベルに到達する方法を学ぶ。また、それと同様のプロセスは人生のさまざまな挑戦に立ち向かうことに応用できる。
>
> 集中して短時間に非常な努力を注ぐことができれば、ことにあなたの一番低いエネルギーレベルが平均的な人々のそれよりもずっと高くなったとき、飛躍的に生産性は高まるだろう。高いレベルで集中し生産的でいられれば、その他の時間で人生がもたらしてくれるさまざまなことを楽しむことができるようになる。
>
> **コア・ライフ・アクション**（人生の行動の核心）
>
> 自分の生活の中でもっと高いレベルのエネルギーやパフォーマンスが必要なことは何だろう。いますぐそれを書き出してみよう。

さらに、12秒までの非常に高レベルの運動を行う能力である非乳酸系パワーに働きかける非乳酸系トレーニングだ。例えば弾性のトレーニングがよい例だ。

そして最後に、有酸素系能力、つまり3分以上継続し、乳酸性作業閾値付近での運動から回復する能力の発達を図る有酸素系トレーニングである。

例えば、坂道を駆け上がった後に歩いて下りるトレーニングは、乳酸系システムを上り坂で使い、有酸素系を下りるときに使うことになる。このとき、有酸素系の運動によって激しいエネルギー消費を伴う運動からの回復を早めることになる。

従来のカーディオトレーニングでの回復日に行う、長時間一定強度で続けるプログラムではなく、同じ時間を使ってもっと高い強度で運動できる能力を高めることになる。余計な時間を使わなくても、エネルギーレベルの向上とともに筋力とスタミナを高めることができる。

●
トレーニングは3つの心拍数の「ゾーン」で行われる。

まず、ここで基準となる最大心拍数を計算するため、220から自分の年齢を引いてみよう。あなたが40歳なら、あなたの最大心拍数は180だ。詳しくみればこの数字は多少上下するが、効果のあるワークアウトのための指標としては十分だ。

この数字の60〜70％がゾーン1、71〜80％がゾーン2、81〜90％がゾーン3になる。これが基本的なガイドラインとなる。場合によってはこの数に一律に10拍足したり引いたりする必要があるかもしれない。それをESDが向上するに従って上げていく。

あなたが40歳ならば、トレーニングスタート時の数字は以下のようになる。

ゾーン1＝108〜126
ゾーン2＝127〜144
ゾーン3＝145〜162

ESDは高強度の運動と、それに続く少し軽めの運動から構成される。坂道を駆け上がってから歩いて下りたり、またはエアロバイクで一定時間全力でペダルをこいでからペースを落としたりする。エアロバイク（スピニング）はよいESDトレーニングになる。

【表10-1】ESDプログラム

プログラムNo.	ウォームアップ	ワーク(時間/ゾーン)		リカバリー(時間/ゾーン)	回数	セット数	所要時間(分)
1. 有酸素系／回復	−	12分／ゾーン1		−	1	1	12
2. 有酸素系／回復	−	20分／ゾーン1		−	1	1	20
3. 有酸素系／回復	−	30分+／ゾーン1		−	1	1	30+
4. 乳酸系／パワー	3分／ゾーン1	2分／ゾーン2	⇔	2分／ゾーン1	3	1	15
5. 乳酸系／パワー	3分／ゾーン1	3分／ゾーン2	⇔	3分／ゾーン1	2	1	15
6. 乳酸系／パワー	3分／ゾーン1	4分／ゾーン2	⇔	3分／ゾーン1	2	1	17
7. 乳酸系／パワー	3分／ゾーン1	5分／ゾーン2	⇔	3分／ゾーン1	2	1	19
8. 乳酸系能力向上	3分／ゾーン1	30秒／ゾーン3	⇔	1分／ゾーン1	4	2	15
9. 乳酸系能力向上	3分／ゾーン1	1分／ゾーン3	⇔	2分／ゾーン1	4	1	15
10. 乳酸系／パワー	3分／ゾーン1	15秒／ゾーン3	⇔	30秒／ゾーン1	10	1	11
11. 乳酸系能力向上	3分／ゾーン1	1分30秒／ゾーン3	⇔	1分30秒／ゾーン1	4	1	15

※⇔は定められたゾーン（強度）でのワークとリカバリーを交互に行うという意味

コア・ワークアウトの最初の段階では、ほとんどがゾーン1とゾーン2でのトレーニングとなる。そこから徐々にゾーン3に移っていく。トレーニング時間のうち、ESDのプログラムは12〜30分の間で変化する。強度の異なるトレーニングを組み合わせて行うので、トレーニングジムのトレッドミルやエアロバイク、その他のマシンを利用してESDプログラムを行うのも便利かもしれない。こうしたマシンの多くは心拍計がついていて、ハンドルを握ればすぐに心拍数を表示したりする。カロリー消費も表示するマシンもあるが、自分の体重を入力して計算するものでないと正確とはいえない。

「12〜30分のトレーニングなんて簡単だ」と思うかもしれない。しかし、コア・ワークアウトではそうはいかない。ゾーン2での2分間の設定でインターバルプログラムをするとしたら、そのゾーンでの心拍数を維持するために必死に動かなければならない。自分でペースをコントロールできるように、マシンはマニュアルにセットし、マシンにもたれかかってごまかしたりしないようにしてほしい。ほとんどのESDトレーニングは、実際の強度よりもずっときついことをやっているように感じるだろう。

ジムの中には数字を自分の感覚にあてはめる「主観的運動強度」のチャートを壁に貼っているところもある。ほとんどの人は汗を基準に判断するようだが、それはマシンにどれだけ長くいたかの目安であって（ジム内の気温が原因でなければ）、どれだけの強度で運動を行っていたかの結果ではない。

運動の強度こそが運動量よりもずっと重要だ。毎回12〜30分のプログラムを同じ運動量で行おうとするかもしれないが、体力の向上とと

例：No4.乳酸系／パワー（所要時間15分）

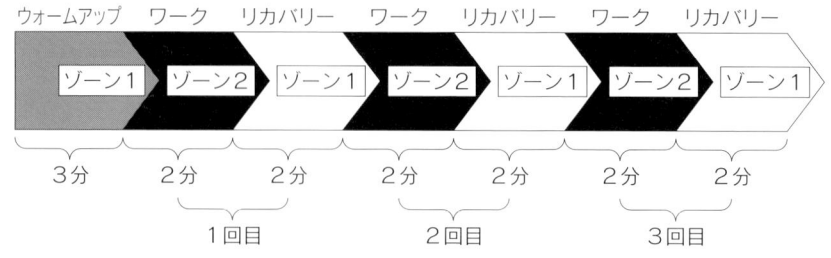

ウォームアップ　ワーク　リカバリー　ワーク　リカバリー　ワーク　リカバリー
ゾーン1　ゾーン2　ゾーン1　ゾーン2　ゾーン1　ゾーン2　ゾーン1
3分　2分　2分　2分　2分　2分　2分
　　　1回目　　　　　2回目　　　　　3回目

〔図10-1〕ESDプログラムの進め方

もに強度を徐々に上げていくのだ。

ESDプログラムはトレーニング期間を通して変化する。変数は各ゾーンで運動する時間の長さであり、レップ間の回復時間である。効果が現れるに従って、ゾーン2とゾーン3での時間が多くなる。例えば「4.乳酸系／パワー」の15分でのプログラムは次のようになる。
・ゾーン1で3分間のウォームアップ。
・ゾーン2で2分間、それからゾーン1で2分間。

このセットが3レップのものであれば計12分間なので、3分間のウォームアップと合わせて合計で15分間になる。

計算で出した心拍数ゾーンがきつ過ぎたり、心拍計を使ったりするのはちょっと大変だというときは、自分流の定義をもつといい。ゾーン3は最大の強さ、ゾーン2は会話をするにはきつい強さ、ゾーン1ならおしゃべりしながら十分行える強さというように考えるといいだろう。キーポイントは常に最大限努力すること。運動能力が上がるに従って、ゾーンを再設定し続けることだ。

実際のトレーニングでは、ジムの器具に縛られることはない。ジムの器具よりも坂道を駆け上がったり、自転車に乗ったり、泳ぐほうがいいと思うなら、迷わずそうしよう。ただし心拍計は購入したほうがいい。それほど高くなくてもよいものが買える。カーディオプログラムを屋外ですると、室内での他のトレーニングとの組み合わせで、室内だけで行うより時間が余分にかかることにも留意しよう。

すでに高い持久力をもつアスリートにも、コア・パフォーマンスは役に立つ。他のプログラムを、再生（リジェネレーション）プログラムも含めて組み合わせ、いま行っているプログラムにESDコンセプトを取り入れてほしい。

一方、体重を増やすのが目的ならESDワークを最小限にし、弾性とストレングスのトレーニングに集中する。時間短縮のためにプログラムのどこかを切り詰めるなら、ESDを省いて他の6つのプログラムに集中するべきだ。本章のプログラムを省いても、ESDの恩恵は受けることができるのだから。

まとめ

従来のカーディオワークとは違い、ESDは量ではなく質を重視し、乳酸系、非乳酸系、有酸素系の各エネルギー供給システムを鍛える。ESDは全身持久性を向上させながら心肺機能の各要素全般をも向上させ、身体を新しいエネルギーレベルへ引き上げる。

アドバイス

　基本的に週に2〜3回ESDを行う。しかし他のコア・ワークアウトのプログラムで、速いペースで強度の高いものを行っているのなら、たとえESDプログラムをほとんどしなくても同様の効果を得ることができる。

Chapter 11
リジェネレーション
―再生：明日への準備―

　たいていのフィットネスプログラムは、"オール・オア・ナッシング"のやり方をとっている。トレーニングしているときはがんばってやるが、しないときは何もしない。状況がどうであれ、"やるか、やらないか"でしかない。

●

　この方法の問題点は、トレーニングの最も重要な要素のひとつ、筋肉と細胞の補修がうまくできないということだ。例えばトレーニングで筋肉痛になったとき、やってはいけない選択が2つある。ひとつはジムへ行って同じくらいきついトレーニングをすること、もうひとつは何もしないでいることだ。
　実際、望むだけの結果を手に入れるには、質の高いトレーニングと、質の高い休養の組み合わせが必要になる。
　コア・トレーニングの再生（リジェネレーション）、または再充填（リローディング）のプログラムも他のプログラムと同じように一連のエクササイズだ。しかし、リジェネレーションはライフスタイルの哲学、つまり生活のあらゆる面において精神的にも身体的にも回復するためのプランが必要だという認識でもある。休息しているその日に、トレーニングの恩恵が実感されるのだ。

●

　まったく何もしない「休養」と「積極的休養」との間には大きな違いがある。後者は、きついトレーニングはしないが、ゴルフやテニス、またはバスケットボールなど、身体によい効果を与えることをする。水曜日と土曜日はコア・ワークアウトを軽めにしているのなら、その2日間と日曜日を好きなスポーツをするために使ってもいいだろう。トレーニングこそしていない

第11章 リジェネレーション

> ●●コア・ライフ・プリンシプル（人生の原則の核心）：リジェネレーション●●
>
> 身体がトレーニングによる効果を経験することが重要なのと同様に、リジェネレーションは身体にとって決定的に大事なことだ。人生のあらゆる局面において、「再生」や「再充填」の時間をとるのは大切なことなのだ。休むことに費やす時間は、努力の結果を楽しむ時間であり、がんばったことの結果を実感する時間でもある。それだけでなく、再度電池を充電し、元気に、より強くなって、より高いレベルでのパフォーマンスに向けて戻ってこられる。
>
> 4～6週間の夏休みが普通のヨーロッパ各国とは違って、アメリカでは休みを返上しても働きすぎるきらいがある。しかし、四六時中働き続けていたのでは、真に回復することはおぼつかない。自分ではがんばって仕事をしているつもりでも、精神的にも身体的にも疲れ果てて、自分で思っているほど生産的な仕事はできていないのだ。いつも働くだけで、何のために働いていたのかを楽しむゆとりさえないのでは、いったいどんな意味があるというのだろう。「休息」と「リジェネレーション」のパターンを、人生のバランスをとるために応用してほしい。人生の質がどれほど高くなるか、びっくりするに違いない。

かもしれないが、身体的活動からの効果は得られる。それだけでなく、プレーを楽しむこともできるのだ。

この方法は軽い努力が必要なので、私たちはそれを「積極的」回復と呼ぶ。マッサージを受けたり、温かいお湯や冷たい水の中に入ったりなど、「受動的」な回復法もある。この両方の要素は回復のために重要なだけでなく、必須なのだ。必須なだけでなく、トレーニングと同様に重要なものだ。身体に回復のための時間を与えなければ、決して向上することはできない。

●

リジェネレーション日の2、3日においてもトレーニングをするが、身体的にも精神的にも軽い負荷で行う。だからこそ他の日に行ったきついトレーニングの疲れから回復することができる。

リジェネレーションプログラムは自宅でテレビを見ながらでも行うことができる。食事や運動をしているときだけではなく、自分のライフスタイル全体で取り組むものとして、コア・パフォーマンスを考えてほしい。ムーブメント・プレパレーション・プログラムを飛行機に乗った後や長時間の会議の後に行ってもいいように、リジェネレーションのプログラムをテレビで野球を観戦しながら、またはその日の株式相場をチェックしたりしながら行ってもいいのだ。

●

どれだけ効果的にトレーニングをやったかを、次の日以降どれくらい筋肉痛があるかで測ろうとしがちだ。しかし、その後4日間も運動ができなくなるような筋肉痛を残すワークアウトに、どんないいことがあるというのだろう。

ジムの入り口でカードを通すたび、どうやってオールアウト（筋肉の限界まで追い込むこと）まで、あるいは自分の能力の110％までトレーニングするかを話している人たちがいる。しか

■ 思いきって飛び込もう

「アスリーツ・パフォーマンス」で「ホット・アンド・コールド・コントラスト」と呼んでいることの価値を、スカンジナビアの人たちは昔からよく知っていた。スウェーデンやフィンランドの人たちが、真冬にサウナやホットタブから飛び出し、雪の吹き溜まりや氷のように冷たい湖に飛び込んだり、寒い戸外に立っているところをビデオなどで見たことがあるだろう。人によっては気合いを入れるためや「ホッキョクグマ・クラブ」に入会するためなのかもしれないが、ほとんどの人は高温と低温の対極的な利用がもたらす健康上の効果を知っていて行っている。

サウナやホットタブ、あるいは風呂などで、ものすごく汗をかいているとき、身体の重要な器官をオーバーヒートから守るために、血液は身体深部の内臓から皮膚に向かって流れる。その結果、皮膚が赤くなってくる。

反対に冷たいプールに飛び込んだりすると、血液は身体の重要器官の温度を安全に保つために、皮膚から内臓へと流れ、その結果皮膚が色を失うのだ。

言い方を換えると、高温と低温とを交代させることによって、血液は体表面と深部とを速い速度で行き来することになる。これをトレーニング直後に行うと、ほとんど何の努力もなしに筋肉の回復を促進させることができる。ことに冷水浴は、トレーニング後の筋肉の炎症を軽減させる。高強度のトレーニングはトレーニング中に修復できるような微小な筋線維の断裂を引き起こすが、それが筋を肥大させ、結果として筋力をつけることになる。

冷たい水に飛び込むのは、快適とは言いがたいことは認めよう。しかし人生になぞらえれば、快適に過ごせる場所から抜け出し、自己満足をせずに、成長と進歩のために新しいことに飛び込むのだ。人生の不快や痛みは必ず通り過ぎていくことを覚えておくのは大事なことだ。

2〜3分間ホットタブに入った後、30秒〜1分間冷水に入る。最大の効果を得るには、これを3〜4回繰り返す。トレーニング後のシェイクや水を飲むにもちょうどよい時間だ。

ホットタブやコールドプランジ（冷水浴）がなくても、シャワーを使い、熱い湯と冷水とを切り替えて同じことができる。シャワーは大抵どこにでもあるから、シャワーでの交代浴を習慣化させ、ホットタブとコールドプランジは特別バージョンと考えるとよいだろう。

これで今日の予定は終了、というのだったら、交代浴を温かいシャワーやホットタブで終えるのがよいが、まだ早い時間だったり、その後にエネルギーをとっておきたいときは、冷水浴で終えるほうがいい。元気が出て、明晰な状態が数時間も続くことに驚くだろう。

これをやらずにすませる言い訳はどこにもない。いずれにしてもシャワーは浴びるのだから余分な時間がいるわけでもない。雪の吹き溜まりに飛び込むこともなく、回復のプロセスを直ちに始めることができる。

し事実を見てみよう。まず、彼らは嘘をついている。故障せずに、そんなトレーニングができる人は誰もいない。彼らは隣のベンチでがんばっている人の110％の強度でトレーニングできるかもしれないが、身体を痛めずに自分自身の限界まで挑むことは不可能だ。次に、もし彼らがトレーニングのたびにそうした最大の努力をしていたとしても、効果的なトレーニングをしているとは言えない。身体はリジェネレーションの日、つまり強度の高いトレーニングから回復・再生している日にこそ向上し、トレーニングの負荷に適応しているということを理解していないのだ。

より効果的に、より早く回復すれば、身体はより早く適応できるし、より早く次の高強度トレーニングに移ることができる。これは、上手に回復すれば、より早く向上できるということだ。言い換えれば、リジェネレーションというのはゴールに到達することと、まだ到達していないこととの違いと言えるかもしれない。

なぜなら、もし1日中ただカウチソファに座っていたり、机に向かっていたりしたら、身体はプールの水のように淀んでしまう。しかしこのリジェネレーションの期間に、軽いエクササイズを行えば、血液の循環がよくなり、血液の流れによって筋肉に栄養が運ばれ、回復過程が早まる。強度の高い運動は必要ない。循環がよくなるように動くこと、そして、神経系を活性化し筋肉をしっかり伸ばすため、という目的をもって動くことだ。筋肉と関節にストレスをかける必要はない。必要なのは、スイッチを"ON"に入れることだけだ。

リジェネレーションはまた、精神的な観点からも不可欠だ。厳しいトレーニングを1週間に6日課し、毎日持久力と自信を試されるようなことが続いたら、おそらく燃え尽きてしまうだろう。プロのスポーツ選手でさえドロップアウトしてしまうだろう。しかし、週に2、3日、少しリラックスする日があると知っていれば、その日を楽しみにできるだけでなく、トレーニングを行う日にもっとがんばろうという気になれるだろう。

ある意味、リジェネレーションはコア・ワークアウトのすべてに組み込まれている。運動前の1杯や運動後の回復シェイク（第13章参照）を飲むこともさらに回復を促している。十分な睡眠をとり、アルコールを適度にとどめ、きちんとした食事を摂ることも回復過程を助けることになる。

リジェネレーションのプログラムは、フォームローラー（訳者注：日本ではストレッチポールという名称が一般的）と2.5mくらいのジャンプストレッチというロープなど、あまり費用のかからない道具が必要となる。フォームローラーは長さ45cm、直径12.5cmのものを使う。もしなければ、バスケットボールなどでも代用できる。リジェネレーションの日には、ハムストリングス、大腿四頭筋、腰背部、広背筋、臀部をフォームローラーでマッサージしたり、フォームローラーの上で動かしたりする。

フォームローラーのプログラムはマッサージのようなものだ。身体をじっくり圧迫し、時間の経過とともに広がる筋の細かい痙攣を取り除く。圧迫すると神経がリラックスし、筋肉を緩め、血液の循環がよくなり、身体の回復を促す。自分の身体が粘土だと思ってみるといい。よく

PART 2

第11章　リジェネレーション

113

■ 本当によい睡眠

　このプログラム全体を通して、時間を上手に使い、最大の成果を得てほしい。それがトレーニングについてであろうと、食事であろうと、睡眠でさえもだ。夜8時間の睡眠をとるのがいいというようなことを知っているだろう。けれど、睡眠を90分サイクルでとることによって、睡眠の質をずっとよくすることができるのを知っているだろうか？

　長時間眠れば眠るほど、「ラピッド・アイ・ムーブメント（REM）睡眠」を多くとることになる。レム睡眠と呼ばれる、この睡眠中は脳の活動が盛んとなり、筋肉は弛緩する。この間に夢を見ることが多い。睡眠のサイクルはだいたい90分が1単位となっていて、そのサイクルの終わりに目が覚めかかる。グラウンドホッグ（訳者注：北米産の地リス。冬眠から目覚めるこの動物の様子で春の訪れを占うお祭りがある）が目覚めて自分の影を探すように、あなたの身体も次のサイクルの睡眠をとるべきかどうか感じ取ろうとする。

　この睡眠サイクルの真ん中で、目覚まし時計や夢のために目が覚めてしまうと、どれだけ眠っていたのかわからなくなり、その1日はすっきりせずに過ごすことになる。しかしこの90分サイクルの終わるところで起きれば、敏感で活力にあふれた1日を過ごすことができる。

　起きたい時間から逆算しなければならないが、普段自分が眠りにつくのにだいたいどれくらいかかるかを知れば、そんなに難しいことではない。このプログラムで学ぶトレーニングや栄養、リジェネレーションのテクニックを実行すれば、眠りにつくのもずっと早くなり、ピンポイントで時間を設定できるようになる。

　コア・トレーニングにしても、コア・ニュートリションにしても、大事なのは量より質だ。6時間の睡眠であっても、睡眠のサイクルの途中で目覚める7時間の睡眠より、ずっと休息できたと感じるだろう。7時間半から8時間が理想ではあるが、6時間の睡眠さえとれないという人が多いのだから、眠りにつくまでの時間を除いた質の高い正味6時間の睡眠は「よい睡眠」だということを認識しておこう。

　ついでに言っておけば、アルコールは一般的に信じられているのとは逆に、睡眠に対してネガティブな影響を及ぼす。飲んで「眠りを取り戻す」ことはできないのだ。1晩ぐっすり眠れれば、リフレッシュされて活力に満ちた1日が得られるが、少しずつ取りそこなった睡眠が積み重なると、長い間のうちに悪い影響を及ぼすことになる。

　もしできることなら、毎日25～30分の昼寝を習慣にしたい。これがどれほどあなたをリフレッシュさせることか。この時間はもちろん90分の睡眠サイクルより短い。しかし、深い眠りに入る前に目覚めるので、身体はレム睡眠から起きたと勘違いしてくれる。

　数年前、大学生を使って夜にまったく睡眠をとらずに、その代わりに4時間ごとに25～30分の睡眠をとらせるという実験が行われた。この睡眠方法で、学生たちは1ヵ月近く生活が続けられたという。

　同じことをしろと言っているのではない。短い昼寝の「再生」の威力を知ってほしいということなのだが、睡眠ひとつをとっても、時間はこんなに有効に使うことができるのだ。

寝ることで粘土は柔らかくなり、よりしなやかで機能的なものにつくり直すことができる。

誰でもマッサージが好きなように、フォームローラーのプログラムも楽しめるだろう。とはいえ、プロのマッサージを受けているときでさえ、気持ちよく感じられないときもある。それでも初めの何週間かが過ぎれば、より楽に、より快適に感じるようになるだろう。フォームローラーは筋肉と結合組織の質を測るとてもよいバロメーターになる。気持ちよく感じれば感じるほど、また痛みが少なければ少ないほど、組織の状態は良好ということだ。

リジェネレーションの日以外でも、フォームローラーの運動はやっていい。テレビを見ながらでもできる。本章に示されている以外にも、身体のどんな部分にでも使うことができる。どこかの筋肉が硬くなってマッサージが必要だと感じたら、やってみるといい。

リジェネレーションのもうひとつの要素が、積極的部分的ストレッチ（Active-isolated Stretching：AIS）だ。2～3mの長さの、なわとびくらいの太さのロープを用意する。もしジムにストレッチ用ロープがなければ、必要な長さのロープを買ってもたいした金額ではないだろう。

初めに書いた、共著者ピート・ウィリアムズについての逸話を覚えているだろうか？　ピートはハムストリングス、臀部、背中を緩める目的でAISを行った。そして単に柔軟性を手に入れただけでなく、新しい可動域を身につけたのだ。

また第5章で、トレーニング後のストレッチが最も効果的だと述べたことも覚えているだろうか？　温かいゴムバンドを伸ばすほうが簡単だ、ということを。アーロン・マッテスが考案したAISのプログラムは、通常リジェネレーションの最後に、フォームローラーやムーブメント・プレパレーション、バランスボールなどのプログラムを軽く入れてから行う。これらすべてのプログラムが自宅でもできる。しかし特にコリのひどいときなどには、トレーニングの前や途中でもこのロープを使いたくなるだろう。

●

ロープを片方の足に巻きつけて一連の運動をすると、広がった可動域の中で筋がリラックスしたり収縮したりするように刺激を与えることになる。従来のストレッチのように、10～30秒間そのまま保持したりはしない。それでは新しい可動域に対応する身体の再設定ができないからだ。

その代わり、ロープを使って穏やかな補助を加え、いつもよりもう一息筋肉を引き伸ばす。よりじっくりとストレッチできるよう、ロープを使って補助しているときは息を吐き、そして脚を元の位置に戻す。

キーポイントは、脳を再プログラミングしているということだ。ハムストリングスのストレッチをしているとしよう。片方の脚にロープを巻きつけ、あお向けに寝ている。まず初めに大腿四頭筋、臀部の屈筋、腹筋を急激に収縮させる。それらの筋が収縮すると、ハムストリングスは自動的にリラックスする。そのおかげで、ロープを使ってハムストリングスをより深くストレッチすることが可能になり、その新しい可動域に合わせて脳を再プログラミングすることができる。

●

大腿四頭筋と股関節の屈筋群を短いインター

バルで使っているとき、脳からは大腿四頭筋に信号が送られている。このとき、それに抵抗するように働くハムストリングスへの信号は遮断されている。ある意味、身体をだましていると言えるかもしれない。その部分のコーディネーションが弱かったり、なかったりしたせいで、心理的にいまである程度のところまでしかストレッチできないと思い込んできたのだ。その位置までハムストリングスを伸ばすと、自分の身体がそれ以上伸ばすことを拒む。AISロープストレッチを行っていれば、身体を常に再プログラミングしておくことになる。

AISプログラムの最も素晴らしいところは、早く結果を得られることだ。ピートがたった数分で、彼の脚を45度から90度まで持ち上げたことを思い出してほしい。これは特別なことではない。特に背中やハムストリングスが硬い人は、AISを毎日行うことで、とてもよい効果をもたらすことだろう。

まとめ

リジェネレーションはエクササイズからより早く、より効率よく回復するために不可欠なものだ。目的を達成するためには、リジェネレーションの考え方、つまり身体的にも精神的にも、すべての活動から回復し、再充填するということを、生活のすべての面にわたって組み入れる必要がある。積極的回復とは、このリジェネレーションを促進するための強度の低い運動を言う。受動的な回復とは、マッサージや水治療といった、ほとんど、またはまったく努力の必要がない受身の活動のことを言う。

アドバイス

リジェネレーションは家でも仕事場でもどんな場所でもすることができ、身体を回復させ、再充填させるチャンスにすることができる。リジェネレーションは7つのユニットの中の1つだが、まさにトレーニングについての哲学以上のものだと言える。毎日、毎週、毎月、毎年、生活のすべての面にわたって応用してほしい。

AISの指導ポイント

時間を節約するため、片脚ですべてのストレッチメニューを行ってから、もう一方の脚に移る。可動域全体を通じて能動的に動かし、ロープで穏やかにアシストしているときは息を吐く。ロープの補助による可動域の増加は通常の可動域の6〜10％の範囲にとどめる。

フォームローラーの指導ポイント

1つの部位にかける時間としては、気持ちよく感じられる間、続けてよい。1日おき以上に必要だと感じる日があるかもしれない。この本ではいくつかのサンプルを示しているだけだが、いつでも、どこでも自由に行ってよい。多くのアスリートがテレビを見ながら、あるいは寝る前に行って楽しんでいる。なかには、練習後にするよりも練習前にするのを好む選手もいる。

● *AIS Rope Stretch : Straight-leg Hamstring* ●

AIS ロープストレッチ：
ストレートレッグ・ハムストリングス

◆ 分 類 ◆

リジェネレーション／柔軟性

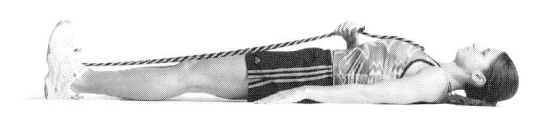

目 的
- ハムストリングスの柔軟性の向上。

開始姿勢
- 床やマッサージテーブルの上にあお向けに寝て、つま先にロープを巻く（写真下参照）。

手 順
- ロープを引きながら、大腿四頭筋と股関節の屈筋をできるだけ収縮させる。
- 可動域の最後で、息を吐きながらゆっくりとロープを引っ張り、ストレッチ感が得られるところまでストレッチを補助する。そのまま2秒間保持する。
- 息を吐きながら、初めの位置に戻す。

ポイント
- 大腿四頭筋の収縮を保持する。
- 動かしている脚はまっすぐに保ち、もう一方の脚は常に床につけておく。
- 動かしている脚の足首を「背屈（つま先をすねに向ける）」させる（逆に、つま先を下に向けた状態を「底屈」という）。

感 覚
- ハムストリングスとふくらはぎのストレッチ感。

● *AIS Rope Stretch : Calf* ●

AIS ロープストレッチ：
カーフ（ふくらはぎ）

◆ 分 類 ◆

リジェネレーション／柔軟性

目 的
- ふくらはぎの柔軟性の向上。

開始姿勢
- 床やマッサージテーブルの上にあお向けに寝て、つま先にロープを巻く。

手 順
- 前ページのストレッチと同じ動作だが、脚全体を引き寄せるかわりに、つま先をすねに向かって引く。
- ロープで少し補助しながら、2秒間ふくらはぎをストレッチする。
- 2つ数えながら息を吐く。

ポイント
- つま先をすねに向かって引く。

感 覚
- ふくらはぎのストレッチ感。

● AIS Rope Stretch : It / Glute ●

AIS ロープストレッチ：
ITバンド（腸脛靭帯）、グルト（大臀筋）

◆ 分 類 ◆
リジェネレーション／柔軟性

目的
- 大臀筋、腸脛靭帯の柔軟性の向上。

開始姿勢
- 床やマッサージテーブルの上にあお向けに寝て、ロープは足首の外側からしっかりと巻きつけ、脚の下に通す。
- ストレッチする脚の反対側の手でロープを持つ。もう一方の手は床につけておく。

手順
- ストレッチする側の脚の内転筋群（大腿の内側）を収縮させ、身体を横ぎるようにしながらできるだけ身体から遠ざける。このとき、ストレッチしない側の脚はつま先を天井に向けたまま動かさないようにする。
- 抵抗を感じたら、息を吐きながら2秒間、ロープでストレッチを補助する。

ポイント
- 鼠径部と大腿の内側部分（内転筋群）を収縮させ、大臀筋と腸脛靭帯をストレッチする。
- 両足のつま先を天井に向け、片手だけでロープを持ち、もう一方の手は床につけておく。

感覚
- 大臀筋と大腿の外側のストレッチ感。

● *AIS Rope Stretch : Adductors* ●

AIS ロープストレッチ：
アダクター（内転筋群）

◆ 分 類 ◆
リジェネレーション／柔軟性

目 的
- 鼠径部、大腿部内側（内転筋群）の柔軟性の向上。

開始姿勢
- 床やマッサージテーブルの上にあお向けに寝て、ロープは足首の内側からしっかりと巻きつけ、脚の下に通す。
- ストレッチする脚の同じ側の手でロープを持ち、もう一方の手は床につけておく。

手 順
- ストレッチする側の中臀筋（外転筋）を収縮させ、息を吐きながら床を掃くように身体からできるだけ遠ざける。
- 抵抗を感じたところで、ロープを軽く引き、息を吐きながら2秒間ストレッチを補助する。このとき、ストレッチしない側の脚はつま先を天井に向けたまま動かさないようにする。

ポイント
- 両足のつま先を常に天井に向けておく（骨盤がねじれないようにするため）。

感 覚
- 大腿の内側のストレッチ感。

● *AIS Rope Stretch : Quad / Hip* ●

AIS ロープストレッチ：
クワッド（大腿四頭筋）、ヒップ

◆ 分 類 ◆
リジェネレーション／柔軟性

目 的
- 大腿四頭筋、腸腰筋の柔軟性の向上。

開始姿勢
- うつ伏せに寝て、ストレッチしない脚を床の上にまっすぐ伸ばし、ストレッチする足にロープを巻く。

手 順
- 肩越しにロープを持ち、ストレッチする脚を上に引く。
- 〈バリエーションとして〉大臀筋とハムストリングスを収縮させ、大腿四頭筋と腸腰筋をストレッチする。かかとを反対側の臀部に向けて引っ張り、第5章「スコーピオン」エクササイズ（33ページ参照）のような形をとる。

ポイント
- ハムストリングスと大臀筋を収縮させながら行う。

感 覚
- 股関節の前面と大腿四頭筋。

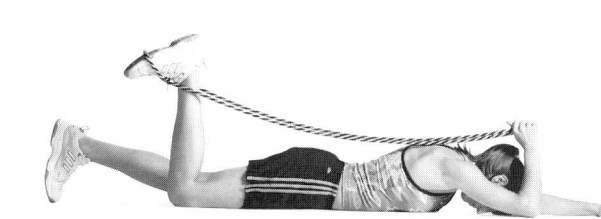

AIS Rope Stretch : Triceps

AIS ロープストレッチ：
トライセップス（上腕三頭筋）

◆ 分 類 ◆
リジェネレーション／柔軟性

目的
- 上腕三頭筋、ローテーターカフの柔軟性の向上。

開始姿勢
- 肘が上に向くように、首の後ろでロープを右手で持つ。

手順
- 腰のあたりで、左手の手のひらが後ろを向くようにしてロープを握り、上の腕を引っ張る。もしこの部分がすでに十分柔軟で、手と手を身体の後ろでつなぐことができるなら、ロープを使わずに行う。

ポイント
- 背骨に沿って能動的にロープを下に引きながら、息を吐いてストレッチを補助する。

感覚
- 上腕三頭筋、広背筋、肩の前面のストレッチ感。

AIS Physioball : Reach , Roll , And Lift

AIS バランスボール：
リーチ・ロール・リフト

◆ 分 類 ◆

リジェネレーション／柔軟性

目 的
- 上背部、肩の柔軟性の向上。

開始姿勢
- ボールの前に膝をついて座り、腕を伸ばし、手のひらを上に向けてボールの上に乗せる。

手 順
- ボールを前方に転がし、胸を床に向けて押し下げながら臀部を後方に引く。
- ストレッチの最後で、息を吐きながら、手をボールの上から離すように持ち上げる。

ポイント
- ボールの上で両腕を前方に転がすのでなく、ボールを前方に転がすことを意識する。

感 覚
- 上背部、胸部、肩。

AIS 90/90 Stretch
AIS 90-90ストレッチ

◆ 分 類 ◆
リジェネレーション／柔軟性

目 的
- 肩と腰を分離させた動作に必要となる、体幹部回旋筋の柔軟性の向上。
- 上肢と下肢を分離させた動作に必要となる、体幹部回旋筋の柔軟性の向上（特に胸椎の回旋）。

開始姿勢
- 床に横向きに寝て、右脚を伸ばし、左脚の股関節を90度に曲げる。
- 右手で補助しながら、内転筋群（大腿の内側の筋）を使って左膝を床に押しつける。

手 順
- 体幹部（特に胸椎）を左に回旋して肩を開く。このとき、背中と左腕を床につけるようにする。

ポイント
- 開始姿勢では両膝を床につけておく。
- 上側の肩が床に平らにつくようにする。

感 覚
- 腰背部、上背部、胸部のストレッチ感。

AIS Quadruped Rocking

AIS クワドラプト・ロッキング

◆ 分 類 ◆
リジェネレーション／柔軟性

目的
- 腰椎部分（下背部）の可動性の向上。
- 骨盤、下背部周辺の筋肉のストレッチ。

開始姿勢
- 下背部を丸めて四つんばいになる。

手順
- パーフェクトポスチャーをとり、骨盤が後傾（下方に回り込む）しないところまで、臀部をできるだけ後方に引いていく。

ポイント
- 臀部を後ろに引くとき、腰椎部のアーチ（手のひら1枚分くらいの反り）を保つこと。

感覚
- 腰の内部と周辺にストレッチを感じる。

AIS ショルダー（サイドライイング）

AIS Shoulder (Side-Lying)

◆ 分 類 ◆
リジェネレーション／柔軟性

目 的
- 肩の外側の回旋筋のストレッチ。

開始姿勢
- 横向きに寝て、肘が顔の前にくるように下側の腕を床につける。

手 順
- 下側の腕の肘を曲げ、肘を中心に半円を描くようにしながら、その手をへその方向へ向かって下げる。上の手でストレッチを穏やかに補助する。

ポイント
- 下側の肩甲骨を固定し、動かさないようにする。

感 覚
- 肩の後ろ側のストレッチ感。

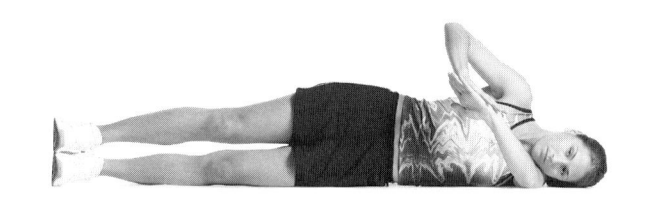

●フォーム（フォームローラーを使ったエクササイズ）

● Foam Hamstring ●
フォーム：ハムストリングス

フォームローラーを片脚または両脚のハムストリングスの下に置き、身体をその上で転がす。より大きな効果を得るには、全体重をローラーに乗せる。動作中はパーフェクトポスチャーを心がける。

● Foam It Band ●
フォーム：ITバンド

これは心地よくないように思えるかもしれないが、非常に効果的だ。腸脛靱帯は股関節から膝に伸びて脛骨に付着する厚い靱帯組織だ。横向きに寝て、大腿のつけ根から膝までローラーの上を転がす。より大きな圧力を腸脛靱帯にかけるには、写真右のように脚を重ねる。

ベーシック 　　　　　　　　　　　アドバンスト

• Foam Quad •
フォーム：クワッド

　大腿四頭筋に働きかけるために、大腿部の下でローラーを転がす。片脚ずつでも両脚同時に行ってもかまわない。このエクササイズは、筋けいれんに驚くほどの効果がある。

• Foam Groin •
フォーム：グロイン

　床にうつ伏せになり、片脚を肩の方向に向かって引き上げ、その下にローラーを置く。膝から骨盤にかけて、ローラーを腿の内側で転がす。

• Foam Glute •
フォーム：グルト

　ローラーの上に座り、大腿部の裏側から腰背部まで転がす。

フォーム：バック
Foam Back

ローラーの上に寝て、肩から脊椎の下部まで転がす。腹部は引き締めたままにする。頭を手で抱えるようにしてサポートしてもよい。

フォーム：ラット
Foam Lat

ローラーの上に横に寝て、腰背部の横からわきの下にかけて転がす。

Chapter 12
コア・ワークアウト・シート

　ここまでの章で、コア・ワークアウトではどんなことをするのか説明してきた。本章では、目的に合わせて何をどのようにするかを述べていこう。

　136ページからのワークシートに急いで飛びつくと、聞き慣れない用語や見慣れないマーク、省略に戸惑うかもしれない。そうならないよう、まずどのようにワークシートを読み、利用すればよいのかを説明をしよう。

ワークシートの見方

　141ページからのフェイズ1のワークシートを見てみよう。

◆週間スケジュール

　まず、週間スケジュールがあり、第1週のスケジュールでは、今後さまざまなトレーニングプログラムにスムーズに入っていくため、またそこで行うエクササイズ内容を学ぶための導入部にあたる。

　第1週は、「ムーブメント・プレパレーション」「バランスボール・エクササイズ」「プリハブ」「エネルギー供給システムの開発（ESD）」「ストレングス」「リジェネレーション」からのプログラムが組み合わされている。月・木・金曜日には2つの要素、火・水曜日には3つの要素を行い、土曜日は1つのみ、日曜日には何も行わない。

　下の段は、第2週と第3週の週間スケジュールで、少し強度が高くなっている。

◆ストレングストレーニング・プログラム

　フェイズ1で、ストレングストレーニングは火曜日に2回、金曜日に3回だけ行い、フェイズ1全体を通して5回しか行わない。

◆表上部の数字について

　表の上部に、「212のテンポで！」とか、「301」「302」などという数字が書かれているが、これ

はオーストラリアのストレングスコーチ、イアン・キングによって考案された、ウエイトを使う場合のテンポを表すものだ。

・「312」の場合→「3－1－2」

【初めの数字：3】

例えばベンチプレスの場合、エクササイズを始めるために、ウエイトを下ろしていくのにかける秒数を表す。また、ロウやデッドリフトの場合には、動作を終了してからスタート位置までウエイトを動かすのにかけるべき秒数となる。すなわち、ウエイトを3秒かけて下ろす、ということだ。

なぜ、ウエイトを下ろす速さを指定するのだろうか。ほとんどの人はウエイトを動かすとき、重力に逆らうのでゆっくり持ち上げ、下ろすときは重力の働くままに速く下ろしてしまう。しかし、エキセントリック・コントラクション（伸張性収縮）を意識して時間をかけることには大きな価値がある。ゆっくり下ろすことによって、筋肉はより働く必要が生じる。すなわち、筋肉をより働かせれば、筋肉をより早く大きく、強くできるのだ。

【2番目の数字：1】

スタート位置でウエイトを動かし始める前にかけるべく、アイソメトリック・コントラクション（等尺性収縮）の秒数を表す。2番目の数字が1であれば、ウエイトを下ろしてから動かし始める前に1秒間動作を止めることを意味する。これが0の場合には、下ろしたら直ちに持ち上げ始めることを意味する。

【3番目の数字：2】

ウエイトを実際に持ち上げるのにかける、コンセントリック・コントラクション（短縮性収縮）の秒数を表す。たいていは1秒か2秒だ。後に、「30X」というように、数字の代わりに"X"となっている場合もある。これは、正しいフォームを壊さずに、できる限り速く、かつ爆発的にウエイトを持ち上げることを意味している。実際にはウエイトが重すぎて素早く持ち上げることが難しい場合でも、できる限り速く動かそうとすることによって、より多くの筋線維を動員することができる。

◆略語について

ストレングストレーニングのプログラムの最初に「Alt・DB・ベンチプレス」と書かれているが、これは「オルタネット・ダンベル・ベンチプレス」のことだ。以下に省略した用語について、まとめておく。

・Alt＝オルタネット
・DB＝ダンベル
・BB＝バランスボール

◆各曜日のプログラム

縦の欄がその日のプログラム内容になり、その日に行うエクササイズの各セットのレップ数を示す。例えば第2週の火曜日には、「Alt・DB・ベンチプレス」はレップ数12で2セットすることになる。セット数×レップ数の後についている@マークは、規定のレップ数で片脚ごと、あるいは片腕ごとに示されたセット数をそれぞれ行うという意味だ。

レップ数の後ろのスペースは、自分が使ったウエイトの重さをメモするためのものだ。指示されたレップ数をこなせるぐらいのウエイトをまず使ってみる。簡単にできるようだったら、次のセット、あるいは次回のトレーニングではそれより重いウエイトを使用する。

◆スーパーセットとサーキット

スーパーセットは、あるエクササイズの次に、それとは反対の動きをする別のエクササイズを続けて行う「スーパーセット法」(87ページ参照)に基づくトレーニングである。セットごとに、ウエイトを使ったエクササイズの次に、

それとは反対の動きをするエクササイズを行うようになっている。

例えば、バランスボールを使った「レッグカール（BB・レッグカール）」は「Alt・DB・ベンチプレス」とはまったく異なるエクササイズである。2セット目の「Alt・DB・ベンチプレス」はレスト（休息）なしで直ちに移るようにする。

そして、2番目のスーパーセットで、2セットずつの「ワンアーム・ワンレッグ・DB・ロウ」と「スプリットスクワット、ランジ」をする。

2つのスーパーセットが終わったら、4種類のエクササイズのサーキットに移る。「BB・プッシュアップ・プラス」「スプリット・DB・カール・トゥ・プレス」「DB・プルオーバー・エクステンション」それから「BB・リーチ、ロール、リフト」の4種だ。

サーキットというのは、まずこの4種類を1セットずつ行い、また最初のエクササイズに戻って、2セット目を順に行う。各エクササイズは異なる筋肉を使うので、4種類のエクササイズはスピードを上げて効率よく行うことができる。また、全部のエクササイズはストレングスのユニットから選ばれているわけではなく、例えば、「BB・プッシュアップ・プラス」はプリハブのユニットからきている。

◆ESDトレーニング

エネルギー供給システムの開発（ESD）トレーニングは、フェイズ1ではシンプルだ。ESDプログラムのうち、1と2しか行わない。ESD1は、ゾーン1での12分のエクササイズになる（12分のエクササイズを、常に220から自分の年齢を引いて出した最大心拍数の60～70％の間の心拍数で行う。エクササイズの方法は第10章参照）。

ESD2プログラムは、ゾーン1で20分のエクササイズをする。

フェイズについて

コア・ワークアウトは、3週間ずつ4つのフェイズ（期間）に分けられた計12週間のプログラムだ。

フェイズ1〈コアの基礎をつくる〉では、心肺機能の土台をつくりながら、可動性、安定性、バランスを向上させるための基礎づくりを学ぶ。トレーニングに慣れてきた第2、第3週と比べると、第1週のプログラムは軽めにつくられている。

フェイズ2〈コアを発展させる〉では、トレーニングの強度と量が増やされていく。重量やレップ数が増え、弾性のトレーニングが加わり、ESDも増加する。ゾーン2でのトレーニングには自分の最大心拍数の71～80％でのトレーニングが加わる。もちろんこの心拍数でESDトレーニングを続けるわけではない。ESD4で示しているように、「15分／3レップ」というのは、ゾーン1での3分間のウォームアップの後、4分間のプログラム（ゾーン2で2分間、ゾーン1で2分間）を3回繰り返す、ということになる。

フェイズ3〈コアに集中する〉とフェイズ4〈混合プログラム〉では、強度はもっと上がり、各エクササイズの動きが正しく習得できたことだけでなく、筋力も弾性のパワーもつくり出せる時期になったと実感することだろう。身体がトレーニングにスムーズに適応していくようになる。それこそがあなたが12週間にわたって挑戦し続けるようにするという私の願いなのだ。

コア・ワークアウトへの準備とは

136ページの最初のワークシート〈コア・ワークアウトへの準備〉は、コア・ワークアウトを始めるにあたっての予備的なプログラムだ。補助的なプログラムであり、どんな理由からであれ、12週間プログラムを開始するのは早すぎると思う人たちのためにつくられている。もし、次のような例にあてはまるとしたら、このプログラムから始めよう。

- 何年もトレーニングをしたことがない。
- ケガで仕事を休んでいた。
- 多少の運動はしているが、身体がとても硬い。自分のつま先に触ったのがいつのことだったか思い出せない。

他にも、次のような場合にはこの予備プログラムから始めよう。

- 40歳以上で、最近きちんとトレーニングを続けたという記憶がない。
- 50歳以上で、定期的に運動はしているが、強度は非常に低い(ウォーキングやフィットネスクラブでのマシントレーニングなど)。

3週間のコア・ワークアウト予備プログラム〈初級〉には2つの目的がある。まず、コア・ワークアウトの基本を学ぶこと。そして、定期的に通常のエクササイズプログラムができるように準備していくことだ。この3週間のプログラムを実行できれば、フェイズ1をスタートさせることができる。

もしもこのコア・ワークアウト予備プログラム〈初級〉をやっても、まだ不安が残るような場合には、139ページの3週間の中級予備プログラム〈中級〉をやってみよう。このプログラムを実行できれば、フェイズ1を飛び越してフェイズ2から始めてよい。

プログラムには、ショートバージョンとフルバージョンの2種類がある。どちらでも適切と思われるほうをすればいい。例えば、特に柔軟性の向上を目指す場合には、他のユニットでショートバージョンを選んでいても、リジェネレーションのユニットではフルバージョンを選ぶ、といった具合だ。

体力に自信がない場合には、すべてをショートバージョンからスタートさせる。最終的には、フェイズ2へ行く前にフルバージョンのすべてができるようになるのがここでの目標となる。

どのようにトレーニングすればいいか

私は、ただ単にプログラムをやり遂げることを望んでいるだけでなく、トレーニングジムでの基本的な時間の過ごし方についての姿勢を変えることをも望んでいる。

全般的に、トレーニングジムでは無駄な時間が使われすぎていると思う。トレーニングを1セットするごとにぶらぶらと歩き回り、水を取りに行ったり誰かとしゃべったり、次のセットを始める前にジムの中に流れているTVニュースを眺めてみたりする。これはどう見ても生産的な行為とは言えない。トレーニングパートナーをもつのは、モチベーションのためにも、また補助者としても悪いことではないが、往々にしてトレーニングよりもおしゃべりに時間を費やすことになる。

トレーニングには効率的に向き合ってほしい。ワークシートを眺めて、「これだけの量を45分や1時間でやりきれるはずがない」と思うかもしれない。初めのうちはやり方を習得するために所要時間が予定より長くなることはあるが、学習してしまえば予定時間でトレーニングが終わらないということはなくなるはずだ。

プログラムは、エクササイズ間で休む必要が

ないようにつくられている。これまで説明してきたように、スーパーセットで拮抗する筋や動きのためのエクササイズを組み合わせているので、1つのエクササイズから次のエクササイズに直ちに移れる。

トレーニングパートナーがいてもかまわないが、一緒にトレーニングしてほしい。お互いがそれぞれ相手のトレーニングを眺めるようなことをしていては、所要時間が2倍もかかるのは当然のことだ。

コア・ワークアウトでは、ベンチプレスとその他いくつかのエクササイズを除いて、補助者が必要なプログラムはない。一緒に、かつ同時にトレーニングするのならば、トレーニングパートナーは1人でも2人でも3人でもよい。

トレーニングジムに入っていくのが気後れする、という気持ちはよくわかる。特に、自分のやるトレーニングが他の人とはずいぶん違う場合にはなおさらだろう。しかし、あなたがやろうとしているプログラムは「他の誰のプログラムよりも効果がある」と自信をもってほしい。「トレーニングのことなら何でも知っている」という顔をした誰かの批評など、気にしないでほしい。ノマー・ガルシアパーラが「はじめに」で書いているように、そのうちに「それを教えてくれ」と言われるようになるはずだ。

この他に、考えられるいくつかの質問と答えを書いておこう。

問：コア・ワークアウトのすべてをやり遂げた後は、どうすればいいのか？

答：もちろん、12週間が終わったからといって、それで終わってほしくはない。使うウエイトの重さを増加させながら、数週間はフェイズ4を継続するといいだろう。それ以降の上級プログラムは、ウェブサイトからアクセスできる。（http://www.coreperformance.com）

問：全部のプログラムをやりきれない場合には、どうすればいいのか？

答：仕事や旅行、家族の集まりなどで、トレーニングが全部できなくなることはあり得る。大事なのは、必ず何かをやることだ。全部のプログラムをすることができなかったといって自分を非難するのではなく、「難しい状況でも、何かひとつでもやった」ということを褒めていい。

それらを配慮して、157ページに短縮版コア・ワークアウトのプログラムを載せた。これは、ホテルの部屋でもできるし、時間がなかったり、道具が使えなかったりした場合に行ってほしいプログラムだ。短縮版にしているが、7つのユニット、「ムーブメント・プレパレーション」「プリハブ」「バランスボール・エクササイズ」「弾性」「ストレングス」「エネルギー供給システムの開発（ESD）」、そして「リジェネレーション」がちゃんとそろっている。ESDはトレーニングの初めにやってもよいが、その他のユニットは身体への効率的な効果のためにはできるだけ順番を変えずにしたほうがいい。

時間がないためにいくつかのユニットしかできなかったとしても、選んだユニットはプログラムに書かれた順番でやってほしい。ムーブメント・プレパレーション、プリハブ、弾性のユニットを選んだなら、この順番に沿ってやるということだ。

■ コア・ワークアウトに使うアイテム

コア・ワークアウトのプログラムから最も高い効果を得るための道具をあげておこう。
- ●必須アイテム
  - ・給水ボトル　　　・フォームローラー
  - ・ストレッチロープ　・バランスボール
- ●自宅でトレーニングする場合

〈基本〉
- ・リノリウムやタイル、堅い木などの床。
- ・ダンベル（フィックストダンベルでもアジャスタブルダンベルでもよい）。パワーブロックのような、簡単に重さが選べてスペースを取らないものが最適だろう。
- ・インクラインベンチ（水平の位置から角度を調節できるベンチ）。
- ・エアロビクス用のステップ台、またはしっかり体重が支えられ、ジャンプの衝撃に耐えられる箱など。
- ・戸口に取りつけて使えるプルアップ（懸垂）用のバー。ディップとプルアップに使える単独ステーションもある。

〈よりよい環境をつくりたい場合〉
- ・150kgのオリンピックバーベルセット。
- ・業務仕様のウエイトかけつきフラット／インクラインベンチ。高価ではあるが、スクワットスタンドとしても使え、ディップバーのついたものもある
- ・スクワットラック。このラックの中にアジャスタブルベンチを入れて、ベンチプレスにも使える。また、天井が十分高ければ、プルアップにも使える。
- ・ハイプーリーとロープーリーのついたケーブルマシン。家庭用の、スムーズに3つの運動面を横ぎって使えるプーリーマシンはまずない。
- ・カーディオマシン：トレッドミルやエクササイズバイクなど。

〈最高の環境をつくりたい場合〉
- ・施設用のケーブルマシン。カイザー製「ファンクショナルトレーナー」を推奨する。
- ・ホットタブ（風呂）、コールドプランジ（水風呂）、サウナ、スチームルームなど。

〈賢いオプション〉
- ・オリンピックバンパープレートという22.5kgのウエイトのサイズで、重量が2.5kgや5kg、12kgというように非常に軽いものがある。これを使うと、スナッチやクリーンのように難しいリフトを習得するのにちょうどよいサイズと重量とが得られる。

- ●施設でトレーニングする場合

　入会前に、その施設に必要な道具や設備はそろっているか、バランスボールやスムーズに機能するケーブルマシン（できればカイザー製）まで、十分にチェックする。プールやホットタブ、サウナ、コールドプランジも自分のプログラムに必須であればチェックする。施設にフォームローラーやストレッチロープが用意されていたとしても、衛生面や便利さの面から自分のものを持っていくことを勧める。

●コア・ワークアウトへの準備

痛みがあったり、体力が落ちていたり、身体が硬かったりしたら、まずここから始めよう。

▶週間スケジュール

月曜日	火曜日	水曜日
リジェネレーション：フォーム ムーブメント・プレパレーション リジェネレーション：AIS ストレングス(奇数週)、プリハブ(偶数週) ESD1（奇数週）、ESD2（偶数週） ニュートリション：シェイク	リジェネレーション：AIS リジェネレーション：フォーム バランスボール ウォーキングまたはライフスタイル（好きなスポーツ、庭の手入れなど、身体を動かす活動）	リジェネレーション：フォーム ムーブメント・プレパレーション リジェネレーション：AIS プリハブ ストレングス（偶数週） ニュートリション：シェイク
木曜日	金曜日	土曜日
リジェネレーション：AIS リジェネレーション：フォーム バランスボール ウォーキングまたはライフスタイル	リジェネレーション：フォーム ムーブメント・プレパレーション リジェネレーション：AIS ストレングス(奇数週)、プリハブ(偶数週) ESD2（奇数週）、ESD1（偶数週） ニュートリション：シェイク	リジェネレーション：AISまたはフォーム バランスボール ウォーキングまたはライフスタイル ニュートリション：シェイク

〈初級〉ビギナーウィーク　第1〜第3週

▶ストレングス（トレーニングジム）

種　目	ショートバージョン　10分	フルバージョン　20分
スーパーセット		
Alt・DB・ベンチプレス	1×15	2×12
フロア／BB・レッグカール	1×15	2×12
スーパーセット		
ワンアーム・ワンレッグ・DB・ロウ	1×15@	2×12@
スプリットスクワット、ランジ	1×15@	2×12@
スーパーセット		
スプリット・DB・カール・トゥ・プレス	1×15@	2×12@
BB・プッシュアップ・プラス	1×15	2×12

▶ムーブメント・プレパレーション

種目	ショートバージョン　5分	フルバージョン　10分
ヒップ・クロスオーバー（足を床につけて）	8@	6@
スコーピオン	–	6@
カーフストレッチ	–	6@
ハンドウォーク	4	6
インバーテッド・ハムストリングス	–	6@
フォワードランジ、フォアアーム・トゥ・インステップ	4@	6@
バックワードランジ・ウィズ・ツイスト	–	6@
ドロップランジ	–	6@
ラテラルランジ	4@	6@
スモウスクワット・トゥ・スタンド	8	6

▶プリハブ

種目	ショートバージョン　5分	フルバージョン　10分
フロア／BB Y	8	12
フロア／BB T	8	12
フロア／BB W	8	12
フロア／BB L	8	12
BB・プッシュアップ・プラス	8	12
AIS BB：リーチ、ロール、リフト	–	12
グルトブリッジ（内転させる）	8	12
クワドラプト・サークル	–	12@
ピラーブリッジ・フロント	20秒	30秒
ピラーブリッジ・サイド、ライト・アンド・レフト	8@	12@

▶リジェネレーション

種目	ショートバージョン　7分	フルバージョン　12分
フォーム：ハムストリングス	1×8@	1×10@
フォーム：ITバンド	1×8@	1×10@
フォーム：クワッド、グロイン	1×8@	1×10@
フォーム：グルト	1×8	1×10
フォーム：バック、ラット	–	1×10@
AIS ロープストレッチ：カーフ	–	1×10@
AIS ロープストレッチ：ハムストリングス	1×8@	1×10@
AIS ロープストレッチ：ITバンド、グルト	1×8@	1×10@
AIS ロープストレッチ：アダクター	–	1×10@
AIS ロープストレッチ：クワッド、ヒップ	1×8@	1×10@
AIS ショルダー（サイドライイング）	1×8@	1×10@
AIS ロープストレッチ：トライセップス	–	1×10@
AIS 90-90ストレッチ	1×8@	1×10@
AIS クワドラプト・ロッキング	–	1×10

▶バランスボール

種目	ショートバージョン　5分	フルバージョン　10分
ラテラルロール	8@	12@
ロシアンツイスト	8@	12@
プレートクランチ	8	12
ライイング・オポジット	−	20秒@
リバースクランチ	−	12
ブリッジング	20秒	20秒
ヒップ・クロスオーバー	−	12@

▶ESD

種目	所要時間	ワーク
1　有酸素系／回復	12分	12分／ゾーン1　低め
2　有酸素系／回復	20分	20分／ゾーン1　低め

注：ゾーン1＝220から自分の年齢を引いたものの60〜70％。

〈中級〉インターメディエイトウィーク　第4〜第6週

▶ストレングス（トレーニングジム）

種　目	ショートバージョン　10分	フルバージョン　20分
スーパーセット		
Alt・DB・ベンチプレス	1×10	2×8
スプリットスクワット、ランジ	1×10@	2×8@
スーパーセット		
ワンアーム・ワンレッグ・DB・ロウ	1×10@	2×8@
フロア／BB・レッグカール	1×10	2×8
サーキット		
ケーブル・リフティング	1×10@	2×8@
ケーブル・チョッピング	1×10@	2×8@
スプリット・DB・カール・トゥ・プレス	1×10@	2×8@
BB・プッシュアップ・プラス	1×10	2×8

▶ムーブメント・プレパレーション

種　目	ショートバージョン　6分	フルバージョン　12分
ヒップ・クロスオーバー（膝を曲げて）	6@	8@
スコーピオン	−	8@
カーフストレッチ	−	8@
ハンドウォーク	6	8
インバーテッド・ハムストリングス	6@	8@
フォワードランジ、フォアアーム・トゥ・インステップ	6@	8@
バックワードランジ・ウィズ・ツイスト	6@	8@
ドロップランジ	6@	8@
ラテラルランジ	6@	8@
スモウスクワット・トゥ・スタンド	6	8

▶バランスボール

種　目	ショートバージョン　5分	フルバージョン　10分
ラテラルロール	8@	12@
ロシアンツイスト	8@	12@
プレートクランチ	8	12
ライイング・オポジット	−	20秒
リバースクランチ	−	12
ブリッジング	20秒	20秒
ヒップ・クロスオーバー	−	12@

▶リジェネレーション

種目	ショートバージョン　7分	フルバージョン　12分
フォーム：ハムストリングス	1×8@	1×10@
フォーム：ITバンド	1×8@	1×10@
フォーム：クワッド、グロイン	1×8@	1×10@
フォーム：グルト	1×8	1×10
フォーム：バック、ラット	−	1×10@
AIS ロープストレッチ：カーフ	−	1×10@
AIS ロープストレッチ：ハムストリングス	1×8@	1×10@
AIS ロープストレッチ：ITバンド／グルト	1×8@	1×10@
AIS ロープストレッチ：アダクター	−	1×10@
AIS ロープストレッチ：クワッド、ヒップ	1×8@	1×10@
AIS ロープストレッチ：ショルダー(サイドライイング)	1×8@	1×10@
AIS ロープストレッチ：トライセップス	−	1×10@
AIS 90-90ストレッチ	1×8@	1×10@
AIS クワドラプト・ロッキング	−	1×10

▶プリハブ

種目	ショートバージョン　5分	フルバージョン　10分
フロア／BB Y	8	12
フロア／BB T	8	12
フロア／BB W	8	12
フロア／BB L	8	12
BB・プッシュアップ・プラス	8	12
AIS BB：リーチ、ロール、リフト	−	12
グルトブリッジ　（内転させる）	8	12
クワドラプト・サークル	−	12@
ピラーブリッジ・フロント	20秒	30秒
ピラーブリッジ・サイド、ライト・アンド・レフト	8@	12@

▶ESD

種目	所要時間	ワーク
1　有酸素系／回復	12分	12分／ゾーン1　低め
2　有酸素系／回復	20分	20分／ゾーン1　低め

注：ゾーン1＝220から年齢を引いたものの60〜70％。

●コア・ワークアウト／フェイズ1：コアの基礎をつくる《第1～第3週》

対象：中級者、上級者
ゴール：心肺機能の土台をつくりながら、可動性、安定性、バランスを向上させる

▶週間スケジュール

第1週		
月曜日	火曜日	水曜日
ESD 1 ムーブメント・プレパレーション	ESD 1 ムーブメント・プレパレーション ＋バランスボール	ESD 1＋ムーブメント・プレパレーション リジェネレーション
木曜日	金曜日	土曜日
ESD 2 プリハブ：ショルダー、ヒップ、コア	ESD 1 ストレングス	リジェネレーション

第2～第3週		
月曜日	火曜日	水曜日
ムーブメント・プレパレーション　10分 プリハブ：ヒップ　5分 プリハブ：ショルダー　5分 プリハブ：コア　5分 ESD 1　12分 所要時間：計37分 リジェネレーション：フォーム　10分	バランスボール　10分 ストレングス　30分 所要時間：計40分 リジェネレーション：AIS　12分	ESD 2　20分 ムーブメント・プレパレーション　10分 プリハブ：コア　5分 リジェネレーション：フォーム　10分 所要時間計：45分
木曜日	金曜日	土曜日
バランスボール　10分 プリハブ：ショルダー　5分 プリハブ：ヒップ　5分 ESD 1　12分 所要時間：計32分 リジェネレーション：AIS　12分	ムーブメント・プレパレーション　10分 ストレングス　30分 プリハブ：コア　5分 所要時間：計45分	ESD 2　20分 リジェネレーション：フォーム　10分 リジェネレーション：AIS　10分 所要時間：計40分

▶**ストレングス：**セット間のレスト30秒、可動域全体にわたって動かし、212のテンポを忘れずに！

種目		金曜日 (第1週)	火曜日 (第2週)	金曜日 (第2週)	火曜日 (第3週)	金曜日 (第3週)
スーパーセット						
Alt・DB・ベンチプレス	セット1	15	12	12	10	10
	セット2	−	12	12	10	10
フロア／BB・レッグカール	セット1	10	12	10	12	12
	セット2	−	10	8	10	10
スーパーセット						
ワンアーム・ワンレッグ・DB・ロウ	セット1	15@	12@	12@	10@	10@
	セット2	−	12@	12@	10@	10@
スプリットスクワット、ランジ	セット1	15@	12@	12@	10@	10@
	セット2	−	12@	12@	10@	10@
サーキット						
フロア／BB・プッシュアップ・プラス	セット1	8+	10+	12+	12+	12+
	セット2	−	8+	10+	10+	10+
スプリット・DB・カール・トゥ・プレス	セット1	15@	12@	12@	12@	12@
	セット2	−	12@	10@	10@	10@
DB・プルオーバー・エクステンション	セット1	15	12	12	12	12
	セット2	−	12	10	10	10
AIS BB：リーチ・ロール・リフト	セット1	10	10	10	10	10
	セット2	−	10	10	10	10

▶**ムーブメント・プレパレーション**

種目	第1週	第2〜第3週
ヒップ・クロスオーバー	1×8@（足を床につけて）	1×10@（膝を直角に曲げて）
カーフストレッチ	1×8@	1×10@
ハンドウォーク	1×4	1×5
フォワードランジ、フォアアーム・トゥ・インステップ	1×4@	1×5@
バックワードランジ・ウィズ・ツイスト	1×4@	1×5@
ラテラルランジ	1×4@	1×5@
スモウスクワット・トゥ・スタンド	1×8	1×10

▶ プリハブ

プリハブ：ショルダー	第1週	第2～第3週
フロア／BB T	1×8	1×10
フロア／BB W	1×8	1×10
フロア／BB L	1×8	1×10
BB・プッシュアップ・プラス	1×8	1×10
AIS BB：リーチ、ロール、リフト	1×8	1×10
プリハブ：ヒップ	第1週	第2～第3週
グルトブリッジ	1×8	1×10
サイドライイング・アダクション・アンド・アブダクション	1×8@	1×10@
プリハブ：コア	第1週	第2～第3週
ピラーブリッジ・フロント	1×20秒	1×30秒
ピラーブリッジ・サイド、ライト・アンド・レフト	1×15秒@	1×20秒@

▶ ESD

種目	所要時間	ワーク
1 有酸素系／回復	12分	12分／ゾーン1
2 有酸素系／回復	20分	20分／ゾーン1

▶ バランスボール

種目	第1週	第2～第3週
ラテラルロール	1×8@	1×10@
ロシアンツイスト	1×8@	1×10@
プレートクランチ	1×8	1×10
ライイング・オポジット	1×8@	1×10@
リバースクランチ	1×8	1×10
ブリッジング	1×8	1×10
ヒップ・クロスオーバー	1×8@	1×10@

▶リジェネレーション

種目	第1週	第2～第3週
フォーム：ハムストリングス	1×8@	1×10@
フォーム：ITバンド	1×8@	1×10@
フォーム：クワッド、グロイン	1×8@	1×10@
フォーム：グルト	1×8	1×10
フォーム：バック、ラット	1×8@	1×10@
AISロープストレッチ：カーフ	1×8@	1×10@
AISロープストレッチ：ハムストリングス	1×8@	1×10@
AISロープストレッチ：ITバンド、グルト	1×8@	1×10@
AISロープストレッチ：アダクター	1×8@	1×10@
AISロープストレッチ：クワッド、ヒップ	1×8@	1×10@
AISショルダー（サイドライイング）	1×8@	1×10@
AISロープストレッチ：トライセップス	1×8@	1×10@
AIS 90-90ストレッチ	1×8@	1×10@
AISクワドラプト・ロッキング	1×8	1×10

注：時間がない場合は、AISロープストレッチから自分に特に必要と思われる種目を4種目選んで行う。

●コア・ワークアウト／フェイズ２：コアを発展させる　《第４～第６週》
ゴール：弾性、筋力、運動強度、回数を増加させる

▶週間スケジュール

月曜日	火曜日	水曜日
ムーブメント・プレパレーションA&B　12分	ムーブメント・プレパレーションA　6分	ESD 3　30分
プリハブ：コア　7分	ストレングスA　25分	バランスボール　12分
プリハブ：ヒップ　7分	ESD 4　15分	
プリハブ：ショルダー　7分		
弾性：10分		
所要時間：計43分	所要時間：計46分	所要時間：計42分
リジェネレーション：フォーム　7分		リジェネレーション：フォーム　6分
		リジェネレーション：AIS　12分
木曜日	金曜日	土曜日
ムーブメント・プレパレーションA&B　12分	ムーブメント・プレパレーションB　6分	ESD 3　30分
プリハブ：コア　7分	ストレングスB　20分	バランスボール　12分
プリハブ：ヒップ　7分	ESD 5　15分	
プリハブ：ショルダー　7分		
弾性：10分		
所要時間：計43分	所要時間：計41分	所要時間：計42分
リジェネレーション：フォーム　7分		リジェネレーション：フォーム　5＋分
		リジェネレーション：AIS　5＋分

▶**ストレングス**：セット間のレスト30秒、テンポ311、可動域全体にわたって動かし、311のテンポを忘れずに！

ストレングスA		火曜日	火曜日	火曜日
スーパーセット				
ベンチプレス	セット1	8	8	8
	セット2	8	8	6
	セット3	8	6	6
ルーマニアン・デッドリフト	セット1	8	8	8
	セット2	8	8	6
	セット3	8	6	6
スーパーセット				
スプリットスクワット、ランジ	セット1	8@	8@	8@
	セット2	8@	8@	6@
	セット3	8@	8@	6@
プルアップ（水平から垂直に）	セット1	6	8	10
	セット2	6	8	10
	セット3	6	8	10
サーキット				
ケーブル・ワンアーム・ローテーショナル・ロウ	セット1	8@	8@	8@
	セット2	8@	8@	8@
スプリット・DB・カール・トゥ・プレス	セット1	10@	10@	10@
	セット2	8@	8@	8@
DB・プルオーバー・エクステンション	セット1	10	10	10
	セット2	8	8	8

ストレングスB		金曜日	金曜日	金曜日
スーパーセット				
Alt・DB・ベンチプレス	セット1	10	10	8
	セット2	10	8	8
スプリットスクワット、ランジ	セット1	10@	10@	8@
	セット2	10@	10@	8@
スーパーセット				
ワンアーム・ワンレッグ・DB・ロウ	セット1	10@	10@	8@
	セット2	10@	10@	8@
フロア／BB・レッグカール	セット1	8	10	12
	セット2	8	10	12
サーキット				
ケーブル・リフティング	セット1	10@	10@	10@
	セット2	8@	8@	8@
ケーブル・チョッピング	セット1	10@	10@	10@
	セット2	8@	8@	8@
スプリット・DB・カール・トゥ・プレス	セット1	10@	10@	10@
	セット2	8@	8@	8@

▶ ムーブメント・プレパレーション

ムーブメント・プレパレーションA	第1週	第2週	第3週
フォワードランジ、フォアアーム・トゥ・インステップ	1×5@	1×6@	1×7@
バックワードランジ・ウィズ・ツイスト	1×5@	1×6@	1×7@
カーフストレッチ	1×10@	1×12@	1×7@
ハンドウォーク	1×5	1×6	1×7
インバーテッド・ハムストリングス	1×5@	1×6@	1×7@
ムーブメント・プレパレーションB	第1週	第2週	第3週
ヒップ・クロスオーバー	1×10@ 膝を直角まで曲げる	1×12@ なるべく脚を伸ばす	1×7@ 脚を3/4からまっすぐまで伸ばす
スコーピオン	1×10@	1×12@	1×7@
ラテラルランジ	1×5@	1×6@	1×7@
ドロップランジ	1×5@	1×6@	1×7@
スモウスクワット・トゥ・スタンド	1×5	1×6	1×7

▶ プリハブ

プリハブ：ショルダー	第1週	第2週	第3週
フロア／BB T	1×8+ウエイト	1×10+ウエイト	1×12+ウエイト
フロア／BB W	1×8+ウエイト	1×10+ウエイト	1×12+ウエイト
フロア／BB L	1×8+ウエイト	1×10+ウエイト	1×12+ウエイト
BB・プッシュアップ・プラス	1×8+ウエイト	1×10+ウエイト	1×12+ウエイト
AIS BB：リーチ、ロール、リフト	1×10	1×12	1×14
プリハブ：ヒップ	第1週	第2週	第3週
グルトブリッジ	1×10	1×12	1×14
サイドライイング・アダクション・アンド・アブダクション	1×10@	1×12@	1×14@
クワドラプト・サークル	1×5@	1×6@	1×7@
プリハブ：コア	第1週	第2週	第3週
ピラーブリッジ・フロント	1×30秒	1×45秒	1×60秒
ピラーブリッジ・サイド、ライト・アンド・レフト	1×30秒@	1×45秒@	1×60秒@

▶ 弾 性

種 目	第1週	第2週	第3週
ベース・サイド・トゥ・サイド（速く）	2×6秒	2×8秒	2×10秒
ベースローテーション（速く）	2×6秒	2×8秒	2×10秒
スクワットジャンプ	2×5回	2×6回	2×7回
ラテラルバウンド	2×3回@	2×4回@	2×4回@

▶バランスボール

種 目	第1週	第2週	第3週
ラテラルロール	1×10@	1×12@	1×14@
ロシアンツイスト	1×10ウエイト@	1×12ウエイト増@	1×14ウエイト増@
プレートクランチ	1×10ウエイト	1×12ウエイト増	1×14ウエイト増
ニータック	1×10	1×12	1×14
ライイング・オポジット	1×10@	1×12@	1×14@
リバースハイパー	1×10	1×12	1×14
リバースクランチ	1×10	1×12	1×14
ブリッジング	1×10	1×12	1×14
ヒップ・クロスオーバー	1×10@	1×12@	1×14@

▶ESD

種 目	合計回数	ウォームアップ	ワーク	リカバリー
4 乳酸系／パワー	15分／3回	3分／ゾーン1	2分／ゾーン2	2分／ゾーン1
5 乳酸系／パワー	15分／2回	3分／ゾーン1	3分／ゾーン2	3分／ゾーン1
3 有酸素系／回復	－	－	30分+／ゾーン1	－

▶リジェネレーション

種 目	第1週	第2週	第3週
フォーム：ハムストリングス	1×8@	1×10@	1×12@
フォーム：ITバンド	1×8@	1×10@	1×12@
フォーム：クワッド	1×8@	1×10@	1×12@
フォーム：グルト	1×8	1×10	1×12
フォーム：バック	1×8	1×10	1×12
AISロープストレッチ：カーフ	1×8@	1×10@	1×12@
AISロープストレッチ：ハムストリングス	1×8@	1×10@	1×12@
AISロープストレッチ：ITバンド、グルト	1×8@	1×10@	1×12@
AISロープストレッチ：アダクター	1×8@	1×10@	1×12@
AISロープストレッチ：クワッド、ヒップ	1×8@	1×10@	1×12@
AISロープストレッチ：チェスト	1×8	1×10	1×12
AISロープストレッチ：トライセップス	1×8@	1×10@	1×12@
AIS 90-90ストレッチ	1×8@	1×10@	1×12@
AIS クワドラプト・ロッキング	1×8	1×10	1×12

注：時間がない場合は、AISロープストレッチから自分に特に必要と思われる種目を4種目選んで行う。

●コア・ワークアウト／フェイズ3：コアに集中する 《第7～第9週》

対象：中級者、上級者
ゴール：スピード、パワー、筋力の質を向上させる

▶週間スケジュール

月曜日	火曜日	水曜日
ムーブメント・プレパレーションA　6分 弾性A　10分 ストレングスA　30分 プリハブ：ショルダー　5分 所要時間：計51分 ニュートリション：シェイク	ムーブメント・プレパレーションB　5分 弾性B　10分 ストレングスB　30分 ESD 8　15分 所要時間：計60分 ニュートリション：シェイク	ESD 3　30分 プリハブ：コア　10分 所要時間：計40分 ニュートリション：シェイク リジェネレーション：フォーム　10分 リジェネレーション：AIS　10分
木曜日	金曜日	土曜日
ムーブメント・プレパレーションA　6分 弾性A　10分 ストレングスA　30分 プリハブ：ショルダー　5分 所要時間：計51分 ニュートリション：シェイク リジェネレーション：フォーム　7分	ムーブメント・プレパレーションB　5分 弾性B　10分 ストレングスB　30分 ESD 9　17分 所要時間：計62分 ニュートリション：シェイク	ESD 3　30分 プリハブ：コア　10分 所要時間：計40分 ニュートリション：シェイク リジェネレーション：フォーム　10分 リジェネレーション：AIS　10分

▶**ストレングス**:スーパーセット間のレスト60秒、テンポ30X（爆発的に）、可動域全体にわたって動かし、30Xのテンポを忘れずに！

ストレングスA		月曜日	木曜日	月曜日	木曜日	月曜日	木曜日
スーパーセット							
ベンチプレス+プライオ・プッシュアップ	セット1	5+3*	8+3*	4+3*	8+3*	3+3*	6
	セット2	5+3*	8+3*	4+3*	8+3*	3+3*	**
	セット3	5+3*	8+3*	4+3*	8+3*	3+3*	**
プルアップ（ウエイトを加える）	セット1	6	6	4	4	3	6
	セット2	6	6	4	4	3	**
	セット3	6	6	4	4	3	**
スーパーセット							
DB・プルオーバー・エクステンション	セット1	6	8	5	8	4	6
	セット2	6	8	5	8	4	**
DB・カール・トゥ・プレス	セット1	6	8	5	8	4	6
	セット2	6	8	5	8	4	**
スーパーセット							
ケーブル・チョッピング	セット1	8@	8@	6@	6@	6@	6@
	セット2	8@	8@	6@	6@	6@	6@
ケーブル・リフティング	セット1	8@	8@	6@	6@	6@	6@
	セット2	8@	8@	6@	6@	6@	6@

*　ベンチプレスの各セット後にプライオ・プッシュアップを3回して60秒休み、プルアップ後60秒休む。これを繰り返す。
**このフェイズを始めたときに使った重さのウエイト（人によって異なる）を使って、できるだけの回数を行う。

ストレングスB		火曜日	金曜日	火曜日	金曜日	火曜日
スーパーセット						
ケーブル・ワンアーム・ローテーショナル・ロウ	セット1	8@	8@	6@	6@	6@
	セット2	8@	8@	6@	6@	6@
BB・ロシアンツイスト	セット1	12@	12@	10@	10@	8@
	セット2	12@	12@	10@	10@	8@
スーパーセット						
スプリットスクワット、ランジ+スプリットジャンプ	セット1	6+3*	6+3*	4+3*	4+3*	3+3*
	セット2	6+3*	6+3*	4+3*	4+3*	3+3*
BB・プレートクランチ	セット1	12	12	10	10	8
	セット2	12	12	10	10	8
スーパーセット						
DB・フロントスクワット+プレス+スクワットジャンプ	セット1	8+4**	8+4**	6+4**	6+4**	4+4**
	セット2	8+4**	8+4**	6+4**	6+4**	4+4**
BB・ラテラルロール	セット1	12@	12@	10@	10@	8@
	セット2	12@	12@	10@	10@	8@
スーパーセット						
ルーマニアン・デッドリフト	セット1	8	6	6	6	6
	セット2	8	6	6	6	6
BB（うつ伏せ）・ニータック	セット1	8	8	10	10	12
	セット2	8	8	10	10	12

*　スプリットスクワット、ランジの1セット（6回）をしたら、すぐにスプリットジャンプを3回行い、直ちにBB・プレートクランチに移る。
**DB・フロントスクワット・トゥ・プレスの1セット（8回）をしたら、すぐにスクワットジャンプを4回行い、直ちにBBラテラルロールに移る。

▶ ムーブメント・プレパレーション

ムーブメント・プレパレーションA	第1週	第2週	第3週
フォワードランジ、フォアアーム・トゥ・インステップ	1×5@	1×6@	1×14@
バックワードランジ・ウィズ・ツイスト	1×5@	1×6@	1×14@
カーフストレッチ	1×10@	1×12@	1×14@
ハンドウォーク	1×5	1×6	1×7
インバーテッド・ハムストリングス	1×5@	1×6@	1×14@
ムーブメント・プレパレーションB	第1週	第2週	第3週
ヒップ・クロスオーバー	1×10@ 膝を直角まで曲げる	1×12@ なるべく脚を伸ばす	1×14@ 脚を3/4からまっすぐまで伸ばす
スコーピオン	1×10@	1×12@	1×14@
ラテラルランジ	1×5@	1×6@	1×14@
ドロップランジ	1×5@	1×6@	1×14@
スモウスクワット・トゥ・スタンド	1×5	1×6	1×7
プリハブ：ヒップ：グルトブリッジ（片脚ずつ）	1×10@	1×12@	1×14@

▶ プリハブ

プリハブ：ショルダー	第1週	第2週	第3週
フロア／BB Y	1×10+1ウエイト	1×12+1ウエイト	1×12+1ウエイト
フロア／BB T	1×10+1ウエイト	1×12+1ウエイト	1×12+1ウエイト
フロア／BB W	1×10+1ウエイト	1×12+1ウエイト	1×12+1ウエイト
フロア／BB L	1×10+1ウエイト	1×12+1ウエイト	1×12+1ウエイト
プリハブ：コア	第1週	第2週	第3週
ピラーブリッジ・フロント	2×20秒	2×30秒	2×40秒
ピラーブリッジ・サイド（右・左）上の脚を上げる	2×20秒	2×30秒	2×40秒
ピラーブリッジ・サイド（右・左）下の脚の膝を胸に引き寄せる	2×20秒	2×30秒	2×40秒

▶ 弾 性

弾性 A	第1週	第2週	第3週
ワン・レッグ・オーバー・ザ・ライン	2×5秒	2×7秒	2×7秒
ゲットアップ	4回	5回	6回
サイド・トゥ・サイド、ジャンプ・トゥ・スプリント	2×4回ジャンプ(片側ずつ)	3×5回ジャンプ(片側ずつ)	4×6回ジャンプ(片側ずつ)
弾性 B	第1週	第2週	第3週
ラテラルバウンド	2×5@	2×6@	2×7@
スリーハードル・ドリル	3×8秒	4×8秒	4×10秒

▶ESD

種　目	合計回数	ウォームアップ	ワーク	リカバリー
8　乳酸系能力向上	15分/4回/2セット	3分/ゾーン1	30秒/ゾーン3	1分/ゾーン1
9　乳酸系能力向上	15分／4回	3分/ゾーン1	1分/ゾーン3	2分/ゾーン1
3　有酸素系／回復	－	－	30+分/ゾーン1	－

▶リジェネレーション

種　目	第1週	第2週	第3週
フォーム：ハムストリングス	1×8@	1×10@	1×12@
フォーム：ITバンド	1×8@	1×10@	1×12@
フォーム：クワッド、グロイン	1×8@	1×10@	1×12@
フォーム：グルト	1×8	1×10	1×12
フォーム：バック、ラット	1×8@	1×10@	1×12@
AISロープストレッチ：カーフ	1×8@	1×10@	1×12@
AISロープストレッチ：ハムストリングス	1×8@	1×10@	1×12@
AISロープストレッチまたはスタティック:ITバンド、グルト	1×8@	1×10@	1×12@
AISロープストレッチ：アダクター	1×8@	1×10@	1×12@
AISロープストレッチまたはスタティック:クワッド、ヒップ	1×8@	1×10@	1×12@
AISショルダー（サイドライイング）	1×8@	1×10@	1×12@
AISロープストレッチ：トライセップス	1×8@	1×10@	1×12@
AIS 90-90ストレッチ	1×8@	1×10@	1×12@
AISクワドラプト・ロッキング	1×8	1×10	1×12

注：時間がない場合は、AISロープストレッチから自分に特に必要と思われる種目を4種目選んで行う。

●コア・ワークアウト／フェイズ4：混合プログラム《第10〜第12週、第13週は次への準備！》
対象：中級者、上級者
ゴール：スピード、パワー、筋力の質を向上させる

▶週間スケジュール

月曜日	火曜日	水曜日
ムーブメント・プレパレーションA　6分 弾性A　10分 プリハブ：ショルダー　5分 ストレングスA　25分 ESD10　11分 所要時間：計57分	ムーブメント・プレパレーションB　6分 弾性B　10分 ストレングスB　30分 ESD11　15分 所要時間：計61分	ESD 3　30分 プリハブ：コア　5分 リジェネレーション：フォーム　8分 リジェネレーション：AIS　10分 所要時間：計53分
木曜日	金曜日	土曜日
ムーブメント・プレパレーションA　6分 弾性A　10分 プリハブ：ショルダー　5分 ストレングスA　25分 ESD10　11分 所要時間：計57分	ムーブメント・プレパレーションB　6分 弾性B　10分 ストレングスB　30分 ESD11　15分 所要時間：計61分	ESD 3　30分 プリハブ：コア　5分 リジェネレーション：フォーム　8分 リジェネレーション：AIS　10分 所要時間：計53分

▶ **ストレングス**：スーパーセット間のレスト30秒、テンポ30X(爆発的に)、可動域全体にわたって動かし、30Xのテンポを忘れずに！

ストレングスA		月曜日	木曜日	月曜日	木曜日	月曜日	木曜日
スーパーセット							
ベンチプレス＋BB・プッシュアップ	セット1	6＋5	8＋5	6＋5	8＋5	6＋5	8＋5
	セット2	4＋5	6＋5	4＋5	6＋5	4＋5	6＋5
	セット3	2＋5	4＋5	2＋5	4＋5	2＋5	4＋5
スプリットスクワット＋スプリットジャンプ	セット1	6＋3	8＋3	6＋3	8＋3	6＋3	8＋3
	セット2	4＋3	6＋3	4＋3	6＋3	4＋3	6＋3
	セット3	2＋3	4＋3	2＋3	4＋3	2＋3	4＋3
スーパーセット							
ニーリング／ケーブル・リフティング	セット1	6@	8@	5@	7@	4@	6@
	セット2	6@	8@	5@	7@	4@	6@
フロントスクワット・トゥ・プレス	セット1	6	8	5	7	4	6
	セット2	6	8	5	7	4	6
DB・プルオーバー・エクステンション	セット1	10	10	8	8	6	6
	セット2	10	10	8	8	6	6

ストレングスB		火曜日	金曜日	火曜日	金曜日	火曜日	金曜日
スーパーセット							
ケーブル・ワンアーム・ローテーショナル・ロウ	セット1	8@	8@	6@	6@	6@	6@
	セット2	8@	8@	6@	6@	6@	6@
BB・ロシアンツイスト	セット1	12	12	15	15	18	18
	セット2	12	12	15	15	18	18
スーパーセット							
ワンアーム・ワンレッグ・DB・ロウ	セット1	6@	8@	5@	7@	4@	6@
	セット2	6@	8@	5@	7@	4@	6@
BB（うつ伏せ）・ニータック（片脚ずつ）	セット1	8@	8@	10@	10@	12@	12@
	セット2	8@	8@	10@	10@	12@	12@
スーパーセット							
ルーマニアン・デッドリフト（片脚ずつ）	セット1	6	6	8	8	10	10
	セット2	6	6	8	8	10	10
BB・リバースクランチ	セット1	12	12	15	15	18	18
	セット2	12	12	15	15	18	18
スーパーセット							
ケーブル・チョッピング	セット1	8	8	6	6	4	4
	セット2	8	8	6	6	4	4
DB・カール・トゥ・プレス	セット1	6	6	5	5	4	4
	セット2	6	6	5	5	4	4

▶ ムーブメント・プレパレーション

ムーブメント・プレパレーションA	第1週	第2週	第3週
フォワードランジ、フォアアーム・トゥ・インステップ	1×5@	1×6@	1×14@
バックワードランジ・ウィズ・ツイスト	1×5@	1×6@	1×14@
カーフストレッチ	1×10@	1×12@	1×14@
ハンドウォーク	1×5	1×6	1×7
インバーテッド・ハムストリングス	1×5@	1×6@	1×14@
ムーブメント・プレパレーションB	第1週	第2週	第3週
ヒップ・クロスオーバー	1×10@ 膝を直角まで曲げる	1×12@ なるべく脚を伸ばす	1×14@ 脚を3/4からまっすぐまで伸ばす
スコルピオン	1×10@	1×12@	1×14@
ラテラルランジ	1×5@	1×6@	1×14@
ドロップランジ	1×5@	1×6@	1×14@
スモウスクワット・トゥ・スタンド	1×5	1×6	1×7
プリハブ：ヒップ：グルト・ブリッジ（片脚ずつ）	1×10@	1×12@	1×14@

▶ プリハブ

プリハブ：ショルダー	第1週	第2週	第3週
フロア／BB Y	1×10+1 ウエイト	1×12+1 ウエイト	1×12+1 ウエイト
フロア／BB T	1×10+1 ウエイト	1×12+1 ウエイト	1×12+1 ウエイト
フロア／BB W	1×10+1 ウエイト	1×12+1 ウエイト	1×12+1 ウエイト
フロア／BB L	1×10+1 ウエイト	1×12+1 ウエイト	1×12+1 ウエイト
プリハブ：コア	第1週	第2週	第3週
ピラーブリッジ・フロント（右腕・左脚、左腕・右脚）	2-3×20秒	2-3×30秒	2-3×40秒
ピラーブリッジ・サイド、ライト・アンド・レフト（外転）	2-3×20秒	2-3×30秒	2-3×40秒
ピラーブリッジ・サイド、ライト・アンド・レフト（内転）	2-3×20秒	2-3×30秒	2-3×40秒

▶ 弾性

弾性 A	第1週	第2週	第3週
リアクティブ・ステップアップ	2×5@	2×6@	2×6@
サイド・トゥ・サイド、ジャンプ・トゥ・スプリント	4×6回ジャンプ（片側ずつ）	4×5回ジャンプ（片側ずつ）	4×6回ジャンプ（片側ずつ）
弾性 B	第1週	第2週	第3週
ラテラルバウンド	2×6@	2×7@	2×8@
スリーハードル・ドリル	3×8秒	4×8秒	4×10秒

▶ ESD

種目	合計回数	ウォームアップ	ワーク	リカバリー
10 乳酸系パワー	11分／10回	3分／ゾーン1	15秒／ゾーン3	30秒／ゾーン1
11 乳酸系能力向上	15分／4回	3分／ゾーン1	1.5分／ゾーン3	1.5分／ゾーン1
3 有酸素系／回復	―	―	30分+／ゾーン1	―

▶ リジェネレーション

種目	第1週	第2週	第3週
フォーム：ハムストリングス	1×8@	1×10@	1×12@
フォーム：ITバンド	1×8@	1×10@	1×12@
フォーム：クワッド、グロイン	1×8@	1×10@	1×12@
フォーム：グルト	1×8	1×10	1×12
フォーム：バック、ラット	1×8@	1×10@	1×12@
AIS ロープストレッチ：カーフ	1×8@	1×10@	1×12@
AIS ロープストレッチ：ハムストリングス	1×8@	1×10@	1×12@
AIS ロープストレッチまたはスタティック：ITバンド、グルト	1×8@	1×10@	1×12@
AIS ロープストレッチ：アダクター	1×8@	1×10@	1×12@
AIS ロープストレッチまたはスタティック：クワッド、ヒップ	1×8@	1×10@	1×12@
AIS ショルダー（サイドライイング）	1×8@	1×10@	1×12@
AIS ロープストレッチ：トライセップス	1×8@	1×10@	1×12@
AIS 90-90ストレッチ	1×8@	1×10@	1×12@
AIS クワドラプト・ロッキング	1×8	1×10	1×12

注：時間がない場合は、AISロープストレッチから自分に特に必要と思われる種目を4種目選んで行う。

●コア・ワークアウト／短縮版：家庭や、出張のときに
◆時間がないとき

所要時間		
	床の上にタオルを敷く 他にタオルをたたんでエクササイズに使う 部屋の中に邪魔のないエリアをつくる	
5分	ムーブメント・プレパレーション（モビリティ）	
	ヒップ・クロスオーバー	3＠
	ハンドウォーク	3
	フォワードランジ、フォアアーム・トゥ・インステップ	3＠
	バックワードランジ・ウィズ・ツイスト	3＠
	ラテラルランジ	3＠
	ドロップランジ	3＠
5分	プリハブ	
	ショルダー：フロア／BB Y、T、W、L	1－2×8－15
	ヒップ：グルトブリッジ	1－2×8－15
	コア：ピラーブリッジ・フロント	1－2×8－15
	コア：ピラーブリッジ・サイド（片側ずつ）	1－2×8－15＠
5分	弾 性	
	ベース・サイド・トゥ・サイド	1－2×5－10秒
	ベースローテーション	1－2×5－10秒
	ワン・レッグ・オーバー・ザ・ライン	1－2×5－10秒
	スクワットジャンプ	1－3×4－6
	プライオ・プッシュアップ	1－3×4－6
5分	ストレングス	
	フロア／BB・プッシュアップ・プラス	1－3×8－30$^+$
	スプリットスクワット、ランジ	1－3×8－30$^+$＠
0分	ESD	
	今日は階段を使おう 賢く食べて、意志を強固に	
0分	リジェネレーション	
	もしできるなら、1日の終わりに ロープ 水浴：シャワー、風呂、プール	

◆**少し時間があるとき**

所要時間		
7分	ムーブメント・プレパレーション（モビリティ）	
	ヒップ・クロスオーバー	5@
	ハンドウォーク	5
	フォワードランジ、フォアアーム・トゥ・インステップ	5@
	バックワードランジ・ウィズ・ツイスト	5@
	ラテラルランジ	5@
	ドロップランジ	5@
5−10分	プリハブ	
	ショルダー：フロア／BB Y、T、W、L	1−2×8−15
	ヒップ：グルトブリッジ	1−2×8−15
	コア：ピラーブリッジ・フロント	1−2×8−15
	コア：ピラーブリッジ・サイド（片側ずつ）	1−2×8−15@
7−12分	弾 性	
	ベース・サイド・トゥ・サイド	1−2×5−10秒
	ベースローテーション	1−2×5−10秒
	ワン・レッグ・オーバー・ザ・ライン	1−2×5−10秒
	スプリットジャンプ	1−3×3−4
	リアクティブ・ステップアップ（階段を利用）	1−3×4−6@
	プライオ・プッシュアップ	1−3×4−6
10分	ストレングス	
	フロア／BB・プッシュアップ・プラス	1−3×4−30
	フロア／BB・レッグカール	1−3×4−12
	スプリットスクワット、ランジ	1−3×4−15@
6−20分	ESD	
	2〜3階分の階段を上る	初級者 10
		中級者 15
		上級者 20＋
	下りるときはエレベーターを使う	
0分	リジェネレーション	
	もしできるなら、1日の終わりに	
	ロープ	
	水浴：シャワー、風呂、プール	

◆家庭やホテルのジムで、十分時間があるとき

所要時間		
7分	ムーブメント・プレパレーション（モビリティ）	
	ヒップ・クロスオーバー	5＠
	ハンドウォーク	5
	フォワードランジ、フォアアーム・トゥ・インステップ	5＠
	バックワードランジ・ウィズ・ツイスト	5＠
	ラテラルランジ	5＠
	ドロップランジ	5＠
5－10分	プリハブ	
	ショルダー：フロア／BB Y、T、W、L	1×8－15
	ヒップ：グルトブリッジ	1×8－15
	コア：ピラーブリッジ・フロント	1×8－15
	コア：ピラーブリッジ・サイド（片側ずつ）	1×8－15＠
7－12分	弾 性	
	ベース・サイド・トゥ・サイド	1－2×5－10秒
	ベースローテーション	1－2×5－10秒
	ワン・レッグ・オーバーザ・ライン	1－2×5－10秒
	スプリットジャンプ	1－3×3－4
	リアクティブ・ステップアップ	1－3×4－6＠
	プライオ・プッシュアップ	1×3－10
10－25分	ストレングスサーキット	
	ベンチプレス（バーベルまたはDB）	1－3×4－15
	ワンアーム・ワンレッグ・DB・ロウ	1－3×4－15＠
	スプリットスクワット／ランジ	1－3×4－15＠
	ルーマニアン・デッドリフト	1－3×4－15
	DB・プルオーバー・エクステンション	1－3×4－15
	DB・カール＋DB・フロントスクワット・トゥ・プレス*	1－3×4－15
	または10分集中ストレングス	
	DB・カール＋DB・フロントスクワット・トゥ・プレス*	1－3×6－15
	ルーマニアン・デッドリフト（DB）	1－3×6－15
	ESD（レベル4～9から自分に合わせて選ぶ）	
	トレッドミル（傾斜をつけて）、またはバイク	10－20分
	階段を走って上る	10－20分
	（1段ごと、2段ごと、または3段ごと）	
	スタート地点まで横向きで下りる	10－20分

注：午前中にワークアウトをするときは、トレーニング前にドリンクやスナックを摂り、また終わってからシェイクの時間を摂るようにする。

* DB・カール、フロント・スクワット・トゥ・プレスの2つのエクササイズが組み合わされている。重いウエイトを使ってカールを行い、それからフロント・スクワット・トゥ・プレスをし、ウエイトを肩まで、それから腰まで下ろし、そこから再度DB・カールを始める。

●飛行機に乗る前に
・ムーブメント・プレパレーションとプリハブ（ショートバージョン）をしよう。
・搭乗の数時間前からたくさん水を飲んでおくこと。
・抗酸化複合剤とビタミンCを摂ること。
・できるだけ休養をとっておくこと。
・機内で睡眠をとる場合には、搭乗前に抗酸化物質の多い高炭水化物を摂り、十分に水分を摂ること。眠りにつきやすくなる。
・搭乗したら、目的地の現地時間に時計を合わせておこう。

●飛行中
・15分ごとに120mlの水を飲もう。
・着陸したら　ムーブメント・プレパレーションとプリハブ（AISロープストレッチ）をしよう。
・手をたびたび洗うこと。
・立ち上がって股関節の屈筋群、ハムストリングス、広背筋、内転筋、胸のストレッチをしよう。
・セルフマッサージをしよう。
・ミールリプレイスメントバーやジャーキー、ナッツ、果物など、自分用の食べ物を持っていこう。
・シェイカーボトルやビタミンを忘れないように。
・腰に枕を入れたりはずしたりしよう。

●飛行機を降りたら
・機中で睡眠をとったら、到着地の現地時間を意識して目を覚まそう。
・水と抗酸化複合剤を摂ること。
・高たんぱくの食事を摂ろう。意識を覚醒させてくれる。
・日光を浴びて、体内時計を調整しよう。
・手を洗い、顔には触らないようにしよう。
・ムーブメント・プレパレーションとプリハブ（ショートバージョンとAISロープストレッチ）をしよう。

●旅行とサプリメント
・食物繊維、グルタミンなどを、封のできるプラスチックバッグに入れる。
・食物繊維にたんぱく質を混ぜ込む。
・スナックバッグにビタミンも入れよう。
・これらをスプーンと一緒にシェイカーボトルに入れる。
・ミールリプレイスメントバーやジャーキー、ナッツ、水など、好きなものを持ち込み手荷物に入れておこう。
・歯ブラシとウエットティッシュは免疫システムを守るのに役立つ。

■ 12週間のコア・ワークアウトプログラムが終わったら

　この本の重要な目的のひとつに、ボディビルディングやジョギング、ヨガなど、誰もが試したことのある運動のもつ一面的な利点を得るだけではなく、フィットネスのさまざまな要素を向上させ、運動することを好きになってもらうことがある。そして、12週間のコア・ワークアウトを成功裡に終了させてもらいたいのだ。

　終了後に「では、その次は？」という避けられない質問が出てくるだろう。

　そこで、何はともあれ、真剣なエクササイズから1週間ほど遠ざかり、身体が完全に回復する時間をとってほしい。身体のあちこちが多少痛んで気になったりすることは誰にでも起こり得ることであり、それらもすっかり治してしまおう。

　次に、自分のゴールや計画を再検討し、それに沿ったトレーニング内容に焦点をあて直してみよう。もう少し筋肉を大きくしたいというのであれば、より重いものを少数回繰り返し、セット間の休みを長くする。あるいは、脂肪をもっと落としたいのであればセット数を増やし、セット間の休みを短くする、といった具合だ。

　ゴールがどんなものであるにしろ、ゴールに応じた調整をコア・ワークアウトに加え、それを繰り返し実行していけば、結果を出すことができる。2巡目以降は慣らし運転の必要はないのだから、フェイズ2からスタートすればよい。

　プログラムの中身を自分でいくつか入れ替えてもよいだろう。セット数を増やしたり、レップ数の変化のさせ方を工夫したりしてみてもよい。自分のゴールに近づくための工夫をしてほしい。

　忘れないでほしいのは、ムーブメント・プレパレーション、プリハブ、バランスボール・エクササイズ、弾性、ストレングス、エネルギー供給システムの開発、そしてリジェネレーションという7つの要素を組み合わせるということだ。トレーニングプログラムのプランをコピーして、変更点を書き込んで自分用のプランをつくり、再びそれらを実行してほしい。

PART 3

コア・ニュートリションプラン

Chapter 13
食事を考える10のポイント

　たいていの人はこれまでに"ダイエット"の経験があるに違いない。それは最近流行のカロリー計算をしたり、炭水化物や脂肪、たんぱく質の摂取に注目したりするダイエット法かもしれない。体重を減らす、あるいはエネルギーを供給してくれるという奇跡のサプリメントの宣伝文句を聞いたことがない人はいないだろう。

　こういったサプリメントの宣伝は、食事内容の貧弱さを補うという根本的な問題を取りあげるのではなく、肥満やエネルギー不足などの症状を取りあげる戦略のようだ。

　しかし、ここで述べるコア・ニュートリションプランは、身体のエネルギーを最大に蓄えつつも、脂肪を減らし、除脂肪体重を増やすもので、まさにお金と時間を節約できるものだ。

　このプランでは、1日に5回から6回、食事やスナックを口にする。つまり2時間半から3時間ごとに何かを食べるということになる。たびたび食べることで、身体は効率よくエネルギーを消費するようになる。それだけでなく、何度にも分けて食べると、食べ過ぎを防ぐことができ、またお腹が空き過ぎるのも防げる。

　なぜ食事内容が貧弱になるかというと、前もってプランを立てていないからだ。そのため、とりあえず何でもありつけるものを食べることになってしまう。どこで何を食べるかを決めることがストレスになるとは、まったく不健康なことだ。そんなとき、ジャンクフードでお茶を濁しているとしたら、問題はどんどん悪化する。そんなことが続くと、脂肪は増え、除脂肪体重は減り、コア・ワークアウトの目的からどんどん遠ざかってしまう。そればかりでなく、外食は高くつき、健康に赤信号を灯す。

　あなたにはここに書かれている他の内容と同じく、ぜひ自分の食事内容についても積極的に取り組んでほしい。私は日曜日ごとに妻と1時

間半かけて翌週全部の食事メニューを立て、買い物をし、準備をする。これは難しいことではなく、楽しく、経済的にも節約できる。

　本章では、よいと思われる食品のショッピングリストをあげ、食料品店の中を案内し、キッチンに戻ってつくる健康でおいしい1週間分の食事をお教えしよう。これで時間とお金を節約し、食事のことでイライラすることもなくなるだろう。

　よい内容の食事ができるということは正しいトレーニングができるのと同様、いくつかのことをきちんと理解し、それを実行するためのプランを立てることができるかにかかわってくる。適切な食事習慣が身につけば、健康的に食べることは難しいことではなく、安上がりで、楽しいことだとわかるだろう。

　日々の食事から、でき得る限りたくさんの栄養素を摂取する方法をお教えしよう。そして、適切なたんぱく質、糖質、脂質、食物繊維、ビタミン類、ミネラル類を摂取することで、チャンピオンを生み出す食事プランも見ていただこう。栄養価的にパワフルな食品の組み合わせとはどんなものか、どのようにエネルギーを最大化させるかについても述べたい。コア・ワークアウトと同様、自らの投資に対し最大の利益を食事でもあげられるようにしてほしい。

　ほとんどの本が糖質とたんぱく質については詳しく触れているが、物事はもっとシンプルにしておこう。猫も杓子も飛びつく流行のダイエットは切り捨てて、科学的に裏づけされたものを見ていく。ここに、栄養について知っておくべき10のポイントをあげておく。

ポイントNo.1
少量を何回も食べよう

　われわれの文化は、ちゃんとした食事を1日に3回、きちんと食べることをすすめている。

　間食やスナックは食べないようにし、夕食から就寝までの間に何か食べるのはもっての外と言われている。これでは3回のちゃんとした食事ごとに食べ過ぎて、お腹がいっぱいになり過ぎたり、食事までの間に空腹になり過ぎて目が回りそうになったり、ベッドに入る前に飢え死にしそうに感じるのは何の不思議もない。

　いままで教わったことは、きれいさっぱり忘れてしまおう。自分の食欲をコントロールし、エネルギー切れにならず、頭脳明晰でいられるように血糖値レベルを一定にし、しっかりした筋肉や骨、臓器などをつくりあげたいと思ったら、少量から中くらいの量の食事やスナックを毎日5回から6回食べなければいけない。つまり、平均して3時間ごとに食べなければならないのだ。1日3回腰をすえて大量に食べるのではなく、常に1日中つまみ食いをしているようなものだ。

　このようにして血糖値を一定にすると、集中力を高め、食欲をコントロールするのに役立つ。この2つができれば、自分の身体をコントロールしやすくなる。血糖値レベルが一定であれば一貫したエネルギーの供給を得ることができ、空腹と満腹、気分の上下を避けることができるので気持ちよく過ごすことができる。

　1日の中で気分や集中力、エネルギーレベルなどは上がったり下がったりするものだ。日々降りかかるストレスだけでなく、血糖値レベルの変化が大いに影響している。血糖値が下がってくると、手近にあるものをとにかく口に入れることになる。たいていの場合、食べないほう

PART 3　第13章　食事を考える10のポイント

がいいもののことが多い。

　しょっちゅう食べるというのは、暖炉に常に薪を放り込んでいるようなものだ。消化作用は身体の代謝機能を活発にし、食べるたびにより多くのカロリーを消費するようになる。頻繁に食べなければ、火はくすぶって消えてしまう。火が盛んに燃えていれば、新たにくべられた薪にも火がつきやすく、続けて燃えていられる。

　これら6回の小さな食事が火を常に燃やしておいてくれるのだ。それほど時間が経たないうちにまた食べられると思えば、食べ過ぎることもない。

　1日6食の習慣は、仕事やライフスタイルにかかわらず取り入れることが可能だ。6回のうち何回かはゆっくり座って食べてもよいが、3回はスナック程度のものなので短い時間で済ませられる。1回か2回はトレーニング前の"1杯"のジュースだったり、ホエイ（乳清）プロテインを混ぜた水だったり、トレーニング後のリカバリーシェイクだったりする。何回も食べるのだから、通常の朝食、昼食、夕食の量はずっと軽くなるはずだ。

　もし頻繁に食べることをしなければ、身体にとって一番手近で利用可能な食べ物は"筋肉"になる。「身体が最初に利用するのは脂肪だ」という誤解があるようだが、身体は脂肪を最後の最後まで保存しておこうとし、まず筋肉から利用し始めるのだ。

　たくさんの人が食べないでやせようとする。そうすると、身体から栄養素が奪われ、一見健康そうに見えても血液組成は危険な状態になり、筋肉より脂肪の割合が高くなっていく。「スキニーファット」、すなわちやせ肥満の状態になっていく。

　一番避けたいことは、筋肉や骨、臓器など身体の脂肪を除いた組成分である除脂肪組織（リーン・ボディ・マス）を失うことだ。コア・ワークアウトでは、パワーを生み出し、関節を保持し、動きを行う、まさに除脂肪体重として測定される除脂肪組織を一生懸命努力してつくりあげることを目的とする。運動選手は言うに及ばず、一生を通して誰にとっても満足できるパフォーマンスのためには不可欠のものであり、年をとるにつれて放っておけば1年ごとに500gの除脂肪組織が失われるという。それを防ぐためには行動に移さなくてはいけない。

　まず、こまめに食べること。それが次のポイントにつながる。

ポイントNo.2
タイミングがすべて

　忙しいスケジュールのことを考えると、「1日6回の食事など不可能だ」と思うかもしれない。しかし、ちゃんと計画を立てられれば、何を食べるか迷っている時間をまず省けるし、予定がわかっていれば、お腹が空き過ぎて目の前にあるものをとりあえず食べてしまうこともなくなるだろう。

　ここにあげるのは、どの時間にトレーニングをするか——朝にするか、昼休みか、仕事が終わってからか——によって立てられた6食プランのつくり方だ。加えていくつかのおすすめメニューと、夕方からスポーツの試合などに参加するときのプランもあげておく。

　これらのプランを見ると大量に食べるように感じるかもしれないが、食べる分量を少なくすればそんなことにはならない。食べ過ぎを防ぎ、健康な代謝を保つ一番の方法は、食べ物の分量に気をつけることだ。少量を回数多く食べることで、きちんと消化が行われ、食品からすべて

の栄養素を摂ることができる。

便利な目安として、魚や肉は1組のトランプの大きさくらいに、米やパスタなどでんぷん質の食品は握りこぶし程度の量にとどめることだ。野菜類はいくら食べてもよい。

ほとんどの人は夜7時くらいに夕食を食べた後、翌日の朝食まで何も食べないことが多い。ということは12時間近く何も口にしないということになる。朝食を食べない人なら、それ以上だ。この間、身体は栄養を求めて筋肉に手を出している。それを防ぐために、これらのプランでは何も口にしない時間を8〜10時間にとどめるようになっている。最後のスナックを夜10時頃に食べ、朝食が翌朝6時頃だとすれば、十分な睡眠をとりつつ何も口にしない時間を最少にできる。適切なスナックについては、後で述べよう。

特にトレーニングしているときには、身体に"断食"はさせたくない。にもかかわらず、たくさんの人が、朝一番、胃を空っぽにしたままトレーニングに励んでいる。間違わないでほしい。1日をトレーニングでスタートさせるのは素晴らしいことだ。実際、私にしても朝しかトレーニングする時間はない。しかし、トレーニング前に何か、たとえリンゴ半分でも、トレーニング前のドリンクでもいいので何か食べよ

仕事や学校へ行く前にトレーニングする人のためのプラン		
06:15	トレーニング前の「ドリンク」	
06:30〜07:30	トレーニング	
07:30	1回目の食事（朝食：卵の白身を使ったオムレツ、野菜か果物とオートミール）	
10:30	2回目の食事（シェイクかスナック）	
13:30	3回目の食事（昼食：ツナ、セロリやレタス、トマトのノンファットマヨネーズサラダ、ライ麦パン）	
16:00〜16:30	4回目の食事（シェイクかスナック）	
19:00〜19:30	5回目の食事（夕食：サーモンのグリル、野菜とクスクス）	
22:00〜22:30	6回目の食事（シェイクかスナック）	

昼休みにトレーニングする人のためのプラン		
07:00	1回目の食事（朝食：オートミールと少量の調理済み肉）	
10:00	2回目の食事（シェイクかスナック）	
11:45	トレーニング前の「ドリンク」	
12:00〜13:00	トレーニング	
13:00	3回目の食事（昼食：鶏胸肉、サワードゥー（サワー種のパン）かライ麦パン、野菜、果物）	
16:00	4回目の食事（シェイクかスナック）	
19:00	5回目の食事（夕食：赤身の牛肉、ブラウンライス（玄米）、野菜）	
22:00	6回目の食事（シェイクかスナック）	

う。ホエイプロテインを加えたオレンジジュースでもいいし、ホエイプロテインを溶かした水でもいい。緑茶と低カロリーのミールバーのようなものでもいい。一番便利なのは、150ｇのたんぱく質と4ｇの糖質、3ｇの脂質が含まれた、EASの「アドバンテッジ・カーボコントロール・シェイク」だろう。

ホエイは身体のシステムに素早く吸収される。これはトレーニング前、あるいは直前に摂る場合に特に重要なことになる。これらの食事プランではプロテインに富むシェイクを1日に3回まで摂っても構わないが、必ず飲まなければならないということではない。おすすめのドリンクは、EASの「マイヨプレックス・デラックス・ローカーボ」やジェネラル・ニュートリション・センターの「メガ・MRP」、Met-Rxの「トータル・ニュートリション・ドリンクミックス」だ。

これらのドリンクはトレーニングからの回復を促進し、除脂肪組織をつくり、25種類のビタミン類やミネラルの1日の所要量の40〜100％を1回で摂れる。スプーン1杯か1袋のパウダーをフタのある容器やブレンダーに入れて水と混ぜるだけで、簡単ですぐにできるので持ち運びがラクな便利なスナックだ。

これらを1日3回摂取しようとがんばる人たちもいるが、すぐに飽きてしまうようなので、シェイクはトレーニングの直前か直後の1回しかプランに入れていない。

理想を言えば、こういうシェイクはトレーニ

仕事の後にトレーニングする人のためのプラン

07:00	1回目の食事（朝食：シリアル、ブルーベリー）
10:00	2回目の食事（シェイクかスナック）
13:00	3回目の食事（昼食：鶏胸肉、ホウレン草かレタス、少量のナッツをまぶして、オリーブオイルのドレッシング）
16:00	4回目の食事（シェイクかスナック）
17:30〜18:30	トレーニング
18:30	5回目の食事（夕食：豚肉のソテー、ブラウンライス、野菜）
21:30	6回目の食事（シェイクかスナック）

夕方にゲームがある人のためのプラン

07:00	1回目の食事（朝食：フラックスシードオイルを加えたローファット・ローシュガーヨーグルト、オートミール）
10:00	2回目の食事（シェイクかスナック）
13:00	3回目の食事（昼食：ターキー、サワードゥーかライ麦パン、野菜、果物）
16:00	4回目の食事（シェイクかスナック）
18:00	5回目の食事（夕食：メカジキのグリル、野菜）
19:00	ゲーム、競技会
21:00〜21:30	6回目の食事（トレーニング後のシェイクかフラックスシードオイルを加えたスナック）

■ ホエイの使い方

　1日に少なくとも1回はホエイプロテインを摂ってほしい。ホエイ（Whey、発音はWayと同じ）はチーズの副産物としてつくられる。たくさんの必須アミノ酸を含み、免疫システムを活性化し、総合的に健康を増進させる。
　このプランではトレーニング後の回復シェイクとしているが、その他にもう1回摂るとよい。本来は液体だが、粉末にしていろいろなフレーバーをつけたものが売られている。オートミールに振りかけたり、牛乳や水ジュースに混ぜたりしてもおいしい。

ングのすぐ後に摂ってほしい。トレーニング直後は、身体の細胞は口を開けて栄養がやってくるのを待っている。そのときにシェイクを摂ることで、回復過程を促進し、筋肉の成長を最大にすることができる。

　ほとんどの人が朝か昼休み、または仕事を終えてからトレーニングするのだから、例にあげた6食プランを実行し、トレーニング前のドリンクを飲むのはそれほど難しくないだろう。近年の研究によると、ホエイプロテインドリンクは、トレーニング後に飲む従来のリカバリードリンクと同じか、それ以上に効果があるということだ。トレーニング前のドリンクは、筋肉が必要とする栄養素を必要とされる最初の時点から血中に用意してくれることになる。筋肉に回復をフライングスタートさせるようなものだ。トレーニングしている選手たちは、糖質―たんぱく質タイプのドリンクから最もよい効果を得られる。もし体重コントロールが必要であれば、トレーニング前のドリンクはたんぱく質を摂るようにして、糖質は最低限にしておくといい。
　別の研究では、トレーニング前のドリンクを摂っていれば、トレーニング後45分から1時間は食事をしなくてもいいとしている。身体が次の摂取を待っている間にカロリーが消費され、減量されるそうだ。
　トレーニング前のドリンクやトレーニング後の回復シェイクに、次のパワフルな3種類のアミノ酸を茶さじ1杯ずつ加えるのもいい。グルタミンは身体の免疫と消化のシステムを支え、タウリンは脂質の消化を助け、ルチンは除脂肪組織をつくるのに役立つ。
　1日の最後の夜10時のスナックやシェイクは高たんぱくのものを含むようにしよう。それが除脂肪組織をつくってくれる。食物繊維と不飽和脂肪酸に富んだ食品（魚やフラックスシードオイルなど）も加えるといい。
　プロテインシェイクや高たんぱくのミールバーはとても便利だ。果物を食べるのもよいだろう。果物は抗酸化成分が豊富で、リジェネレーションのプロセスを直ちに開始してくれる。茶さじ1杯のフラックスシードオイル（亜麻仁油）を加えたプロテインドリンクとひとつかみのブルーベリーは理想的な寝る前のスナックとなる。
　それぞれが異なる生活をしており、どんな人にもあてはまる魔法のプランをつくることなどはできっこない。しかし、大事なことの優先順

位がわかっていれば——何回にも分けて食べる、トレーニング前のドリンクまたはトレーニング後の回復シェイクを摂る——、自分の1日の食事プランを立てることができるはずだ。

●

私と妻が見つけ出した最良の方法は、翌週全部の買い物を日曜日にしていまい、便利でおいしい食べ物をできる限りたくさんつくり、冷蔵庫に入れてしまう。これで翌週の食事がすべてまかなえるわけではないが、その週、正しく食事をするためのよいスタートとなる。ほとんどのランチがこれで足りるし、バランスのとれた、すぐに食べられるものがあるというのは帰宅が遅くなったときなどに役に立つ。

面倒なことをなるべくしたくない人は、たくさんの鶏肉や魚、脂肪のない赤身の肉を日曜日にグリルして、中がいくつかに仕切られたプラスチック容器にそれぞれ入れておくのだ。別の仕切りに野菜やサラダなども入れておく。これでランチは心配ない。家に帰れば夕食もほとんどできている。野菜を多少蒸す程度でいいのだから。

このように準備すると、お金の節約にもなる。ひどい空腹にせきたてられて、血糖値が下がった状態でもう身体に悪かろうが何だろうが、とにかく何か食べようという事態に陥りにくくなる。こんなときは、高価なレストランか、テイクアウトまたはファーストフードに飛びつくことになる。こういった食事は知らないうちに積み重なっていくものだ。

日曜日はトレーニングも休みになるので食事も自由にしていい。大きなピザをのみ込み、半ダースのビールを飲み干し、アップルパイを食べろと言っているのではないが、好きなものを好きに食べてかまわない。1週間がんばってトレーニングしたのだから、リラックスして構わない。そうすることで、心理的にもよい効果も得られる。自分の好きな食べ物を完全に放棄しなくていいということを実感させてくれる。また、カロリー摂取を制限して減量している場合など、生理学的にも低下した代謝機能を活性化させることになる。

健康的な食べ物だけを1週間に42回（1日6食で7日間）食べるというのは現実的なことではない。だから、日曜日はオフの日にしよう。「アスリーツ・パフォーマンス」でトレーニングする規律正しく決意も堅いプロの選手たちでさえ、時には気ままに好きなことをすることもあるのだ。

●

食事のプランを立てるときに、糖質やたんぱく質、脂質の役割を考慮するのは非常に重要なことだ。最善のパフォーマンスのためには、一般に信じられていることとは違って、これらすべてが食事に含まれていなければいけない。

糖質は、それぞれの活動量に応じて量を調節しなければならないが、私たちにとっての燃料である。もし、満タンにした車で10kmも走らないうちにまた給油しようとしたら、タンクから溢れてしまう。車にはしないことなのに、自分の身体にはガソリンを入れ過ぎて、余計な脂肪をつくっていることに気づいていない人がたくさんいるのだ。

通常、運動レベルが高ければ高いほど多くの糖質を消費する。ほとんどの人は日中に活動量が多いので、1日の糖質の摂取は1日の初めに行ったほうがいいというのはうなずけるだろう。糖質を代謝してエネルギーとして筋肉に供給するグルコース耐性は同様の時間帯に高まる。

■ 悪魔のカーボ

　1980年代のアメリカでは、「ローファット」「ノンファット」は国民的な強迫観念となった。誰もが脂肪を目の敵にしたので、食品製造者は製品からすべての脂肪を取り除こうとした。しかし、それにもかかわらず食品をおいしくするために高フルクトース・コーンシロップを注ぎ込んで、脂肪がつくり出していた"おいしさ"を残そうとした。少なくなった脂肪とつけ加えられた糖分は、前にも増して食品をグリセミックインデックスの高いものにし、糖の血中濃度を急上昇させたり急降下させたりして、身体がもっとグリセミックインデックスの高い食べ物をほしがるようにしてしまった。

　その結果身体は、食欲や血糖値レベルをコントロールするために必要なものを食べる代わりに、高い血糖濃度を維持するためによりグリセミックインデックスの高い食品を食べるという悪循環に陥ったのだった。

　アメリカ臨床栄養学の研究によると、高フルクトース・コーンシロップの摂取は国民平均で1970年には225ｇ程度だったものが、1997年には平均28kg（！）もの消費をしているという。

　不幸なことに、この甘味料はソフトドリンクからバーベキューソース、ケチャップから缶詰のスープやジュースまで、あらゆる食品に加えられている。ここ30年で肥満の割合がうなぎのぼりとなったのは当然のことだ。

　少量の高フルクトース・コーンシロップの使用は悪いわけではない。しかし、食品のラベルを見るとわかるように、その量は半端ではない。もし食品の原料リストの最初か２番目にあげられていたら、ラベルの栄養成分表も見てみよう。もし１食分８ｇ以上の糖を摂ることになるようだったら、別の製品か、別のもっと健康的なものを選ぶようにしよう。基本的には高フルクトース・コーンシロップが含まれている食品は敬遠したほうがいい。

　毎回の食事には、食物繊維に富み栄養素の密度も濃い野菜と果物を摂るようにしよう。

　私はよく「虹を食べよう」と言う。これは野菜や果物の鮮やかな色合いを表すだけでなく、毎日６回（訳者注：アメリカでは虹は６色とされている）の食事を摂ることも表している。

　皿の上に食物繊維に富んだたくさんのカラフルな野菜と、トランプ１組くらいの大きさの肉か魚、握りこぶしの大きさかそれよりも小さい分量のライスかパスタ、それにサーモンやオリーブオイルのようなよい脂質が乗っていれば文句ない。脂質については後で詳しく述べよう。

ポイントNo.3
すべての糖質（カーボ）は平等につくられていない

　グリセミックインデックスは、ある食べ物がどれくらい早く血糖値レベルを上昇させるかを知るのに大変便利だ。もし100kcalの綿菓子を食べれば、口に入れたとたんに溶けて直ちに吸収され、あっという間に血糖値を急上昇させる。子どもにこんな食べ物を食べさせれば、はしゃぎまくってしまうだろう。大人でさえ力がみな

■ ファイバーについて

できるだけたくさんの食物繊維を摂るようにしよう。食物繊維は消化機能を改善し、糖の血中濃度を適正に保ち、長い目で見ると心臓や血管など、循環器の健康を増進してくれる。オートミールや緑色の葉物類（瓶詰めでも）に多く含まれる。食事に振りかければ、栄養的な価値を高めることができる。ほとんどの場合、食物繊維は炭水化物に含まれていて総合的な健康に大きく寄与しているので、ローカーボダイエットをしている人は自らこの大切な栄養素を奪ってしまっていることになる。

ぎってくる。

しかし、この状態はすぐに終わり、かえってくたびれてしまい、身体はもっと砂糖をほしがるようになる。綿菓子が高いグリセミックインデックスをもつことは想像に難くない。

一方、100kcalのブロッコリーを食べたとすると、消化し血糖を供給するまでにずっと長い時間がかかる。しっかりかまなければならないし、そうすることが消化に必要な酵素を分泌するのを助ける。長々と時間がかかるが、それにもいいことがある。ゆっくりと時間をかけて血液に糖分が入っていき、食物繊維が消化器官を移動するスピードを緩める。そのためグリセミックインデックスは低くなる。

トレーニング直後を除いては、なるべく中程度以下のグリセミックインデックスの食べ物を摂りたいものだ。ただし、1つの食品だけを食べるわけではないから、皿の上に乗っている食べ物全部の身体全体へのグリセミック反応を考えなければならない。グリセミックインデックスの高い食べ物とグリセミックインデックスの低いものが乗っていれば、全体としてのグリセミック反応は中程度のものになり、OKだ。

もうひとつ考えなければいけないのが、グリセミックロードだ。これは食べ物のグリセミックインデックス値に1／100を乗じ、その値に食品の1食分のカロリー数を乗じて算出する。この計算をする必要はないが、グリセミックインデックスの高い食べ物をたくさん食べれば食べるほど、グリセミックロードはどんどん大きくなることは覚えておいてほしい。

例えば、オレンジジュースはとてもグリセミック的な食品だ。急激に血糖値を押し上げる。

小さなグラスに入ったオレンジジュースのグリセミックロードは小さく、大きなグラスに入っていればグリセミックロードは大きくなる。グリセミックロードを抑えるためには水で割るのもいい。

1人ひとりのグリセミック反応はそれぞれ異なり、あなたの反応は私の反応とは違ってくる。大切なことは、いろいろな食品があなたの血中糖分の変化に及ぼす影響に気をつけて、特別な反応を引き起こすものはメモしておくことだ。

一般的に、食品の加工の度合いが低ければ低いほど、グリセミックインデックスは低い。そういった食品を消化するには時間がかかり、血中に徐々に糖が放出されることになる。これは血糖値を一定に保つためにもありがたいことだ。なるべく自然な、色の濃い繊維質の食品を選ぶようにしよう。これらは食欲をコントロー

■ 足・虹・ワイン

　野球選手のノマー・ガルシアパーラやルー・メルローニは、もう10年近く私とトレーニングをしてきていて、私の口ぐせをたくさん覚えている。"虹を食べよう""足は少ないほどいい"などだ。彼らはいつもそんな"ルール集"に例外を見つけて議論を吹っかけようとする。

　ある晩、一緒に夕食をとりながら、ノマーは赤ワインのグラスを掲げながら言った。「ワインはぶどうからつくられるんだよな」。ルーはうなずきながら、「いい色をしてる。"赤"は虹の色に入ってるし」。ノマーは老練なワインのテイスターのようにグラスを回しながら、「そのうえ、このワインには足がある」。よいワインを形容するときに、ワインの総合的な芳醇さと力を示す、ワイングラスの内側に細く立ち上って見える筋を指して「足ーlegーをもっている」と言うのだが、「このワインは、僕らのプログラムの一部として合格だな」とルー。私は笑って言った。「僕はワインはあまり飲まないけれど、確かにそうだな。ワインについて言うなら、"足は多いほどいい"ということになるけど」

　たくさんの研究が、適度な赤ワインの摂取は心臓循環器疾患のリスクを軽減するとしている。抗酸化物質のひとつであるレスベラトロールは、高い濃度で赤いぶどうの皮に含まれている。抗酸化物質が豊富なプラムやチェリー、ベリー類などの果汁を使ったワインもある。だから、ワインを飲むことには何がしかの健康的な利点がある。

　「ワインを食事プランに加えたまえ」と言っているのではない。アルコールの消費はそこそこに抑えておいたほうがいいけれど、時々、1杯の、特に赤ワインを飲むのなら、それは「僕らのプログラムの一部として合格だ」と安心していい。

ルし、より多くの栄養素を含み、心肺機能を健康に保つ働きがある。なぜわざわざ"自然な"と断るかというと、綿菓子は実にいろいろな色でつくられているからだ。誤解なきよう、ご用心。

　血糖値をコントロールするということは、ホルモンのひとつであるインスリンをコントロールすることになる。グリセミックインデックスの高い食品ばかり食べてその都度血糖値を上昇させても、すぐに血糖値は下がり、また同じような食品を摂るという悪循環をつくることになる。その結果、体脂肪率は増えて肥満につながり、悪くすれば糖尿病になってしまう。

　運動が決定的に足りないということを差し引いても、近頃の子どもたちがこれほどまでに肥満になるには理由がある。彼らに与えられる食べ物のほとんどが加工しつくされ、糖分が多くグリセミックインデックスの高いものばかりで、血糖値レベルをめちゃめちゃにしながらも栄養的には何の価値もないというシロモノだからだ。子どもたちの貧弱な食事は健康に深刻な影響を与えるだけでなく、注意力を散漫にし、気分が変わりやすく、発達や行動に問題を引き起こしかねない。

●グリセミックインデックスの低い食品の例
　サツマイモ、ヤムイモ、グリーンピース、ブラックビーンズ、オートミール（インスタントのものはダメ）、桃、オレンジ、リンゴ、グレープフルーツ、サクランボ、ノンファット（無脂肪）ミルクなど

●グリセミックインデックスの中程度の食品の例
　マッシュポテト、トウモロコシ、バナナ、マクワウリ、パイナップル、全粒粉パン、チーズピザ、オートミールクッキーなど

●グリセミックインデックスの高い食品の例
　ベイクドポテト、ドーナツ、ワッフル、ベーグル、レーズンブラン、全麦クラッカー、プレッツェル、コーンチップ、スイカ、ジュース類、精製され加糖されたシリアルなど

　これらの食品の中で自分には違う反応を引き起こすものがあったら、高過ぎても低過ぎてもメモしておいて自分の食事プランをつくるときに考慮しよう。例えば、グリセミックインデックスの高い食品を低い食品と組み合わせる、あるいはたんぱく質やよい脂質と組み合わせることによって、食事全体としてのバランスがとれて中程度のグリセミック反応が得られる。調理によっても、食品のグリセミックインデックスは変わってくる。パスタのゆで加減がちょっと固めであればグリセミックインデックスは低めになる。料理されない炭水化物のほうが身体にはよいということだ。

　肝心なことは、糖質はもともと悪いものではないということだ。加工され、食物繊維に乏しく、高フルクトース・コーンシロップ（HFCS）を含んだ食品は避けなければならないが。

　糖質を全然摂らずにいれば、確かに早く体重を落とすことができる。1gの糖質を摂ると3gの水分を貯めることになるからだ。それ自体は悪いことではなく、身体の水分をたっぷり確保することができる。

　しかし、糖質をカットしてしまうダイエットは、スポンジの水分を絞り出してしまうようなものだ。水分相当の重さは減らすことができるが、糖質を摂れば直ちに――いずれにしろエネルギーは必要だし、いつまでも糖質なしではいられない――スポンジは水分で満たされる。体重はすぐ元に戻り、逆にある程度、除脂肪組織が失われていることになる。

　炭水化物の摂り過ぎが問題になるのは活動量が低かったり、栄養価が低くてグリセミックインデックスの高い食品ばかり摂ったりしている場合だ。総合的に見て、グリセミックインデックスを考慮しながら、活動量に見合った量の糖質―炭水化物を摂ることは食事の大切な要素になる。

ポイントNo.4
プロテインを知ろう

　筋肉をつくり、維持するプロテイン―たんぱく質は毎回の食事に必ず入れるべきものだ。健康な血液細胞や、生体が物質を変化させて利用する際の鍵となる酵素のためにもなくてはならないし、感染や疾患と戦う免疫システムを強化する。

　とはいえ、たんぱく質は、身体に十分な糖質からのカロリー供給があって初めて筋肉をつくることに使われる。そうでないと、エネルギー源として使われてしまう。体重1kgあたり1.35～1.75gのたんぱく質を摂ってほしい。

　80kgの人なら1日約100～150gのたんぱく質を摂ることになる。一般的に、やせていて活動量の多い人ほど多めにたんぱく質を摂るように

したい。これはずいぶん多い量だと思うかもしれない（確かにかなりの量ではある）が、以下にあげた普通の食品に含まれているたんぱく質の量を見てほしい。

鶏肉（皮なし、110ｇ）	35ｇ
ツナ（水煮、165ｇ）	40ｇ
魚（タラまたはサケ、165ｇ）	40ｇ
赤身の豚肉（110ｇ）	35ｇ
ローファット豆腐（165ｇ）	30ｇ
カッテージチーズ（1〜2％の脂肪分、1カップ）	28ｇ
赤身の牛肉（110ｇ）	35ｇ
牛乳（ローまたはノンファット、1カップ）	8ｇ

　トレーニング前のドリンク、あるいはトレーニング後の回復シェイク1回分には20〜45ｇのたんぱく質が含まれている。こういったものを1日に1〜2回摂っていれば、昼食と夕食で鶏肉と魚を食べ、朝食でヨーグルトか卵の白身を食べれば、1日の必要量は無理せず摂ることができる。

　「虹を食べる」ことの他に、特にたんぱく質に関して覚えておくといいのは、「足は少ないほどよい」ということだ。これは私の同僚、トレーシー・モーガンが言い出したことなのだが、足の少ない――少なくとも生きているときに少なかった――ものは、たんぱく質と脂質がよりよい割合になっているというものだ。

　例えば魚。足はない。フライにしたり油に漬け込んだりしていなければ、良質のたんぱく源となってくれる。また、オメガ-3、オメガ-6の脂肪酸を含み、心肺循環器を健康に保つ。

　ニワトリには2本の足がある。これもまた、皮なしで、揚げたりしなければ素晴らしいたんぱく源だ。4本足でも脂肪のない赤身であれば悪くない。赤身の牛肉は評判が悪かったりするが、スーパーの特売やレストランで脂肪分の多い赤身が供されていたりするのでやむを得ないことかもしれない。しかし、脂肪分のない赤身の肉は鉄分やリン、クレアチンなどの重要な栄養素の素晴らしい供給源になる。豚肉も評判が芳しくない。たいてい脂肪が多いからだが、肉屋で脂肪のないところを選んでカットしてもらえば、栄養分に富んだたんぱく源だ。

ポイントNo.5
脂肪は素晴らしい

　ここ20年の最も大きな健康に関するトレンドは"反脂肪キャンペーン"だろう。何でもかんでもローファットでなければいけないし、できることならノンファットのほうがもっといい。「人間とはその人が食べたものでできている」などと言われるが、油っぽいものばかり食べていると、「べとべとの"油の樽"みたいになっちゃうぞ」というわけだ。

　脂質は、健康にとって非常に重要なものだ。細胞膜は脂肪でつくられているし、脂肪はエネルギーを徐々に出してくれる。身体の水分を保ち、血糖値を一定に保ち、身体のグリセミック反応を平準化してくれる。脂肪は食事と食事との間に飢餓感をもたずに過ごさせてくれるし、有益な栄養素を供給してくれる。関節や臓器、皮膚、毛の細胞を修復する際の抗酸化物質として働く。特に、魚やフラックスシードオイルに多く含まれる不飽和脂肪酸は、認知能力や精神の清澄性、記憶の保持も助ける。

　もちろん脂肪のすべてがよいわけではない。飽和脂肪酸ではなく、不飽和脂肪酸が望ましい脂肪だ。この2つの脂肪酸の化学構造の違いが、健康に対する影響に天と地の違いをつくる。飽和脂肪酸は悪玉コレステロールのレベルを上げ、動脈を詰まらせ、心臓に負担をかける。

　それに対して、不飽和脂肪酸はコレステロー

ルレベルを上げることはなく、最近の研究では飽和脂肪酸が不飽和脂肪酸に置き換えられるとコレステロールレベルを下げることがわかった。

　不飽和脂肪酸は室温では液体で、オリーブオイルやキャノーラオイル（菜種油）、フラックスシードオイル、フィッシュオイル（魚の油）などに含まれている。ただし、すべての不飽和脂肪酸が健康によいというわけでもない。

　植物性のショートニングも不飽和脂肪酸だが、食品を揚げたりするのに使うとよくない。なぜなら、これらにはトランス脂肪酸が含まれていて、これがHDL（善玉コレステロール）レベルを上げずに、LDL（悪玉コレステロール）レベルを上げてしまうのだ。この血管を詰まらせる脂肪はクッキーやクラッカー、パイやペストリーなど精製された食品、それからマーガリンなどに多く含まれる。また、揚げた食べ物、特にファーストフードに多い。少量は肉や乳製品にも含まれている。アメリカでは2006年1月から食品会社はトランス脂肪酸の量をラベルに明記しなければいけないことになった。以前からそれを実行しているメーカーもある。「ローファット」と書かれていても、トランス脂肪酸の量が多いスナック食品はよくあるので、ラベルを確認する習慣をつけよう。

　最良の脂肪はナッツや魚、シード（種）に含まれている。しかし、ナッツほどその評価が低過ぎる食品はない。"反脂肪キャンペーン"で脂肪を多く含むということで、ナッツは避けられる食品となってしまった。しかし、ナッツやシードはたんぱく質や食物繊維、よい脂肪などを摂ることのできる、とても手軽なよい食品だ。腹もちもいいので、血糖値と食欲をコントロールしてくれる。毎日ひと握りのナッツやシードを食べていれば、心臓疾患やアルツハイマーのリスクを減らしてくれる。1缶をいっぺんに食べてしまうようなことはよくないが、少量のナッツとグラス1杯のノンファットミルクの組み合わせはよいスナックになる。1/4カップくらいがちょうどよい量だろう。ナッツはまた、サラダやメインディッシュの栄養的に優れたトッピングになる。『メンズ・ヘルス・マガジン』によれば、アーモンドが最も栄養的に優れており、続いてカシューナッツ、ピーカンナッツ、マカデミアナッツがよいとのことだ。

　ナッツが不当に低い評価なのとは反対に、不当によい評価を得ているのがノンファットヨーグルトだ。すべてのヨーグルトが同じようにはつくられておらず、ファットフリーでも栄養的に何の価値もないエンプティカロリーだらけのものがあるので注意してほしい。

　間違いが少ないのはローファット・ローシュガーのヨーグルトだ。そのほうが味もよいし、消化に時間がかかるので血糖値のコントロールにも役立つ。よいたんぱく源でもあり、消化酵素も含まれている。ナッツやフラックスシードなどの食物繊維を加えるとさらによいし、オートミールと混ぜてもおいしく食べられる。

　魚の脂肪は、強力なオメガ-3、オメガ-6脂肪酸を含んでいる。これは抗酸化物質で、循環機能の健康と精神的な清澄性のためには欠かせない。これらはサケやサバ、淡水マス、ニシン、イワシなどに豊富に含まれている。サケほどではないが、メカジキやマグロにも脂肪酸は含まれる。飽和脂肪酸が多く含まれる肉製品と比べると、魚は飽和脂肪酸を含まない、素晴らしいたんぱく源となる。

　誰もがフラックスシードオイルとフィッシュオイルを1瓶ずつ冷蔵庫にしまっておくべき

だ。私たちの身体は、フラックスシードオイルからフィッシュオイルのようなオメガ-3、オメガ-6脂肪酸をつくることができるのだ。朝晩茶さじ1杯か2杯のフラックスシードオイルをシェイクやオートミールに加えて摂っていれば万全だ。

オリーブオイルはもうひとつの素晴らしい料理油だ。抗酸化物質が豊富で、調理にもサラダにも使える。

＊

脂肪だけでなく炭水化物やたんぱく質に関する誤解や思い込みを整理してきた。ここからは、それぞれをどのように組み合わせて最良のグリセミック反応と栄養価をもった食事にすればいいのかを考えていこう。

ポイントNo.6
最も大事な食事——朝食

Breakfast、朝食＝Break-the-fastは、文字どおり「断食（fast）をやめる（break）」ことだ。

朝目覚めたとき、身体は"食を絶たれた"状態になっている。睡眠中、身体は身体の修復やエネルギー源として使えるものは使ってしまっていて、目覚めたときには、普通は何も残っていない。タンクは空っぽなのだ。

寝る前に栄養豊富な、ゆっくり消化されるスナックを食べているので、身体が必要とする栄養素は供給できており、筋肉がねらわれることはない。だから、朝食は「カタボリズム」（筋肉を破壊させる作用）と呼ばれる、身体が筋肉を食料にし始めないためのものだ。また朝食は代謝を促し、脳への燃料を補給し、エネルギーを供給する。

それなのに、あまりにも多くの人がつくり物のエネルギーと代謝の上昇を得るために、朝食をカフェイン（たいていがコーヒーだが）で済ませている。もちろんカフェインの効果はすぐに失われ、カタボリズムを止めることはできない。それだけでなくカフェインの長期にわたる摂り過ぎは、身体にとって最も大切なホルモンのいくつかをつくっている副腎の機能にダメージを与える。

朝食にはたんぱく質と炭水化物、よい脂肪、食物繊維などが必ず含まれていてほしい。小さなグラスに甘味料を加えていないフルーツジュースを水で薄めたものを加えれば完璧だ。ここで肝心なのが、甘味料を加えていないことだ。多くのフルーツジュースが精製されたうえ、高フルクトースのコーンシロップが加えられているにもかかわらず、恥知らずにも「栄養価が高い」ものとして売られているからだ。

糖分が加えられたジュースを飲むより、果物そのものを食べたほうがいい。オレンジジュースを飲むより、オレンジを食べよう。もちろん、オレンジジュースがいけないわけではないが、果物そのものよりジュースのほうがグリセミック反応は断然早いのだ。だから、飲むなら水で薄めたり、他の食べ物と組み合わせたりして、グリセミック反応を下げなければいけない。

オレンジそのものを食べれば、食物繊維や他の栄養素も摂ることができる。1杯のオレンジジュースより価値はずっと高い。オレンジそのものから絞れるだけの栄養素を身体に絞り取らせよう。身体が栄養素をしっかり取り出せるのに、ジュース工場にわざわざ絞らせて糖分まで加え、価値の低い朝食の飲み物をつくらせることはない。

ポイントNo.7
昼食と夕食はコンボで

朝食とともに昼食や夕食のプランを立てるときに最も大切なことは、食物繊維がたっぷり含

PART 3 第13章 食事を考える10のポイント

■ 朝食にピザ？

　15年ほど前、パフォーマンスコーチとして働き始めたとき、相手はほとんどが大学生アスリートたちだった。学生たち（子どもたちはおしなべて）は起きて時間に間に合うように食堂に行ったり、自分のアパートでシリアルをつくったりする代わりに、朝食を抜いて授業に出かける前に数分でも長く寝ていようとするものだ。

　彼らが朝食を食べるように、ありとあらゆることを試みた。切り札として「君たちが冷えたピザの１切れでもいいから食べてくれたら……」と言ってみた。その言葉が彼らの注意を引いたようで、「ピザでもいいから食べてほしいと言うほど、朝食は大事なものなのかもしれない」ということをようやく理解してくれたらしい。何人かは実際に時々ピザを食べてきたが、たいていの者は協力してもう少し栄養的にましなものを食べるようになった。

　朝、何にも口にしないよりは、たとえ35％が脂肪で25％がたんぱく質というような冷たいピザであっても、１切れでも食べてほしいと思う。"半絶食"状態の後の身体に、エネルギーも枯渇した身体の中の残り物ではない何かをあげてほしい。

　大学生は実によくピザを食べる。料理の仕方も知らずに大学に入った者にとって、一番簡単なのはドミノズかピザハットに電話することだ。ピザが急場をしのぐ大事な食事オプションになっているのだから、大人だって偉そうなことは言えない。

　自由日である日曜日以外の日にピザを食べるような場合には、できるだけ健康的なものになるよう工夫をしよう。まず、薄い、あるいは"ハンドメイド"の生地を注文する。トマトソースにし、栄養的なトッピングを乗せる。例えばパイナップルはとてもよい消化酵素が含まれるし、ホウレン草はたくさんの栄養素を含んでいる。トマトペーストそのものに抗酸化物質があるし、カナディアンベーコン（ロース肉でつくられたもの）やハム、鶏肉はよいたんぱく源だ。ブラックオリーブとオリーブオイルはよい脂肪だし、軽くチーズを乗せるのもたんぱく源になる。厚い生地や深皿に入ったもの、詰め物スタイルのピザは避け、ナプキンで余分な油を吸い取るようにする。チーズは使い過ぎないようにし、ペパロニやソーセージ、牛ひき肉のトッピングは避ける。ビールやソフトドリンクの代わりに水を飲もう。

　栄養プログラムの解決案として、ピザを提案しているのではない。でもそれがライフスタイルの一部であるならば、できる限り栄養的なものになるよう努力しようではないか。コア・ニュートリション・プランは、ピザが含まれていようとも、いかなるときにもその中でベストの選択をすることなのだ。そのうえ、それを朝食として食べなければならない羽目になったときでさえ。

まれた、たんぱく質と炭水化物との組み合わせをつくることだ。そうすることによって食事内容のバランスがとれ、異なった食品が互いに補い合って最大のエネルギーを生み、除脂肪組織をつくり、血糖値をコントロールする。

食事の皿の上には、良質のたんぱく源と食物繊維に富んだ濃い色の炭水化物が乗るようにしよう。それにオリーブオイルや魚からのよい脂質を加えたい。

朝食もそうだが、アメリカでは昼食を抜いたり、大急ぎで栄養価の低い簡単なものをのみ込んだりしてすませてしまいがちだ。サワードゥーやライ麦パンに買ってきたデリを乗せたサンドイッチはよい昼食になる。マヨネーズを使う場合はローファットかノンファットのものを使い、糖分と高フルクトース・コーンシロップなどが使われていないかどうか気をつける。薬味にはフムス（ヒヨコ豆のペースト）やマスタード、ホースラディッシュのような健康によいものを使うようにしよう。

ブリトーもよいランチになる。ブラックビーンズは食物繊維とたんぱく質に富み、脂質は低い。鶏肉やトマト、レタスを加えることもできる。グァカモレ（アボカドでつくったペースト）もオリーブオイルと同様、不飽和脂肪酸だ。

トルティーヤは最も選んではいけない食品になる。精製・加工された材料が使われており、何より供される分量が多過ぎる。

よりよいのは、ブリトーの中身を全部レタスの上に乗せてサラダをつくってしまうことだ。

缶詰のツナを全粒小麦のパンにレタスと一緒に乗せたものも、上質のランチになる。パンの上に乗せていいものは、すべてサラダにつくり変えることができ、そのほうが栄養的にはずっと優れたものになることを覚えておこう。どんなランチでも栄養的に完成させるためには野菜が不可欠だということを忘れないでほしい。

頻繁に食べる回数を増やすことによって、昼食も夕食もそれほど大量に食べる必要はなくなる。魚、鶏肉、赤身の肉を食べる場合には野菜か果物、あるいは両方を加えるようにしよう。これをグラス2杯の冷たい水、またはグラス1杯の赤ワインとともに食べればよい食事になる。

前に述べたように、たくさんの鶏肉や魚を日曜日に焼いておくと便利だ。サラダパックを買ってきて、野菜やフルーツと盛りつけるだけですむ。準備さえできていれば、空腹を満たすため、栄養的に貧しい食べ物に手を出す機会はなくなるというものだ。

ポイントNo.8
間食は悪くない

小さなときから「間食をしてはいけない」と言われ続けてきた。太る原因になるし、夕食が食べられなくなるというのは、少なくとも両親の世代が私たちに信じ込ませようとしてきたことだ。

「夕食が食べられなくなる」というのは、"食べ過ぎない"という意味においては悪いことではない。しかし、何回にも分けて食べると、常に火に薪を補充していることになる。火はより熱く、早く燃え盛る。食べ過ぎを防ぐためには、血糖濃度を一定のレベルに保っていることが必要だ。そのためには2時間半から3時間ごとに食べるしかない。

食事と同じく、スナックにも食物繊維の多い炭水化物やたんぱく質、よい脂肪などが含まれなくてはいけない。1カップのローファットコテージチーズや、砂糖を加えないローファットヨーグルトもいい。フルーツ1切れをナチュラルピーナツバターと食べてもいいし、片手いっ

ぱいのナッツでもいい。ビーフジャーキーはよいスナックになる。少量の鶏肉やツナにフルーツか野菜を添えて食べるのもいいだろう。

　食事とスナックの内容は人によって違いがあるだろう。朝食、昼食、夕食はいままでと比べるとずっと少なめになっていると思う。食間の6時間から12時間に及ぶ"何も口にしない時間"を乗りきるために、たくさん食べておく必要はないからだ。

　食事の分量は、スナックの分量と同じくらいになるかもしれない。スナックにたんぱく質と食物繊維の多い炭水化物、よい脂質が含まれていれば、それでも構わない。時間と手間を避けて、プロテインシェイクやプロテインの多いミールバーを使うことがあってもいい。ただし、おいしくてバランスのとれたミールバーを見つけるのは容易ではない。ラベルを注意深く見て、15～30gのたんぱく質、8～20gの糖質、少量の脂質を含んだものを探そう。この条件を満たすのはEASの「アドバンテッジ・バー」やMet-Rxの「プロテインプラス・バー」、「デトゥア・バー、バランス・バー」などだ。

　3回のスナックやシェイクの時間を1日の中に組み込んでいると、午後遅くのものが一番重要だと感じるのではないか。その頃が一番エネルギー切れを感じる時間だからだ。

　夜のスナックは、次に何かを口にするまで長い時間があくので、ゆっくり消化するものにしたい。夕食で残った鶏肉や魚をスナックにするのもいいだろう。プロテインシェイクや青りんごにピーナッツバターを添えて食べるのもいい。食物繊維がたっぷり入った食品を探そう。

　間食に後ろめたさを感じる必要はない。こっそり隠れてつまむものではなく、健康なライフスタイルには欠かせないものなのだ。

ポイントNo.9
サプリメントを毎日の習慣に

　どんなヘルスフードの店やサプリメントストアに足を踏み入れても、そこには目が回るほど、あなたを変身させるという謳い文句のパウダーやら、カプセルやら、ドリンクやらが並んだ棚が続いている。ことをシンプルにするためにも、そういったものについて、この本では触れないことにする。

　トレーニング前のドリンクやトレーニング後の回復シェイク、スナックを1日のうちあと2回までは増やしてよいということを理解してもらえたと思う。マルチビタミン剤を朝か夜に、抗酸化複合剤と一緒に摂るのもよいことだ。

　色の濃い食材のほとんどに抗酸化物質が含まれている。このプランに沿って正しく食べていれば、わざわざ抗酸化複合剤を摂る必要はないが、「アスリーツ・パフォーマンス」に来るエリートアスリートでさえ、血液分析をすると何らかの抗酸化物質が不足していることが多い。

　その理由は、身体が身体的活動であれ、日焼けであれ、汚染であれ、日々の家庭や職場でのストレスであれ、何らかのストレスを受けているときは常に細胞にダメージを受けている。これらは「フリーラディカル」と言われるもので、このフリーラディカルの影響を最小限に抑え、システムの中からできるだけ早く取り除きたいのだ。

　フリーラディカルは始末に負えないナイトクラブの客のようなもので、抗酸化物質は用心棒のように、フリーラディカルをエスコートしてお引き取り願うのだ。彼らは細胞の秩序を守り、加齢のプロセスを減速させる。

■ 承認されたサプリメント

NFL（ナショナル・フットボール・リーグ）プレーヤーズ・アソシエーションのディレクターとして、サプリメントの分野については、選手のためだけではなく公衆のためにも安全を明確にしておきたい。われわれは厳重な条件のもとに、入念なプロセスを経て、サプリメントの成分が容器のラベルに正しく表示され、また禁止成分が含まれていないことを消費者に知らせるための承認マークを容器に貼付する認定プログラムをつくりあげてきた。

単に法律的な問題がないだけでは、各スポーツ団体から承認され、科学的あるいは製造者としての基準を満たしているということにはならない。

食品衛生局がどの製品は汚染されているとか、意図的に粗悪な原料を使っているなどと決める前に、サプリメントに対して積極的なアプローチを取り始めたのだ。2004年からこの承認マークは稼動し始めている。

目の前と長期の健康に深くかかわっているのだ。ヘルスフードの店やスーパーマーケットにもこういったサプリメントは売られている。私が「アスリーツ・パフォーマンス」で選手たちにすすめているのは「ヴィトリン」と呼ばれているものだ。これは他のものと比べると価格は高めだが、2錠で29種類のビタミンとミネラルに加え、5食分の果物と野菜に含まれる抗酸化物質と同量のものがまかなえる。

近年、サプリメントに関する多くの不安などが高まっている。合法的に通信販売などで手に入れることもできるが、使用した際の副作用や長期にわたる効果の追跡調査がなされていないという理由で絶対にすすめない。この本に書かれているサプリメントフードにとどめておくようおすすめする。

トレーニング前のドリンクやトレーニング後の回復シェイクは、スナックとしてもトレーニング後の食事としても、たんぱく質と炭水化物の組み合わせとして、とても便利な液体の食事になる。製品によっては食物繊維やよい脂質が入っているものもある。便利なパックにもなっているので、トレーニング前後の元気づけにはもってこいだろう。日々のトレーニングに努力を払っているのだから、さらに回復プロセスを最適なものにすることは結果を左右する重要な要素になる。

シェイクをつくる際には、わざわざブレンダーを用意する必要はないだろう。大きめのプラスチックのカップにシェイクミックスを入れ、冷たい水を加えてフタをしてよく振ればよい。専用の容器も売られているし、つくるのが面倒なら缶に入ったシェイクもある。

トレーニングという大変な部分は、この時点ではもうすんでいる。腰を下ろしてシェイクをつくり、その効果を実感するのに、たいした時間はかからない。

■ カロリーは飲むな

　もし早急にカロリー摂取を減らしたいのなら、飲み物から始めるのがよい。ソフトドリンクやジュース、スポーツドリンク、ビールなどを、水やゲータレードの「プロペル」のようなフィットネスウォーターと呼ばれるものに代えれば、カロリーと糖質をかなりカットできる。

　これらによるエネルギー供給が断たれると、身体はコア・ニュートリション・プランに基づいて、摂取した高繊維炭水化物をエネルギー源として燃やし始める。脂肪が減り、体重も落ちるだろう。水のボトルを1ケース買って冷蔵庫の隣に置いておこう。こうすれば冷蔵庫の中の砂糖がたくさん入った飲み物よりも水を手にするチャンスは多くなるというものだ。

ポイントNo.10
水分たっぷりでいよう

　トレーニングの量やランニングの距離をあと25％多くしようとすることは、壁を突き破るのと同じくらい大変だろう。ところがトレーニングの前、最中、後にもっと水分を摂ってさえいれば、そんなに難しいことではないのだ。1日に4リットルくらいは水を飲んでほしい。朝起きたら、コップに2杯の水を飲もう。職場にも大きなカップに水を入れて、頻繁に飲むようにし、車にも水のボトルを常備しよう。

　最近の研究によると、どんな飲み物、たとえカフェインを含んでいてさえも、水分補給に役立つとしているが、水に勝るものはない。

　水分は直接的に加齢のプロセスに影響する。

　水分不足と運動不足、日々のストレスから、身体の関節や筋肉の周りの結合組織は乾ききってしまう。犬にかませるおもちゃのように、初めは柔らかくて弾力性に富んでいても、時間が経つうちに硬くてもろくなってしまうのだ。十分な水分補給は筋肉組織を柔軟に保ちつつ、このような過程が進むのを防いでくれる。

　他にもっと健康的で完全な飲み物があるのに、カフェインを含んだ飲み物を飲むのはなぜだろう。また、ソフトドリンクを飲むとき、「これはノーカロリーだから」と言い訳する人がいる。確かにカロリーはないかもしれない。だが、ソフトドリンクは歯を悪くし、栄養的に何の価値も提供してくれない。車にはソフトドリンクに相当するようなものは入れないのに、自分の身体には注ぎ込むのだ。最近の研究では、ソフトドリンクやその他の飲み物に入っている人口甘味料は適度な使用なら高フルクトース・コーンシロップよりはよいとしている。私自身はソフトドリンクを好まないが――水を飲むほうがずっといい――砂糖でいっぱいのレギュラーソフトドリンク（砂糖からだけのカロリーで、1,500kcalもある）よりは、ダイエットソフトドリンクを飲むほうがましだといえる。

　コーヒーを飲むのだったら、クリームと砂糖の量に気をつけてほしい。これも健康的なチョイスをしてみよう。抗酸化物質を含む緑茶や紅茶がある。

■ 勝者の食事戦略を立てる

1. 少量を何回も、1日に平均的に振り分けて食べる。
2. 炭水化物の摂取量は自分の活動レベルに応じて調整する。"グリセミック的"に正しく、色のある、食物繊維に富んだ炭水化物を食べる。加工されていなければいないほどよい。
3. 食事ごとに"よい"脂肪と一緒に、脂肪を含まないたんぱく質を摂る。
4. 食物繊維の多い炭水化物を選ぶ。
5. トレーニング前のドリンク、トレーニング後の回復シェイクを飲む。
6. マルチビタミン剤と抗酸化複合剤の摂取を毎日の習慣にする。
7. 水分を十分摂る。
8. 毎日、朝食を摂る。
9. "虹"を頻繁に食べる。"足は少ないほうがいい"。
10. 栄養素の多寡とグリセミック反応を考慮して、多様な食品を組み合わせる。

　水については、文句を言うところがない。飲み過ぎたところで、汗になってしまうか、運動で流し出されてしまう。

　適切な水分補給は食欲を調節する。のどが渇いているだけなのに、それを空腹と間違う人がいる。体重を減らそうとするなら、食事の前に1杯の水を飲むといい。その1杯が食べ過ぎを防いでくれる。

　「1日に4リットルもの水を飲むなんて不可能だ」と思うかもしれない。しかし、そういう人が朝3杯のコーヒーを飲み、ランチにはダイエットソフトドリンクを何杯か飲み、夕食や食後にはアルコール飲料を飲んでいるのだ。これらを水に置き換えれば、1日4リットルも難しくない。コップ2杯を起きたときに飲み、食事ごとに2杯ずつ、トレーニング前、中、後にはたっぷり飲んでほしい。ことに気温の高い環境では1日に4リットル以上の水を飲んでいるかもしれない。

　カフェインについては、なくても惜しいとは思わないだろう。コア・ニュートリション・プランを実行すれば、血糖濃度とエネルギー供給を一定に保てるので、人工的なエネルギー源としてカフェインを必要と感じなくなるのだ。

　特に一般の人は、スポーツドリンクを水と置き換えられるものだとは考えないでほしい。実際のところ、スポーツドリンクにはグリセミックインデックスの高い糖質がたくさん含まれていて、血糖値を急激に上げ、体脂肪をつけるのに最適な飲み物なのだ。

　スポーツドリンクは長時間かかる、強度の高い持久的な競技の選手には大きな価値がある。こういった選手たちは速やかに糖を補給しなければならない。しかしほとんどの人は、そのような糖の補給が必要な運動レベルを経験することはないだろう。

どうしたら適切な量の水分を摂っているか否かがわかるだろうか。それには尿を観察してみるといい。一般的に、尿が透明に近ければ近いほど水分補給がうまくいっていることを示す。尿の色のリファレンス・チャートがある（カバーの折り返し部分参照）。「アスリーツ・パフォーマンス」では人気のチャートだ。このチャートは小便器の上の壁に貼っている（女性のトイレにも貼ってある）。

　このプログラム全体を通して、あなたの身体がよりよく調整されることを望んでいる。だからこそ、身体がどのように働き、何がどんな影響を与えているかを感じ取ってほしい。水分補給の状態をチェックするのはその手始めだ。

　このチャートを切り取ったりカラーコピーをとったりして、自宅のトイレに貼っておこう。チャートを見ずにはトイレには行けない。何人かの選手は、子どもがおしっこの色をチャートと比べることを面白がるので、トイレトレーニングにこのチャートを使ってうまくいった、と言っている。

　何であれ"使えるものは使う"だ。十分な水分を摂ることを習慣にするのに早過ぎるということはない。また、あなたがコーヒーやソフトドリンク、アルコールを飲んでいるのなら、その習慣を変えるのに遅過ぎるということもない。

Chapter 14
コア・パフォーマンス・フード
― 「よい」「普通」「悪い」食品を考える ―

　新しい食習慣を始めようとする場合にも、チャレンジする気持ちが必要である。結局のところ私たちは"習慣の生き物"なので、食料品店に入っても自動操縦の飛行機のように通路を通って、いままで何年も食べ続けてきた食べ物を無意識につかんでしまう。でも、そこで一瞬立ち止まり、より健康的なだけでなく、味もよい代わりの食べ物について考えれば、生活を変えることができる。より元気に、気分よく、エネルギッシュに長生きできるのだ。

　食品をスーパーマーケットへ買いに行くときは"前線"に注目しよう。実際、農産物、魚、肉、乳製品など必要なものはほとんどが外側の通路に置かれている。全部の通路をひととおり歩き回るのではなく、頭上の案内表示をチェックしてツナ缶やオートミール、オリーブオイルなどの健康的な食品のありかを探す。カートは通路の入り口に置いて、通路に入っていこう。こうすればケーキミックスやらクッキーやら、チップス、ソフトドリンクなどの誘惑に乗らずに済む。おまけに時間も短くて済む。

　193ページからの食品リストは「よい」「普通」「悪い」に分類されているが、必ずあなたの好きなものも入っているはずだ。時には栄養的によかろうが悪かろうが、どうしても「これが食べたい」と思うものもあるだろう。そんな食べ物は誰にでもあるはずで、それはその人のライフスタイルであり、「家族の食べ物」なのだ。また、リストには載っていない健康的な食べ物もあるはずだ。だから、このリストはスターティングポイントとして活用してもらえばいい。

　思ってもいなかった食品が「普通」「悪い」食べ物に分類されていてびっくりするかもしれない。「栄養価が高い」「ヘルシーだ」と宣伝さ

れていても、実はそうではないものもあるのだ。一方、生産者や製造元が莫大な広告費をかけられる大企業ではないというだけで、ベストな食品が知られずに埋もれていることもある。

　残念なことに、私たちのほとんどは食べ物について最悪の情報源からしか学んでいない。つまり、メディアであり、広告だ。これらの情報のほとんどは正確ではないと思っていたほうがいい。何が不正確かというと、情報がほとんどの場合、不完全であるということだ。ラベルの、特にたんぱく質、脂質、炭水化物の量を見てみるといい。もし数字に強かったら、食品に含まれるそれぞれの栄養素のパーセンテージを計算してみよう。そして、例えば砂糖は食品中何gが使われているかを示す行とあわせて、何の砂糖なのかを見てみよう。すでに高フルクトース・コーンシロップは避けなければいけないことを述べた。脂肪も同様に「ハイドロジェネイテッド（hydrogenated）」という言葉が使われていたら、トランス脂肪酸のことなのでできる限り避けたほうがいい。

　このようにラベルを読んだり計算したりしていると、最初は余分な時間を使うことになるかもしれないが、すぐに、ひょっとすると前よりも迅速に通路を移動できるようになるだろう。

　「これを食べろ」「あれを飲め」という巧みなマーケティングキャンペーンに踊らされないようにしよう。タバコを喫しビールをたくさん飲むことが、健康をつくり、スタイルをよくし、人生の質を向上させるとは信じていないはずだが、恥知らずな宣伝でそう言われて、そんな気になってしまっていた時代があったのだ。

　それでは、これからスーパーマーケットの通路から通路をのぞいてみて、ショッピングカートに高品質のコア・パフォーマンス・フードを選び取るお手伝いをしよう。

農産物

　食料品店のこのエリアを素通りするわけにはいかない。できるだけ「虹を食べよう」としているのだから、ここでカートにはかなりたくさんのものが入れられるはずだ。トマトやブルーベリー、ホウレン草、アスパラガス、ブロッコリー、ザクロなどを、私は「パワーフード」と呼んでいる。なぜなら、これらは濃い色をし、食物繊維や抗酸化物質が豊富に含まれているからだ。

　野菜や果物を選ぶときは新鮮なものか、新鮮なまま冷凍したものが一番いい。缶詰にする行程で多くの栄養素が失われるので、冷凍食品のほうが缶詰のものよりいい。また、生の野菜や果物は食べる前にダメにしてしまうことが多いので、新鮮なものより冷凍食品のほうがいい場合もある。

　ドライフルーツやトレイルミックス（携行ドライフード）は避けたほうがいい。カロリーが高く、砂糖を多用しているからだ。また、果物や野菜のプレカットプレートは、チップスやディップに代わる健康的なパーティプレートになる。

デリ

　肉類は、できる限り脂肪のない赤身を選ぼう。ターキーやハム、鶏肉などを選ぶときは少なくとも97％ファットフリーのブランドを探そう。

　調理されているサラダは便利で時間の節約にもなる。グリーンサラダはドレッシングが別についているものを選ぼう。クルトンは使い過ぎないほうがいい。もうおわかりだろうが、カラフルであればあるほどよいサラダになる。ホウレン草とローメインレタスの組み合わせのほうがレタスだけのサラダよりいい。ポテトサラダ

やクリーミーな製品は避けよう。

　ローストチキンは私の好物のひとつだ。いい匂いだし、料理は済んでいるし、手頃な値段の１羽のチキンで何食分かがまかなえる。ポイントは、余分な脂肪を流してしまうこと、脂肪の多い皮を取り除くこと、表面をペーパータオルで拭くこと。

　チーズを食べるときは適度にしておこう。理想を言えば、チーズとして食べるより飾りや添え物として使うのがよい。一般的に軟らかいチーズほどよいので、ローファットで軟らかめのものを選ぼう。

ベーカリー

　この通路では、栄養的な価値はほとんど見つけられない。できる限り加工食品は避けたいからだ。どうしてもパンを食べる場合には、できるだけ加工過程の少ないものを選ぼう。パンパニクル（ライ麦の粗製パン）やライ麦パン、サワードゥー、全粒小麦パンなどだ。ラベルを見て、主な成分がホールグレイン（全粒）の小麦粉かどうかチェックしよう。小麦パンと称して茶色い食パンが売られていたりするが、これは全粒小麦粉でつくられているわけでなく、精製小麦粉を使った普通の食パンに色を加えてそれらしく見せているだけのものだ。

　小麦のパンなら、石臼でひいたり、ひき割りにしたりした小麦かどうか、ラベルで確かめよう。全粒小麦パンで"ライト"と呼ばれているものは薄切りで売られていることが多い。薄いパンも食べ過ぎを防ぐひとつの方法だ。白いバターミルク入りパンや"スプリット・トップ"小麦のパンは避けよう。これらは非常に精製された成分が多く添加された強化小麦をたくさん使っている。高フルクトース・コーンシロップに気をつけるのは言うまでもない。パンにまで加えられている場合がある。

　ベーグルやイングリッシュマフィンは、ナチュラルピーナツバターやライトクリームチーズなどをつけて朝食に食べるだけにしておこう。

　トルティーヤは１つで40ｇもの炭水化物を含み、脂質が非常に多いこともよくある。それ以外の商品がない場合には、全粒小麦のものを食べよう。

　ケーキミックスやマフィンやブラウニー、ドーナツ、その他、パン類の通路のほとんどの食品には目をつぶって通ったほうがいい。

香辛料、調味料、ジャム類

　この通路ではラベルをしっかり読もう。サラダドレッシングであれ、バーベキューソースであれ、あるいはケチャップやマヨネーズであれ、脂質と糖分の量と１回の使用分のカロリーを確認しよう。この通路では高フルクトース・コーンシロップがあちこちに潜んでいる。

　私はそれほどマヨネーズが好きではないが、どうしても欠かせないという場合にはローファットで糖質の少ないものを選んでいる。できれば、マスタードやフムス、サルサ、ホースラディッシュなどを代わりに使ったほうがいい。

　フムスというのは、レモンとヒヨコ豆、ガーリック、ゴマピューレ、オリーブオイルを混ぜた、飽和脂肪酸を含まずコレステロールも糖分も含まない、エキゾチックなペーストだ。ヘルスフードと呼ばれるものに似合わず、とてもおいしい。マヨネーズの代わりにサンドイッチに塗るのもいいし、魚や鶏肉とも相性がいい。

　サラダドレッシングにはだまされないでほしい。あるメーカーのローファット製品は、別のメーカーのスタンダードと同じだったりする。どんなものを選ぶにしろ、使う量に気をつけよう。オリーブオイルとバルサミコ酢を混ぜるだ

けでおいしいドレッシングになる。オリーブの一番絞りでとれるエクストラバージンオイルは、酸が1％以下しか含まれておらず、おすすめだ。

ジェリーやジャムの類のラベルにも大きな目を開いてしっかり見よう。糖分の量が少なければ少ないほどいい。加糖せずフルーツの甘味をそのまま使ったものを選びたい。

ピーナツバターは時に悪者にされる場合があるが、ナチュラルピーナツバターであればクリーミーな有名ブランド商品よりずっといい。ナチュラルピーナツバターはフタを開けると油分が表面に溜まっているので、それを半分ほど捨てて残りをピーナツバターによく混ぜ込んでしまおう。普通のピーナツバターを使わなくてはいけない場合には、"脂肪分の少ない"と称する商品には気をつけよう。メーカーは高フルクトース・コーンシロップを使いがちだからだ。

バターの棚は通り過ぎていい。ローファット、ローカロリーの代替品、例えば「バターじゃないなんて信じられない（英商品名：I Can't believe it's not butter)」のようなものを使う。塊で使うより、スプレーになっているもののほうが全体にかけやすく使い過ぎも防げる。オリーブオイル、菜種油からつくられたエノヴァオイル（訳者注：日本ではエコナオイル）、「パム・クッキングスプレー」などは料理に使うのに理想的だ。

オレガノやパセリなどの香辛料はカロリーを加えることなく香りや風味を得られる。魚介用、サラダ用、肉用などに用意されているスパイスミックスは便利だ。また、キッチンから砂糖を全廃し、代わりにノンカロリー甘味料「スプレンダ」を置こう。これは砂糖からつくられていて、人口甘味料にあるような苦い後味が残ったりしない。

シリアル、朝食用食品

目をむくほど高い値段の商品をわきに置いても、多くのシリアルはまあまあといった栄養価しかもち合わせていない。あまりにも多くの商品が、糖分とカロリーにまみれている。

5分バージョンの、昔ながらの「クェーカー・オート」が、未だに他を抑えてベスト朝食シリアルに選ばれるだろう。1分バージョンのものや、パッケージにされているものはより加工度が高い。オリジナルの「チェリオス」もオート麦からつくられているのでよいが、砂糖が加えられたチェリオス商品は避けよう。

私は、カシ社（Kashi）のシリアルやその他の製品の大ファンだ。この会社は1984年から続いている会社だが、まだまだ名前も聞いたことのない人のほうが多い。7種類の全粒穀類を使って製品をつくっており、温かい朝食としてもいいし、ランチやディナーの栄養豊富なサイドディッシュとしても使える。食物繊維が豊富なワッフルもあり、朝食にはもってこいの商品だ。

まるで、カシ社の宣伝係に聞こえるかもしれないリスクを承知で言おう。私はこの会社の"哲学"が気に入っている。ウェブサイトでそのアウトラインを見ることができるが、彼らは次のようなことを信じている。……誰もが健康な"変化"をするパワーをもっている。加工を最小限に抑え、精製された糖や不必要な添加物、保存料などを加えないナチュラルフーズを使って、自分の健康やバランスのとれた生活、体重コントロールを実現するための正しい"変化"をするために……。

これは素敵な戦略だ。どの製品を選ぼうとも、悪いはずがない。すべてが最小限の加工しかしていないし、砂糖や保存料とも無縁なのだから。

パンケーキは、それだけで食事にしない限り

悪くない。パンケーキ1枚と卵の白身オムレツという食事があってもいい。パンケーキの上にバターを乗せる代わりに、先ほどの「バターじゃないなんて信じられない」のスプレーを使おう。ロー、またはノンシュガーの製品を探し、シロップはちょっとかけるだけにしよう。もう驚かなくなっただろうが、シロップには往々にして高フルクトース・コーンシロップがたくさん含まれている。

卵の白身やそれに相当する代替品を使うほうが全卵を使うよりいい。焼き菓子のようなものをつくるときも、卵の一部または全部をこういったもので置き換える。白身2個分が全卵1個分になる。うるさいほど言わせてもらうが、たとえケーキを食べるときでさえも最善の選択をするようにしよう。

魚と肉

ルールを思い出そう。「足は少ないほどよい」だった。魚はオーブンで焼いたり、網焼きにしたり、あぶり焼きにして食べる限り悪い選択になりようがない。唐揚げやパン粉をつけて揚げたりしては台無しになるが。

サケは私の一番のパワーフードだ。ほとんどの肉類と比べてよいたんぱく源になるだけでなく、心臓疾患を予防するといわれる成分のオメガ-3脂肪酸をたっぷり含んでいる。日本でサケの1人あたり消費量が世界一であることと、世界でも心臓病が最も起こりにくい国のひとつであることは偶然の一致ではないと思う。また、たくさんの人が他の魚と比べてサケは風味がいいと言っている。

エビやカニ、ロブスターやアサリ、ハマグリ類、それにイカなどは揚げたりクリーミーなシーフードサラダに混ぜ込んだりしていなければ、栄養素に富んだ食べ物だ。サケの缶詰は素晴らしいたんぱく源だが、水煮を選び、植物オイルに漬け込まれたものは避けよう。マグロもいまやプルトップの便利な缶詰になっている。

魚の次に足が少ないのは鶏肉だ。元メジャーリーグのウェイド・ボッグスのように、「毎日でもチキンを食べられる」という人もいる。コーンニッシュ・ゲーム・ヘン（シャモのような英国コーンウォール州産のニワトリ）もチキンのように皮を取り除けば、よい食材だ。鶏肉も魚同様、揚げ物にするのは避けよう。

肉に関して一般に信じられていることとは反対に、赤身の肉は素晴らしい食材だ。脂肪のついていない部分はたんぱく質に富み、鉄分、リン、クレアチンなどの供給にも最適だ。摂り過ぎは禁物だが、食事プランからまったく削除する必要などない。ただし、霜降り肉や脂肪のついている部分は避けよう。

わかりやすい選び方としては、それらが生きているときに移動のために使っていた部分の筋肉を選ぶことだ。トップラウンド、ボトムラウンドの部分は動物の後ろ足から切り取るので脂肪がほとんどない。大腿骨の断面が丸いので、ラウンド（丸い）と名づけられている。フランクカットも脂肪が少ない。キューブステーキも同様だ。脂肪分の多いストリップス、フィレ、Tボーンは避けよう。牛肉だけでなく豚肉も同じように選べば、栄養に富んだ素晴らしい食材である。

パスタ、サイドディッシュ

たくさんのダイエットプログラムがパスタを完全に除いている。パスタはメインの食事として摂るのではなく、サイドディッシュとして考えることが鍵となる。少量の、握りこぶし大くらいの量で、全粒小麦や野菜のパスタなら食べても構わない。低糖でミート系ではないパスタ

ソースを使うか、赤身のひき肉やターキー（七面鳥）を加えて自分でつくったソースを使おう。

米を選ぶ場合は、ブラウンライス（玄米）やワイルドライス（北米アメリカ原産のイネ科の植物の種子）を選ぶようにしよう。そのほうが精製の度合いが低く、精白米と比べて食物繊維もずっと豊富だ。他に、米の代替品としてクスクスがある。北アフリカの主要食料で、パスタの原料としてその高たんぱく含有のために理想的といわれるデュラム小麦からつくられている。

大豆もパワーフードのひとつで、栄養素に富み、高たんぱくの食品だ。

スイーツ、ミールリプレイスメント（代用食）バー

「スイーツなしの１日なんて考えられない」という人にも、他のすべてのことと同じようによりよい選択が可能だ。例えば、スイーツの代わりに甘い果物を選ぶようにするとか、ローシュガーのフローズン・フルーツバーにしてみる。あなたがチョコレート中毒だったら、脂質を含まず低糖質で60kcalにしかならないファッジシクル（チョコレートファッジの代替品）にするなどの工夫ができる。

アイスクリームを選ぶときは、脂質、糖質ともに低い商品を探そう。脂質をまったく含まないものは、逆に高フルクトース・コーンシロップを多量に含んでいる場合があるので要注意だ。買うときは容器のなるべく小さいものにしよう。調査によると、容器が大きければ大きいほど取り分ける量も多くなるということだ。あたり前のように感じるだろうが、それがどういうことか、よく考えてみよう。新発売の２リットル容器に入ったアイスクリームをカップに山盛りにして取り分けるには何の躊躇もないだろう。しかし、もっと小さな容器に入っていれば、他人からブタのように思われないか、あるいは自分でブタのようだと感じたくないために、取り分ける量はずっと減ることだろう。

ヨーグルトについては、落とし穴が待っていることがある。ノンファットヨーグルトには糖カロリーが高い場合が多い。果物（たいてい加工されている）が入っているヨーグルトよりプレーンヨーグルトに自分で果物を入れたほうがよい。ローカーボ・ローファットのヨーグルトをまず選び、それにオート麦（カラスムギ）やナッツ類、種子類、あるいは茶さじ１杯のフラックスシードオイルかフィッシュオイルを加えるといい。

同じルールがフローズンヨーグルトにもあてはまる。ヨーグルトの店ではたいがい脂肪や糖質の量を何種類かに分けたものを用意しているので、うまく利用しよう。

ミールリプレイスメントバー（食事の代替品）は午後の遅い食事として便利ではあるが、残念なことにキャンディバーと同じような栄養価しかもたないものが多い。理想的には、ミールリプレイスメントバーは糖とたんぱくの割合が２：１以上にならないことが望ましい。一般的に、糖よりたんぱくの割合が多いほうがよい。もし糖質を30ｇ含んだバーであれば、たんぱく質は少なくとも15ｇは含んでいてほしいということだ。

最近の新しい製品にはたんぱく質の量が糖質の倍近くもあるものも出てきているので注意してほしい。

グラノラバー（蜂蜜やブラウンシュガー、植物油と混ぜてオーブンで焼いた全粒の穀類にナッツやドライフルーツなどと混ぜて棒状に固めたもの）は避けたほうがいい。精製度の高い原料が使われていることが多く、カロリーも高く、糖分も高いことが多い。

ミールリプレイスメントバーは個人個人の好き嫌いが大きく出てくる。ある人にとっておいしいと感じるものが、別の人にとってはチョークやダンボールを食べているように感じることもある。以前にミールリプレイスメントバーで不快な経験をしたことがある人でも、別のバーを試してみると「思ったより全然おいしい」と思うかもしれない。まるでキャンディバーのような味のものまである。

飲み物

何といっても理想の飲料は水に尽きる。300〜500mlのボトルに入れた水を仕事やトレーニング、車でちょっとそこまでというときにも持って行こう。水質のあまりよくない地域に住む人は、1ガロン（約3.8リットル）容器に入った蒸留水を用意するといい。

あなたが長時間にわたってランニングや自転車などの高負荷の運動を続けるシリアスな持久系アスリートでない限り、水、あるいは「フィットネスウォーター」以外の飲み物は必要ないと言ってよいだろう。ましてや家庭や職場で口にする飲み物として、いわゆるスポーツドリンクの必要性はまったくない。「カロリーを飲むな」ということを思い出そう。飲料水に何か味がほしいというなら、ゲータレードの「プロペル」のようなものにするといい。

スポーツドリンクを選ぶ場合には、ほとんどのソフトドリンクの定番成分である高フルクトース・コーンシロップを含まないものにしよう。レストランのセルフサービスのドリンクバーは、ろ過され浄化された水を取りに行く以外には利用しないほうがいい。

どうしてもソフトドリンクを手にしなければならないときはダイエット飲料を選ぼう。私はダイエットソフトドリンクの擁護者ではまるでないし、ソフトドリンクを飲むのをやめるのがより水を摂取する一番の近道だと思っている。それでもどうしても、という場合は、自分の気に入るダイエットドリンクを見つけるといい。少なくとも脱水を防いではくれる。それでも一番は水であることに変わりはない。

フルーツジュースを選ぶときには、注意が必要だ。しばしば多過ぎる砂糖や高フルクトース・コーンシロップが加えられている。常にラベルの砂糖に対する果汁の量をチェックしよう。多くのジュースは水で薄められていて、その結果グリセミック値が下がっていることがある。また、ジュースはシリアルなどと同様、実質に対して価格がめちゃくちゃに高くつけられている代表的なものなのでラベルで慎重にチェックしたい。

また、毎日のコーヒーなしに人生を送るなんて不可能だという人は多い。このコア・パフォーマンス・プログラムでは、良質な睡眠のためにもカフェインの習慣性を注意しておきたい。飲む場合には砂糖とクリームを加え過ぎないようにしてほしい。緑茶はコーヒーに代わるよい飲み物だ。ナチュラルな抗酸化物質なので、私は「パワードリンク」と呼んでいる。コーヒーやお茶に砂糖を使わずに飲めないのなら、「スプレンダ」にしよう。

牛乳に関しては、ローファットあるいは1％脂肪分ものは、無調整あるいは2％脂肪分のものよりずっといい。これは乳製品のすべてにあてはまるルールだ。

ここまで来ると、あなたの押すショッピングカートは味もよく栄養価も高いさまざまな食品で山盛りになっていることだろう。正しい食事についての最大の誤解は、正しい食事は味もそっけもなく、風味もないという思い込みだ。こ

れほど真実からかけ離れたことはそうあるものではない。本章にあげたような食品や材料を使って、豊かで味わい深い食事をつくり出すことができる。

どうしてそんなことがわかるかって？　自分自身でこのプログラムを実行しているばかりでなく、「アスリーツ・パフォーマンス」でトレーニングしているアスリートたちも同じようにしているからだ。おいしく感じる食事を提供しなければ、彼らはトレーニングプログラムに従ってくれない。ここに来る多くの選手は、朝、昼、晩、町で一番といわれるレストランで食事をするだけのお金を持っているのだから。

しかし、彼らはそうする代わりに、「アスリーツ・パフォーマンス」のカフェで私たちのパフォーマンスシェフ、デビー・マーテルがコア・ニュートリション・プランに則して調理した食事を食べている。彼女のつくる食事は見た目もよく、実際の味もとてもおいしいので、「栄養的に本当に大丈夫なのだろうか」と疑ってかかる選手がいるくらいだ。デビーはシェフとなって15年の経験をもつ栄養士であり、食事療法士だ。だが、彼女のいくつかのレシピをつくるのに彼女のような資格はまったく必要ない。レシピはコアパフォーマンスのウェブサイト（http://www.coreperformance.com。ただし英語サイトのみ）で手に入れられる。

【表14-1】「よい」「普通」「悪い」食品リスト

●脂　質

よい	油、スプレー類	キャノーラ（菜種）オイル、エノヴァ（エコナ）オイル、魚油カプセル、フラックスシード（亜麻仁）オイル、エクストラバージンオリーブオイル
	野菜類	アボカド
	種子類	カボチャ、ヒマワリ
	ナッツ類	アーモンド、カシューナッツ、マカデミアナッツ、ピーカン、大豆、クルミ
普通	豆類	ナチュラルピーナツバター、ピーナツ
悪い	乳製品類	バター、クリーム、アイスクリーム（全脂肪）、マーガリン、無調整牛乳
	油類	ラード

●たんぱく質

よい	魚類	アンチョビ、小イカ、タラ、ヒラメ、ハタ、ヒラメ、サバ、マヒマヒ（シイラ）、天然もののサケ、イワシ、メカジキ、水煮のマグロ、ツナステーキ、マグロのスシ
	貝・甲殻類	アサリ、ハマグリ、ムール貝、カキ、カニ、ロブスター、エビ
	鳥類	皮なしチキン、除脂肪ターキーひき肉、ターキーの胸肉
	肉類	バッファロー、フィレ・ミニヨン（牛ヒレ肉）、フランク・ステーキ、ロンドン・ブロイル（牛脇腹肉）、93％赤身の牛ひき肉、牛モモ肉、96％無脂肪ハム、豚腰肉、鹿肉
	豆類	ブラックビーンズ（黒豆）、大豆、枝豆
	乳製品類	チーズ（脂肪分2％以下）、卵白、無脂肪牛乳、スキムミルク、ヨーグルト（低脂肪、低糖）
普通	鳥類	皮付き鶏肉、85～90％除脂肪ターキーひき肉
	肉類	85～90％除脂肪牛ひき肉、ローストビーフ
	豆類（それだけで食べる場合）	ヒヨコ豆、キドニービーンズ（腎臓豆）、レンティル（レンズ豆）、ピントビーンズ（ウズラ豆）
	乳製品類	コテージチーズ（脂肪分1～2％のもの）フローズンヨーグルト（低脂肪、低糖）、アイスクリーム（低脂肪、無脂肪、低糖）、牛乳（脂肪分1～2％のもの）全卵、ヨーグルト（全乳）
悪い	肉類	脂肪の多い牛肉、脂肪を除いていない牛ひき肉、ニューヨーク・ストリップ、T-ボーン
	乳製品類	チーズ（ダブル、またはトリプルクリームのもの。ブリーやカマンベールなど、チーズの原料となる乳に生クリームを加えた、よりクリーミーなチーズ。乳脂肪分が60％以上のものをダブルクリーム、70％以上のものをトリプルクリームという）、無調整牛乳

●炭水化物

よい	パン類	パンパニクル、ライ麦パン、サワードゥー
	シリアル類	チェリオス、カシ（両方とも商品ブランド）、オートミール（インスタントでないもの）
	でんぷん類	ブラウンライス、クスクス、キノア（南米産の穀類）
	根菜類	ビーツ、サツマイモ、ヤムイモ
	緑黄色野菜類	アスパラガス、ブロッコリ、芽キャベツ、キュウリ、葉野菜、緑の豆類、ローメインレタス、スナックエンドウ、ホウレンソウ
	他の野菜類	ピーマン、ニンジン、セロリ、ナス、キノコ類、大豆
	果物類	青リンゴ、ブラックベリー、ブルーベリー、メロン類、サクランボ、グレープフルーツ、ブドウ（濃い色のもの）、キウイ、マンゴー、オレンジ、パパイヤ、桃、プラム、ザクロ、ラズベリー、イチゴ、スイカ
普通	パン類	全粒小麦パン、マフィン（オート麦、全粒小麦）、トルティーヤ（全粒小麦）
	シリアル類	全粒トウモロコシをベースにしたもの、全粒米をベースにしたもの
	でんぷん類	エッグヌードル、パンケーキ（全粒小麦粉、ソバ粉、サワードゥー、無加糖または低加糖）、パスタ（全粒小麦粉、野菜）
	根菜類	ベイクドポテト
	他の野菜類	レタス、スクワッシュ、ズッキーニ
	果物類	デーツ（ナツメヤシの実）
	スナック類	イングリッシュマフィン（サワードゥー）、米菓子、小麦クラッカー
悪い	パン類	ベーグル、ケーキ類、クッキー類、ドーナツ、ほとんどのイングリッシュマフィン、漂白小麦パン
	シリアル類	砂糖の加えられたもの
	乳製品類	フローズンヨーグルト（加糖されたもの）、アイスクリーム
	スナック類	乾燥フルーツ、フレンチフライ、グラノラバー、ポテトチップ、トレイルミックス
	サラダ類	コールスロー、クリーミーなシーフードサラダ、ポテトサラダ

●飲料

よい	赤ワイン（週に2～6杯）、茶（カフェイン抜きの緑茶、紅茶、白茶：中国茶の一種）、水（少なくとも1日に2リットル）
普通	コーヒー（カフェイン抜き、またはレギュラー）、ダイエットソフトドリンク、フルーツジュース（加糖されていないもの）、オレンジジュース（水で割ったもの）、茶（カフェイン抜きではないもの）、白ワイン
悪い	ビール、フルーツジュース（加糖されたもの）、ハードリカー、カクテル、スムージー、ソフトドリンク、ワインクーラー

●調味料など

よい	バルサミコ酢、ベネコル・スプレッド（商品名）、カイエンヌペッパー、フルーツスプレッド、ガーリック、ハーブ、スパイス、ホースラディッシュ、フムス、無脂肪マヨネーズ、ミセス・ダッシュ・シーズニング（商品名）、マスタード、ペスト、無脂肪サラダ・ドレッシング、サルサ、テイク・コントロール・スプレッド（商品名）
普通	バーベキューソース、ケチャップ、低脂肪サラダドレッシング、シロップ（ライト）
悪い	マヨネーズ、ミラクル・ホイップ（商品名）、普通のサラダドレッシング、砂糖

※訳者注：この表はアメリカの食生活や食品が前提となったものなので聞き慣れない食品が入っているが、日本でも手に入れられるものが多くなってきた。食品選びのヒントとして活用してほしい。

PART 4

コア・ライフプラン

Chapter 15
コア・チャレンジ
―再び、コアへの挑戦―

　友人であり、同僚でもあるダリル・エトーは、いつも私のことを「よりよくなろうと人に思わせる能力がある」と評してくれる。これは大変なほめ言葉だ。しかし私の役割は、それぞれの人がそれぞれのよりよい状態にどうやってなっていくかを示す例になるほうがいいと思っている。

　私をあなたのパフォーマンスコーチとして選んでいただいて、とても光栄に思うし、ここに述べたプログラムと哲学、考え方の基本は、単に身体的な面だけでなく、人生の他の部分でも"よりよさ"を追求することを励まし、後押しするものであると信じている。

　この"よりよさ"を求める旅に足を踏み出すか否かは、ひとえにあなたの決断にかかっている。その旅は"挑戦の旅"になることは間違いない。時間を見つけ、着実に実行し続けるのは何によらず大変なことであり、あえてそれを始めようとするあなたは賞賛されていい。そのままの状態でそこに残るのか、それとも自分が何に到達することができるかを見極めるために決断しようとするのか、だ。「自分自身と家族のために、ゴールを目指そう」と、いま心に決めよう。

　いずれにしても、遅かれ早かれ、いまここで線のこちらに留まるか先に進むかの二者択一に直面しなければならない。夢に向かって毎日を生きていこうという決断をしなければ、自分の人生を精いっぱい生き抜かなかったという苦い思いを実感することになる。私は他の人が言う以上の大それたことを求めているわけではない。公衆衛生局や米国スポーツ医学大学が言う、起きている時間のたった3％に過ぎない30分を運動に使ってほしいということだけだ。そして、私はそのわずかな時間の価値をどうしたら最大にできるかを述べているだけなのだ。

第15章 コア・チャレンジ

コア・パフォーマンス・プランに従い、コアの考え方で人生を織り上げていくと、身体的効果だけでなく、生活や人生のすべての様相に対して多大な成果を感じられると思う。ゴールは障害を乗り越えてこそ達成できるということを身をもって理解するようになるだろう。

このプランが単に身体的なものだけであったら、途中で簡単に止めてしまえる。体重を何kgか落とし、筋肉と柔軟性を増やし、しばらくの間はとてもいい気分でいられる。

それだけでも素晴らしいことではあるが、多くの人は新しいトレーニングプログラムを短期目標として扱い過ぎる。減量とか、もっとエネルギッシュにとか、ビーチでかっこよく見えるように、ということを求めるのだ。

これらの目標が悪いわけではなく、このプログラムを実行すれば必ず達成できる。だが、このプログラム自体を自分と自分の周りの人たちの生き方を変えるための踏み切り板として利用するチャンスを逃さないでほしい。

コア・パフォーマンス・プランは12週間のプログラムとして示されてはいるが、その成果を実感したなら、そこで終わらずに先へ歩を進めてほしい。第12章でも述べたが、第12週が終わったら、プログラムの強度を上げて続けてもいいし、新たな上級プログラムに移行してもいい。

12週間が済んだらそこでおしまい、あるいは元の平面的な動きのトレーニングに後戻りというのでは、せっかくの成果がもったいない。誰もが自分だけに与えられた素晴らしい能力を秘めている。生涯をかけてそれを磨いていくのは、私たちに課せられた使命ではないだろうか。だからこそ、週に5～6時間、自分の身体をよい状態にしておくために時間を費やしてもらいたいし、それにふさわしい成果をあげられるようにサポートしたいのだ。

自分に身体的投資をすることによって、身体的な健康だけでなく、理性的にも精神的にもよりよい状態を獲得していってほしい。よりよいパートナーとなり、よりよい親となり、よりよい兄弟・姉妹となってほしいのだ。それはとりもなおさず、自分にとって大切な人たちの生活や人生をよりよくすることにもつながる。

夢とゴール

私にとって最も価値ある成果は、誰かの生き方をよりよくするために役に立ったときだ。その中には素晴らしいアスリートたちもいるが、ほとんどがそういった脚光を浴びる人たちではない。そういう人たちを私は絶対に"一般の人"とは呼ばない。なぜなら、誰もがその人だけの天分をもち、無限の可能性をもっているからだ。彼らがこのプログラムを始めたとき、日々の決まりきった生活に囚われていきながら自分のゴールを忘れ、めまぐるしく変化する世界に何とか追いつこうとあがいていた。それが、いまや予想もできなかったレベルの成果を手にしているのだ。

いま、この場で、5つのゴールを書き出してみよう。最初のゴールはこれからの5年間で達成させるような大きな目標にする。2番目はこれからの2年間で達成させるもの、3番目は来年のうちに達成させるものにする。4番目はこれから半年の間、5番目は次の3ヵ月間で達成させるものにする。

大きな夢を見て、しかしできる限り具体的なものとし、身体的あるいは競技に関連したゴールは避ける。第3章ですでに立てているはずだからだ。もしもまだ書いていなかったら、いますぐ第3章に戻って書き込んでから先に進んで

ほしい。

さて、ここでのゴール、夢の話に戻そう。大きな図柄を描いてほしい。あなたの考える"素晴らしい世界"はどんなものだろう？　自分で起業してみたいと思っている？　自分の職業を替えたい？　自分の家を手に入れたい？　どこか違うところに引っ越したい？　毎年ぜいたくな夏休みを過ごしたい？

あなたが少年少女なら、どこか入りたい大学がある？　プロスポーツや芸能の世界で成功したい？　医師や大学教授になるために学びたい？　10代で自分のビジネスを始めてみたい？

夢がどんなものであれ、どんなに突拍子なく思えるものであっても、それをすぐに書き記そう。達成できそうもないものであったとしても、実際にそれを文字にする人のほうが達成するケースが多いという研究結果がある。

私自身の経験をお話しよう。

私は何年もの間、「自分でエリートアスリートのためのパフォーマンストレーニングの施設をもち、運営したい」という夢をもっていた。選手たちの夢をかなえるために、科学的に裏打ちされた最高のトレーニング方法を提供するためである。

それだけでなく、私はその施設が投資家の思惑に左右されたり外部の意見に影響されたりしないよう、独立独歩の施設にしたかった。自分の見るアスリートに対する以外、誰にも気を使わずにいたかった。さもないと選手の最も大切なことに集中できないからだ。

とはいえ、自分自身にはお金がない。1999年にフェニックスに移住してきたとき、ジョージア工科大の選手育成アシスタントディレクターとして送る年収22,400ドルの生活からたいして時間を経ていなかった。

どこで資金を手に入れ、どうすれば自分の夢をかなえることができるのか、まるでおぼつかなかった。「アスリーツ・パフォーマンス」として何百万ドルものビジネスを実現するまでの、仲間と一緒に経験したさまざまな困難や問題をここで書き連ねて退屈させてしまうのはやめておくが、これだけは言っておきたい。鍵となったのは、この目標をその他の自分自身の個人的な目標とともに明確に定義し、毎日そのことにフォーカスしたことだ。そして、1日の終わりに自分に問いかけた。「自分の目標に向かって、今日は前進しただろうか？」と。あるときは大きく前進し、あるときはそうでなかったが、少なくともわずかでも目標に近づこうとした。

その目標を達成すると、もっとずっと高い目標を設定した。そしていま、カリフォルニア州カーソンのホームデポセンターに2番目の施設をもち、新たなプロジェクトも見え始めている。これらは、単にコア・ワークアウトを実行するだけでなく、この本でも触れているコア・プリンシプルに従うことから実現していったのだ。

この地球上に生を受けた人はすべて、正しいビジョンと正しいゴールをもち、それに職業的にも個人的にもフォーカスすることができれば自分が欲するものを手に入れられる、と固く信じている。攻撃のプランが立てられれば、何事も達成できるのだ。

さあ、あなたの5つのゴールを書き出してみよう。いまここで直接書き込んでもいいし、このページをコピーしてどこか別の場所で書いてもいい。それをいつも目にできて、なくさないような場所においておこう。

第15章　コア・チャレンジ

　家族の写真や雑誌の切り抜き、自分で描いたスケッチなど、ゴールを表し夢を象徴するようなものを集めてコラージュをつくると、やる気を後押ししてくれるということに気がついた。これをすぐ近くに置いておこう。なんなら裏表に貼り合わせてもいい。

　プランを立てるときには、最初の12週間が終わったところで、1週間、あるいは少なくとも週末の何日かをゆっくり楽しむ計画を入れ込んでほしい。家の近くでもいいので、何か楽しいことに時間を使ってほしい。その「再充填」週間をプランに組み込むことで、それを楽しみにしながら毎日のトレーニングにより励むことができるようになるだろう。

　この再充填週間とともに2つのゴールのリストを設定したところで、「行動目標」、または「プロセス目標」と私が呼んでいる3つ目のリストをつくる。結果目標だけでなく、そこへ至るまでの過程をゴールに設定し、それを目指すことは大きな力を発揮する。例えば体重を5kg落とすという目標を立てるだけでなく、行動目標として「高フルクトース・コーンシロップの入った食品は絶対避ける」「1日に少量の食事を6回摂ろう」というように、目標を達成するための有益な戦略を考え出してほしい。

　この本を読んでみて、あることは他のことよりも実行するのが難しそうだ、と感じたのではないだろうか。あるいは健康やフィットネスレベル、時間的理由から、あなたにとってより重要な要素となるものもあるだろう。ちょっと時間を割いて、プランを実行する助けになるような5つの行動目標をリストアップする。一人称

ゴール1（5年で達成）
⋯⋯⋯

ゴール2（2年で達成）
⋯⋯⋯

ゴール3（1年で達成）
⋯⋯⋯

ゴール4（6ヵ月で達成）
⋯⋯⋯

ゴール5（3ヵ月で達成）
⋯⋯⋯

で、肯定文として書いてみる。

　例えば股関節が硬いとしたら、こんなふうに書くのだ。「私はムーブメント・プレパレーションのプログラムを週に４回必ず行います」。もっと水分摂取が必要だったら、「１日に必ず約４リットルの水を飲むようにします」といった具合に。

　このような行動目標は「マヨネーズとサラダドレッシングの代わりにオリーブオイルとフムスを使います」「キャンディやチップス、クッキーの代わりに味のよい、たんぱく質と糖のバランスのよいミールリプレイスメントバーを食べることにします」といった単純なものでいいのだ。「普通の肉の代わりに脂肪の入らないものを食べます」「１日６食にします」「シャワーのたびに冷たい水とお湯の交代浴をします」でもいい。

　また、トレーニングの時間がとれるかどうかが一番難しい問題かもしれない。「朝起きたら、バランスボール・プログラムのY、T、W、Lを必ずします」、あるいは「157ページのコア・ワークアウト短縮版プログラムを実行します」でもいい。短縮版で済ませたり、１日できなかった日があったりしても気にかけることはない。目標に向かって集中し続けることが大切なのだ。先にあげた、大きな夢を実現するために楽しめる行動目標をつくってみよう。

　私は他の人が目標を実現するのをサポートすることに大きな成功を収めてきた。それぞれ単にアスリートとしてのゴールだけでなく、人が変化して、個人として全人的に成長を遂げていくのを見るのが一番うれしい。毎朝目覚めたと

行動目標１

行動目標２

行動目標３

行動目標４

行動目標５

き、私を後押ししてくれるのはこういう人たちとの関係なのだ。

　私たちが「アスリーツ・パフォーマンス」でやり遂げてきたことは特別なことだと思うし、それをこの本で提供できることを誇りにも思い、また責任も感じている。たとえ数人でも「アスリーツ・パフォーマンス」を訪ねてきて、この本がもたらした経験を私に直接話してくれる人が現れれば、それに増す喜びはないだろう。

　単に身体的な側面だけでなく、どうあなたが変わったか聞きたい。どのように挑戦し、自分の夢を実現できたかを聞かせてほしい。何を克服し、何が道標となったかを教えてほしい。自分の人生により肯定的に向き合ったかを話してほしい。12週間のプログラムを終えたとき、最初に書いた自己評価の答えを忘れずに見返してみよう。自分の「見方、とらえ方」がどれくらい変わったか、びっくりすると思う。

　自分の体験をシェアしてくれた人たちの中から、特に心に深く感じるような経験を分かち合ってくれた人を「アスリーツ・パフォーマンス」に招待し、世界でも有数のアスリートたちに混じって、私のスタッフとトレーニングしてもらおうと思う。私と会い、あなたがどのように人生の目標のために自分を変えていったのかを私と分かち合い、私をもっと先まで後押ししてほしい。

Chapter 16

FAQ
―みんなが知りたい23の質問―

Q1 : このプログラムを行うと、体重を増やしたり減らしたりすることできますか？
Q2 : 子どもはウエイトトレーニングをしないほうがいいのでしょうか？
Q3 : プログラムの中には正しいフォームを覚えるのが難しいものもあります。ちゃんとできるようになるのでしょうか？
Q4 : このプログラムを続けていけば、動きにもバランスがとれるようになりますか？
Q5 : なぜこのプログラムをしても筋肉がモリモリにならないのですか？
Q6 : 特に初めの頃にはもっとウエイトトレーニングをすべきではないのでしょうか？
Q7 : 私は長距離ランナーですが、このプログラムは効果があるのでしょうか？
Q8 : やせたままでいたいので、炭水化物はほとんど食べないようにしています。炭水化物は身体によくないのでは？
Q9 : 1日何回シェイクを摂る必要がありますか？
Q10 : 関節炎であっても、このプログラムを続けて大丈夫でしょうか？
Q11 : お酒は飲んでもよいのでしょうか？
Q12 : 喫煙は？
Q13 : 1日にどれくらいの水を飲むべきでしょうか？
Q14 : スポーツドリンクは飲料としてふさわしいでしょうか？
Q15 : 脂肪がたくさん含まれているというナッツ類は身体に悪いのではありませんか？
Q16 : 仕事で出張することが多いので、プログラムを続けることができるでしょうか？
Q17 : 12週間が過ぎて、フェイズ4が終わったら何をすればいいのでしょうか？
Q18 : トレーニングのために30分しか時間がとれない場合は、ウエイトトレーニングをするほうがいいのでしょうか。それともカーディオ系のトレーニングのほうがいいのでしょうか？
Q19 : このプログラムをすると、女性としては筋肉が大きくなり過ぎませんか？
Q20 : ずっとプログラムを続けているのに、効果が現れません。
Q21 : 本に書かれている以外で、おすすめのサプリメントはありますか？
Q22 : クレアチンの摂取の仕方を教えてください。
Q23 : ヨガやピラティスをやっている人は、それも続けたほうがいいのですか？

Question 1

このプログラムを行うと、体重を増やしたり減らしたりすることできますか？

Answer　**体重の増減よりも、脂肪量と筋肉量のバランスが重要**

体重計の目盛りを気にし過ぎないようにしよう。体重計は単なる数字しか教えてくれない。筋肉がどれくらいで、脂肪がどれくらいかはわからない。まったく同じ身長、体重でも、体組成の違いでまるで違って見えるのだ。

40代半ばになっても、20代の頃と体重はちっとも変わらないかもしれないが、脂肪の量が大幅に増加しているかもしれない。成功への鍵は脂肪以外の要素をつくることだ。へそのわきの皮膚を縦に3cmくらいつまんでみよう。それが薄ければ薄いほどいい。

体重そのものよりは、脂肪とそれ以外の体組成（筋肉や骨、内臓や血液など）との割合が重要なのだ。このプログラムは脂肪を減らし、その他を増やそうとするものだ。1kgの脂肪は同じ重さの筋肉よりずっとかさばる。このプログラムを始めたとき、身体がよい状態にある人は、体重が増えても身体が締まったように見えるだろう。場合によってはウエストが2〜3cmも減って、「やせた」と言われるかもしれない。

たいていの人はノマー・ガルシアパーラの体重が85.5kg、メガン・ショーネシーは68kg（ともに身長180cm）もあると聞いて驚くのではないか？　平均からすると、そんなに体重があるようにはちっとも見えない。しかし、彼らの筋肉と脂肪の割合は例外的なものなのだ。

オーバーウエイトの状態でこのプログラムを始めた人にとっては、期待するほど体重計の目盛りは減らないかもしれない。けれども確実に脂肪が減って筋肉が増えていくので締まって見えるようになるし、筋量を増やせない、いわゆる減量ダイエットプログラムよりも"強く"なれる。「アスリーツ・パフォーマンス」に着いたときに135kgあったNFLのラインマンたちがいたが、3ヵ月後の計測では130〜140kgだった。これだけ大きい男たちにとっては体重計の数字の変化はたいしたことではない。しかし脂肪と筋肉の割合の変化を見ると、彼らが身体をすっかり改造したのは明らかだった。

Question 2

子どもはウエイトトレーニングをしないほうがいいのでしょうか？

Answer　**発達段階を考慮して安全な方法で行えば、子どもでも効果が期待できる**

まだ骨が成長しているので、子どもにはレジスタンストレーニングをさせないほうがいいという人たちはいつの時代にもいる。しかし、いまの子どもたちの運動量の貧弱さを考えると、スライドボードからジャンプしたり、ジャングルジムを登ったり、バスケットボールコートを走り回ったり、運動場をスプリントするような運動のほうが、ウエイトトレーニングで経験するよりもずっと多様な筋肉や関節の動きをつくり出せる。

子どもたちにとっても、トレーニングすることは素晴らしい。しかし何事もそうであるように、発達の度合いに即した漸進性が求められる。子どもが（大人にとっても同じことが言えるが）自体重で正しい動作をきちんとできるように教える前に、大きな負荷を与えてはいけない。動作ができるようになったら、軽いウエイトを使うレベルに進む。コア・ワークアウトのすべて

において、そうすることが子どもにとって（これもまた大人にとっても同様に）安全性を確保することにつながる。

このプログラムは、骨にダメージを与えて、成長を阻害するようなことはない。骨を強化し、姿勢を改善し、筋肉を伸ばし、安定させる効果をもたらす。こういったことが成長を促すのだ。エクササイズによって必要なホルモンが分泌され、また適切な食事をすることによって潜在能力を十分引き出せる身体になるのだ。

子どもたちもこのプログラムを行って、ことにピラーの強さについては可能な限り強くなったと感じさせてあげたい。子どもにとってのこのプログラムの効果を考えるとワクワクしてくる。ピラーの強さに関するスポーツ科学は、私の成長期にはまだ知られていなかった。子どもたちが身体の支柱となるピラーの強さを獲得できるとしたら、スポーツでの競技への影響は言うに及ばず、長期的な健康へのインパクトは計り知れないものがある。

Question 3
プログラムの中には正しいフォームを覚えるのが難しいものもあります。ちゃんとできるようになるのでしょうか？

Answer 股関節を安定させた姿勢がとれるようになれば、正しいエクササイズが可能になる

もちろんだ。意識しなくても正しい姿勢をとって動作域全体を動かせるような身体をつくっているのだ。トレーニングは、ピラーの力を使って肩甲骨を後方かつ下方に引き、へそを持ち上げ、股関節を安定させた正しい姿勢をとれるようにコントロールするコンピュータを正しくプログラミングすることだと言える。これができるようになれば、ほとんどのエクササイズは正しく行えるようになる。そして一度そのスイッチが入れば、常にそれが働くようになる。部屋に入るときに照明スイッチをオンにするようなものだ。スイッチを押し続けなくても、ちゃんと灯りは点灯していてくれる。

スクワットしたり上半身を曲げたりするときはウエストから動かすのではなく、股関節と膝を使って動かさなくてはいけないが、しばらくすれば、フォームをいちいち気にしなくとも正しく動かせるようになる。座る動作も膝に負担をかけたり下背部を丸めたりするような座り方でなく、股関節を正しく使った座り方ができるようになる。

Question 4
このプログラムを続けていけば、動きにもバランスがとれるようになりますか？

Answer 最初はぎこちなく感じても、一度身につけば、身体の動かし方が変わる

「アスリーツ・パフォーマンス」にやってくるアスリートたちは、その技術のレベルがどうであれ、最初はみんなぎこちなく感じるものだ。何日間、あるいは何週間かかるかもしれないが、一度身についてしまえば身体の動かし方そのものが変わってくる。

新しいことを学んでいるのだから、辛抱強く続けよう。うまくできることだけをやっていたのでは進歩は望めない。限界をつくり出している要素を超えることが大事なのだ。そのプロセスにフォーカスしていれば、必ず結果は生まれてくる。

Question 5

なぜこのプログラムをしても筋肉がモリモリにならないのですか？

Answer　**筋肉を大きくするだけでなく「長く」するので、筋肉モリモリにならない**

なぜなら、プログラムは筋肉を長くする要素と安定させる要素をバランスよく組み合わせているからだ。負荷をかけて行うトレーニングも、大きな可動域全体をフルに動かすようになっている。それによって、筋肉を大きくするだけでなく長くすることができ、すらりとした、しなやかなアスリートらしい身体がつくれるのだ。比重の高い脂肪以外の体組成を増やして体積の大きい脂肪は減少させるので、見た目の大きいだけの筋肉にはならないのだ。

Question 6

特に初めの頃にはもっとウエイトトレーニングをすべきではないのでしょうか？

Answer　**ウエイトトレーニングだけが筋力トレーニングではない**

12週間のプログラム全体で、かなりのウエイトを使うことになる。初めのうちは、繰り返し同じことをする必要はない。その代わり、まず身体を安定させ、筋肉を伸ばし、筋肉がバランスよく動かせるようになってほしいのだ。筋バランスと適切に筋肉を働かせることに集中してほしい。高負荷のトレーニングが必要なレベルまで進む頃には、より強くバランスのよい身体になっていて、長いことやっていなかったウエイトの種目もスムーズにできることだろう。最初のプログラムでは週に数回しかウエイトは使わないが、だからといってレジスタンストレーニングや筋力トレーニングをしていないわけではないのだ。ウエイトを持ち上げるだけが筋力トレーニングではなく、自体重を使うことやスタビライザーとなる筋肉をきちんと使うこと、そして弾性に富んだ筋肉をつくることも筋力トレーニングの一部であり、これらのすべてが統合的なプログラムのためには欠かせない。

Question 7

私は長距離ランナーですが、このプログラムは効果があるのでしょうか？

Answer　**身体に弾性が備わり、これまで以上の持久力とスピードが期待できる**

効果は大いにある。このプログラムは、あなたが長距離ランナーであれ、スイマーであれ、サイクリストであれ、持久能力を著しく向上させるはずだ。すでにカーディオ系トレーニングは十分しているはずなので、エネルギー供給システムの開発（ESD）の部分は省いてかまわない。あるいはいままでやってきたトレーニングにESDプログラムをゾーン1、2、3で応用してもよい。

プログラムの組み立て方は、コア・ワークアウトのスケジュール法にうまく合わせてほしい。月・火、木・金に強度の高いトレーニングをすることになっているので、週ごとの長距離走は土曜日にするといいだろう。あるいは予定全体をずらせて、火・水、金・土のトレーニングと日曜日の長距離走というスケジュールでもよい。コア・ワークアウトのいずれかの部分を選んで自分のいままでのトレーニングに置き換えたとしても、必ずいままでのプログラムの代わりになるはずだ。柔軟性が増してストライド

の幅は伸びるはずだし、同様に長距離を速く走れるようになるだろう。また、ストライド（水泳ならストローク、自転車ならペダルの回転）がより安定し、エネルギーを無駄なく伝えられるようになるだろう。弾性の備わった身体は、速いペースでもより効率よく、容易にエネルギーを溜め、解き放つことが可能となり、エネルギー消費を低減させることができる。その結果として、より大きな持久力と時間短縮が可能となる。

回復（リジェネレーション）の点だけから見ても、AISロープストレッチやフォームローラー、コールドプランジ（冷水浴）と栄養プログラムは非常に役立つはずだ。そして"量より質"のアプローチを1回ごとのトレーニング、1週間のスケジュールにあてはめていけば、現在行っている持久トレーニングだけでもパフォーマンスは向上するはずだ。それは、マラソンランナーが速いペースで走れるように訓練する方法に似ている。まず短い距離での速いペースを身につけ、それからペースは変えずにその距離を延ばしていくという方法だ。

持久力を必要とする種目のアスリートがこのプログラムを実践すれば、他のどんな「12週間トレーニングプログラム」よりもよい結果を得ることができるはずだ。

Question 8
やせたままでいたいので、炭水化物はほとんど食べないようにしています。炭水化物は身体によくないのでは？

Answer カーボ抜きダイエットは水分を減らすだけ。元に戻りやすく、ビタミン、ミネラル、食物繊維不足にもなる

いくつかのポピュラーなダイエットプログラムは「炭水化物を摂るな」と主張している。それは確かに急速な減量のためのひとつの方法だ。私たちが口にする1gの炭水化物は、とにかく3gの水分を貯めることになるのだから。しかし、それは同時に水分を貯蔵し、脱水から防いでくれるという「よいこと」でもある。

カーボ抜きのようなダイエットを実行することは、スポンジから水を絞り出そうとするようなものだ。水分の重さを減らすことはできるけれど、炭水化物を再度口にするやいなや——そしてそれは遅かれ早かれ、エネルギー源として炭水化物を摂らざるを得ない——そのスポンジはまた水分で満たされることになるのだ。そうなると、体重はあっという間に元に戻ってしまう。それだけでなくローカーボダイエットは、多くのビタミン、ミネラル、そして食物繊維不足を引き起こすことになる。

Question 9
1日何回シェイクを摂る必要がありますか？

Answer トレーニング前または後に最低1回。できれば1日2回以上が望ましい

それはあなたの生活スタイルによって変わる。このプログラムでは、トレーニング後直ちに、またはトレーニング前のドリンクとして最低1回は必要だ。前後どちらでも回復のプロセスを最大限に行うことができるようになる。あなたのライフスタイルが、午後あるいは遅めの夜に高たんぱくのミールリプレイスメントバーやシェイクを摂るのが都合いいのであれば、そうすればよい。大事なことは1日5〜6回に分けてこまめに食べるということだ。できる限り1日2回以上飲むのが望ましい。

Question 10

関節炎であっても、このプログラムを続けて大丈夫でしょうか？

Answer　**本当に関節炎かどうか確認。関節炎でなければ、関節の働きの正常化に効果大**

場合によって違う。人によってはバランスが悪かったり、筋の硬さが原因で起こったりする機能障害として関節に痛みがあるのを、勝手に「関節炎」だと自己診断している場合がある。このような痛みがあるからといって何もしないでいると、関節の機能を制限して痛みを増加させることになり、筋肉をますます使わなくなってしまう。それは障害をもっとひどくすることにつながる。

このプログラムを通じて組織そのものが変わっていくので、組織自体がより柔軟になってくる。ムーブメント・プレパレーションとAISロープストレッチ、フォームローラーのプログラムによって、カサカサで壊れやすく硬い組織に潤滑油を注ぎ、筋肉や関節が再び正常に働けるようにできる。組織を伸展させ、神経を目覚めさせ、再プログラムし、筋バランスを整えることで筋肉を変身させるのだ。これは関節にとって喜ばしい環境が整うことであり、悪化に向かうプロセスを逆転させ、人生の質を向上させることにつながっていく。

Question 11

お酒は飲んでもよいのでしょうか？

Answer　**できる限り少なく週1〜2回にする努力を。飲むなら赤ワインがおすすめ**

このプログラムは、あなたのライフスタイルとバランスをとりながら組み上げていくものだ。「何もかもあきらめなさい」と言っているわけではない。もしそうしたら、誰もついて来てくれないだろう。アルコールはあなたの生活の一部かもしれないが、できる限り少なくするよう——週に1回か2回くらいまでに——努力してみよう。もしそれ以上になるなら、せめて健康にプラスの要素をもつもの、例えば抗酸化物質であるフラボノイドが豊富な赤ワインにするというような工夫をし、アルコール1杯に対して必ず水も1杯飲むようにしよう。

Question 12

喫煙は？

Answer　**プログラム実践のこの機会にぜひ禁煙を！**

この質問を取りあげること自体が不思議に思われるかもしれないが、この明白な問題に触れずにトレーニングジムで何時間も過ごすスモーカーがいったい何人いることだろう。喫煙は代謝を亢進させ、味蕾（みらい）をダメにするので食事量を減らしてくれはするが、やせるための方法としては恐ろしいものだ。

健康と人生の質をできる限り永く維持するために、身体とその能力の機能を考えたとき、自分の口で車の排気口を1日に何回も何年にもわたってくわえたいという人はいないだろう。コア・ワークアウトを実践し、これらすべての考え方とプログラムを適用しようとするなら、いまこそが喫煙という悪癖を捨て去って、新しいページをめくるときではないか。ニコチンを離れ、このプログラムから得られるナチュラルハイと置き換えよう。

Question 13

1日にどれくらいの水を飲むべきでしょうか？

Answer　**1日2～3リットルは必要。水は飲めるだけ飲んで構わない**

　水は飲み過ぎになるほど飲めるものではない。身体的に飲めるだけ飲んでいい。水の供給量が増えて困る最悪のことは、せいぜい汗が出たり、尿として排泄する回数が増えたりすることだけだ。水分量が十分でないと、食欲が狂わされ、また制限された能力でトレーニングをしなければならなくなる。

　だから、水はどんどん飲んでよい。柔軟性や筋力、健康であることなどを助け、身体の中から不要なものを洗い流してくれる。1日2リットルから3リットルの水を飲んでほしい。それが無理だと思うなら、自分が1日に飲むソフトドリンクやダイエットコーラ、コーヒーなどの液体の総量がどれくらいになるか考えてみることだ。「総量を増やせ」と言っているのではない。「いま摂っているいろいろな飲料を水に代えよう」と言っているのだ。

Question 14

スポーツドリンクは飲料としてふさわしいでしょうか？

Answer　**激しい運動時などでは効果が期待できるが、基本的には水で十分**

　比較すれば他よりも優れているというスポーツ飲料もあるが、いずれのものもグリセミック値の高い炭水化物、ナトリウムと電解質などが含まれている。そのため集中的な、強度の高い運動をするときにその利用価値は最も高くなる。あまり、あるいはまったく活動的ではなく、砂糖の入った飲み物をたくさん飲んでいるような場合は常に血糖レベルが高い状態となり、必要量を超えたものは脂肪として蓄えられていくことになる。

　スポーツドリンクを上手に利用しようとするなら、適切なときに飲むように注意しよう。別の言い方をすれば、水を飲んだり、多少の「味」を楽しむために新しいタイプのフィットネスドリンクを飲んだりするだけで十分だ、ということだ。

Question 15

脂肪がたくさん含まれているというナッツ類は身体に悪いのではありませんか？

Answer　**ナッツは健康的な低グリセミックスナックなので、積極的に摂取したい**

　ナッツ類の脂肪は身体によい不飽和脂肪酸で、たんぱく質や食物繊維も合わせて摂ることができる。片手いっぱいくらいの量のナッツは、健康的な低グリセミックスナックだ。栄養価の高いサラダやつけ合わせのトッピングとしてもおすすめできる。

Question 16

仕事で出張することが多いので、プログラムを続けることができるでしょうか？

Answer　**出張中も、できる範囲でプログラムを継続して実践することが大事**

　私もとても出張が多い。運動選手たちも同様だ。正直なところ、使いたい道具やマシンがそろわないときもあるが、バランスボールやケー

ブルマシンがホテルのジムに備わっていることも珍しくなくなってきた。何事もそうだが、前もって計画するということは大切だ。AISプログラムのためのロープをちゃんとバッグに詰めて、高たんぱくのミールリプレイスメントバーとトレーニング後のリカバリーミックスもジャンクフードで我慢しなくていいようにバッグに放り込んでおこう。

　1日が終わろうとするところでまだトレーニングできていなかったら、ホテルの部屋でできることをしよう。ムーブメント・プレパレーションのプログラムや、コアの安定性プログラムであるAISストレッチでもいい。ロープを取り出してみよう。出張がつくり出す大きなストレスをコントロールするためにも、出張のときにトレーニングすることはとても重要なことだ。飛行機の狭いシートに座り続けて、身体はコチコチになっているかもしれない。時差を合わせようとして、身体は苦戦しているかもしれない。疲労が溜まらないようにするプログラムをしよう。

　出張の一番のストレスは家族と離れなければならないことだろうが、ストレスコントロールの次善の策として、朝少し早めに起床したり、仕事を終えてからトレーニングしたりするといいだろう。それがコア・ワークアウトの短縮版プログラムであったとしても。

Question 17
12週間が過ぎて、フェイズ4が終わったら何をすればいいのでしょうか？

Answer 　1週間、せめて週末だけでも休養と気分転換を。再開後は強度を上げて実施

　このプログラムを初めてやった人は、終わったすぐ後の1週間、あるいはせめて週末だけでも「再充填」のために使おう。旅行などに出かけてもいいし、少なくとも近い所で何かあなたが楽しめることをしよう。トレーニングを再開したら、エクステンシブフェイズ（フェイズ2）の最後の週の重量を上げたり、回数を増やしたりすることでもっと強度を上げて行う。フォームをもっと磨こう。トレーニングがもっと素早くできるようになったと感じるだろう。

　これらも済んでしまったら、コア・パフォーマンスのウェブサイトなどで紹介している、ここまでの成果を土台としたより高度なトレーニングテクニックを加えていく。そうすれば、自分の必要性と経験に応じた自分用のトレーニングプログラムを作成できる。

Question 18
トレーニングのために30分しか時間がとれない場合は、ウエイトトレーニングをするほうがいいのでしょうか。それともカーディオ系のトレーニングのほうがいいのでしょうか？

Answer 　トレーニング時間に合わせてプログラムの組み合わせを工夫する

　どちらでもない。実行してほしいのは、考え方の枠組みをつくり直して、その時間内で身体全体に最大の効果をもたらすように考えることだ。

　ムーブメント・プレパレーションのユニットと、ストレングスのユニットのいくつか（これには当然ウエイトを使うことが含まれている）に弾性プログラムを組み合わせるといい。この組み合わせは可動性、安定性に加えて、筋力強化の効果を合わせて期待できる。これらのプログラムを速く行うことでカロリーを消費するこ

とになり、持久力プログラム（ESD）をするのと同じことになり、そのうえトレーニングを終えてからも身体が回復のためにカロリーを消費し、体組成を向上させることにもなる。

Question 19

このプログラムをすると、女性としては筋肉が大きくなり過ぎませんか？

Answer **筋肉は必要以上に大きくならず、のびのびとしなやかな身体になる**

男性であろうが女性であろうが、筋肉を大きくすることが目的ではない。のびのびとしなやかな身体、すなわち筋肉を長くし、脂肪を減らすだけである。脂肪の少ない身体になると、外から筋肉が見えるようになってくる。

Question 20

ずっとプログラムを続けているのに、効果が現れません。

Answer **すべてのプログラムを正しく実行しているか確認をしよう**

プログラムを一部分だけやっているのではないだろうか？ リジェネレーションの部分を省いてしまっていて、ストレスから回復する機会を身体に与えていないことが時々あるようだ。あるいは同じプログラムを長期間続け過ぎていて、身体がそれに慣れてしまっているということもある。あるいは、ひょっとすると正しい栄養プログラムを実行していないのかもしれない。コア・パフォーマンスは全体で効果を上げる統合的なプログラムで、常にチャレンジが必要なのだ。

Question 21

本に書かれている以外で、おすすめのサプリメントはありますか？

Answer **もし加えるなら、食後の消化酵素、早朝か夕方のビタミンCがおすすめ**

トレーニング前後の飲み物やリカバリーミックス、抗酸化複合剤、マルチビタミンなどはなるべくシンプルにしておこうと考えている。もし加えるなら、身体が無駄なく栄養素を利用できるよう、毎食後に消化酵素を飲んでもいいかもしれない。抗酸化力の高いビタミンCを朝早く、あるいは夕方に摂るのもいい。関節を健康に、滑らかにするといわれるサプリメントが必要であれば飲んでもいいだろう。

Question 22

クレアチンの摂取の仕方を教えてください。

Answer **第6〜第12週のプログラム終了後、3週間サイクルで1日5〜10グラム摂取する**

コア・パフォーマンス・プログラムの効果が最大限に得られているというのであれば、第6〜第12週のプログラムが終わったところでクレアチンを摂ることを考えてもいいかもしれない。クレアチンは体内でつくられており、肉類や魚に含まれ、セット間の筋肉の回復を助け、爆発的な力を発達させる助けとなる。炭水化物と同じように、筋肉中に蓄えられ、そのレベルは変動する。クレアチンは3週間のサイクルが最も効果があるとされ、3週間飲んだら3週間休む、というように摂取する。1日5〜10g、朝起きたら一番に、胃が空っぽのうちに飲むの

が理想だ。早朝にトレーニングをするなら、トレーニング前のドリンクに混ぜてもいい。

Question 23
ヨガやピラティスをやっている人は、それも続けたほうがいいのですか？

Answer 回復日のプリハブやバランスボール・プログラムの代わりに！

もちろんだ。私たちのプログラムでも、ダンスやマーシャルアーツ（格闘技）に加えて、ヨガやピラティスの要素を組み込んでいる。回復日にプリハブやバランスボール・プログラムの代わりにするといい。

用 語 解 説

アイソメトリック［Isometric］
等張性（収縮）。筋肉がその長さを変えずに収縮すること。例えばダンベルを持ち上げて、ある位置で動かさずに保ち続けているとき、筋肉は等張性収縮をしている。

ITバンド［Iliotibial band］
腸脛靭帯（ちょうけいじんたい）。厚みのあるバンドのような組織で、骨盤の腸骨から脚の外側、膝の横を通って脛骨に付着している。

アスレティックポジション［Athletic position］
スポーツの動きに関する基本的な正しいポジション。パーフェクトポスチャーをとり、膝を軽く曲げてお尻を後下方に落とす。体重は足裏の真ん中から前方に向かってかける。

アダクター［Adductors］
内転筋。大腿部の内側の筋肉で、脚を外側から内側に引きつける動きをつかさどり、股関節と骨盤の安定性に重要な役割を果たす。

アブダクター［Abductors］
外転筋。大腿部の外側の筋肉で、股関節をまたいでついている。横の動きと安定性に重要な役割を果たす。

アミノ酸［Amino acids］
身体の細胞の主材料。たんぱく質や筋肉はアミノ酸のブロックからつくられている。

エキセントリック［Eccentric］
レジスタンストレーニングで、抵抗を受けながら、筋肉が伸びていく部分。ベンチプレスで例えるなら、スタートポジションから胸に向かってバーベルを下ろしていく部分。

オーバートレーニング［Overtraining］
トレーニング量が身体の回復能力を超えたときに起こる。オーバートレーニングの症状は、睡眠障害や関節痛、頭痛、食欲不振、またカゼをひきやすくなったり鼻炎を起こしたりといった病気に対する抵抗力の低下などとして現れる。

オメガ3脂肪酸［Omega-3 fatty acids］
フラックスシードオイルやフィッシュオイル、寒流に生息する魚などに含まれる。ダイエットの重要な部分を担い、心臓血管系の疾病のリスクを軽減するといわれている。

カロリー［Calorie］
熱量。食物がつくり出すエネルギーを測る単位。

仰臥（ぎょうが）［Supine］
あお向けに寝た姿勢。

筋膜［Fascia］
筋肉を包んでいる膜（結合組織）で、関節と相互的に働き、骨に付着している。筋膜は身体をひとつにまとめ上げ、構造と形を保つ働きをしている。筋膜によって組織化され、組織が個別化されているともいえ、組織を保護し個別の筋肉をつくり出している。

グリコーゲン［Glycogen］
身体が直ちに利用することができるエネルギー源。ブドウ糖が連なった形で肝臓や筋肉に貯えられていて、細胞がエネルギーを必要とすると、グルコースを供給する。

グリセミックインデックス［Glycemic index］
血糖上昇指数。時間経過につれて、食品が血糖値レベルに及ぼす影響を示す。グリセミック指数が高いと短時間で血糖値は上昇し、エネルギー供給が激しく変化し、気分にも影響を及ぼす。

グリセミック反応［Glycemic response］
一緒に食べた食物全体が、時間経過とともに血糖値レベルに及ぼす累積効果。

グリセミックロード［Glycemic load］
実際に食物を口にする分量が、血糖値レベルに及ぼす影響を示す。その食物のグリセミック指数にその食品の摂取量のカロリー数をかけて計算する。実際の計算は、グリセミック指数×0.01×その食品の摂取カロリー数。

グルコース［Glucose］
ブドウ糖。デクストロースとも呼ばれる。血中に見られる単糖で、エネルギー源となる。

グルト［Glutes］
臀筋。臀部、つまりお尻の筋肉群。

肩甲骨［Scapula］
　肩の後方にある、対になった大きな平たい三角形の骨。すべての腕の動きの土台となる。

抗酸化物質［Antioxidants］
　フリーラジカルが細胞に及ぼす悪影響を押さえる化学化合物。老化を遅らせ、ガンやストレスから身体を防ぎ、健康を増進する。

高フルクトース・コーンシロップ［High-fructose corn syrup（HFCS）］
　高度に精製された甘味添加物（液化でんぷん）で、1970年代に食品製造業がサトウキビからの砂糖の安価な代替品として多用した。いまもソフトドリンクや調味料、パンなど日常的な食品に多く使用されており、急激に血糖値を上昇させ、その後急降下させる。そのため身体はよりグリセミック値の高い食品を欲しがるようになってしまう。

固有感覚［Proprioception］
　関節や筋肉、腱にある圧力を感じ取る感覚器のシステムで、バランスをとるための情報を得る。

コレステロール［Cholesterol］
　脂肪のような物質で、血中や筋肉、脳、その他の組織内にある。多種のホルモンの生成に欠かせない重要な要素。しかし、多すぎるコレステロールは血管にたまって、心臓病や脳血管障害を引き起こす。

コンセントリック［Concentric］
　レジスタンストレーニングで、抵抗に対抗して物を持ち上げる、筋肉が収縮し、その長さが短くなっていく部分。例えばベンチプレスでは、ウエイトを胸からスタートポジションまで持ち上げる部分。

シームレス・インテグレーション［Seamless Integration］
　継ぎ目のない統合。多種のトレーニングや考え方を、最大限の効果を得るために、ひとつのトレーニングプログラムとライフスタイル・トレーニングに総合してまとめ上げたもので、従来の身体の各部分だけを分けてトレーニングするという考え方の対極にある考え方。

身体組成［Body composition］
　身体の脂肪の、その他の構成要素に対する百分率。たいてい体脂肪率として表されている。例えば、体脂肪率12％（チームスポーツをする男性の一般的な体脂肪率）といったように。体重より正確な全般的フィットネスレベルを見ることのできる指標。

スキニーファット［Skinny fat］
　やせ肥満。やせているのに体脂肪率の高い人のこと。たいていの場合、栄養の偏りが原因となる。

積極的（能動的）休養［Active rest］
　通常のトレーニングを離れる時間。「アクティブ（active）」とは、趣味やスポーツなど、何らかの「身体の動き」を伴う活動を意味する。

相反抑制［Reciprocal inhibition］
　主働筋と拮抗筋（ある動作をするときに使われる筋肉を主働筋といい、その動きと逆の動きをする筋肉を拮抗筋という）の間に起こる筋－神経系の反応。

炭水化物／糖質［Carbohydrate］
　たんぱく質、脂肪と並ぶ食物の三大栄養素（マクロニュートリエンツ）のひとつ。身体にとっての主要エネルギー源で、ほとんどが糖やでんぷんを単糖類（グルコース）に分解して細胞に供給される。1ｇの糖質が約4カロリーのエネルギーとなる。

トランス脂肪酸［Trans fat］
　液体の油を固体の脂肪に変えるための水素化合時に生成される、動脈硬化の原因となる脂質。クッキーやクラッカー、マーガリンなどに含まれる。トランス脂肪酸は悪玉コレステロール（LDL）を増やすが、善玉コレステロールは増やさない。

トレーニング前の「ドリンク」［Preworkout shooter］
　グラス1杯の水や、ジュースに1さじのホエイプロテインパウダーを加えて混ぜたもので、トレーニング後の回復を早めるために、前もってトレーニング前に飲む。

乳酸性作業閾値（にゅうさんせいさぎょういきち）［Lactate threshold］
　トレーニングで、細胞が必要とするエネルギーと供給されるエネルギーが平衡するポイント。ここから乳酸が急激にたまっていき、運動を続けられなくなる。アスリートが乳酸閾値を上げることができれば、それだけ強度の高い動きを長く続けることができる。

パーフェクトポスチャー［Perfect posture］
　完璧な姿勢。適切な動きのための正しい基本姿勢。肩甲骨は下後方に引き下ろされ、腹横筋を緊張させて腹部を締めて引き上げる。耳から肩を通り、股関節から膝、足首のくるぶしに至るまっすぐな線が引ける。

バランスボール［Balance ball］
　スタビリティボール、フィジオボール、スイスボールなどとも呼ばれる。膨らますことのできる大きなゴムのようなプラスチック製のボールで、安定性や空間での位置を感じる能力（プロプリオセプション）を向上させるためなどに利用される。

ピラー（ストレングス）［Pillar strength］
　支柱の強さ。体幹部（肩甲上腕関節、胴体、股関節）は、すべての動きの土台となり、動きをスタートさせる中心軸となる。身体を車輪に例えるならば、ピラーはハブ（車軸）であり、手足がスポークだといえよう。

ファット［Fat］
　脂肪、脂質。炭水化物、たんぱく質と並ぶ食物の三大栄養素（マクロニュートリエンツ）のひとつ。身体にとって、エネルギーを貯蔵し、抗酸化物質を含む。食物には不飽和脂肪酸（よい脂肪）と飽和脂肪酸（悪い脂肪）の２種類がある。１ｇの脂肪は９カロリーのエネルギーをもつ。

腹横筋［Tansverse abdominis（TA）］
　素晴らしい筋肉の筒ともいうべきで、脊椎から始まって腹直筋と骨盤につながる、自然のウエイトベルトの役割を果たしている。すべての動きに先立って、まず活性化されるべき筋肉と言える。

伏臥（ふくが）［Prone］
　顔を下げて腹ばいの姿勢。

不飽和脂肪酸［Unsaturated fat］
　血中コレステロール値を上げない、「よい」脂肪のグループ。一価不飽和脂肪酸と多価不飽和脂肪酸があり、室温では液体で、魚やフラックスシード、オリーブ、菜種などの油に含まれている。

プリハビリテーション（プリハブ）［Prehabilitation（prehab）］
　肩や股関節のようにケガをしやすい部位の積極的なトレーニングコンディショニング法。リハビリテーションが必要になるようなケガや手術を予防する。

フルクトース［Fructose］
　果糖。果物や野菜に含まれる糖。

プロテイン［Protein］
　たんぱく質。糖質、脂質と並ぶ食物の三大栄養素（マクロニュートリエンツ）のひとつ。多種のアミノ酸からつくられており、脂肪を除いた身体の組織をつくり上げている。細胞は成長と回復のためにたんぱく質を必要とし、たんぱく質をアミノ酸に分解して利用する。魚や肉、鶏肉、卵、乳製品などに多く含まれる。平均して１ｇのプロテインは４カロリーのエネルギーをもつ。

飽和脂肪酸［Saturated fat］
　血中コレステロール値を上げる「悪い」脂肪のグループ。室温では固体で、バターやラード、肉の脂身のように主に動物性の脂肪。

ホエイプロテイン［Whey protein］
　強力なたんぱく源で、多くの必須アミノ酸を含み、免疫システムを活性化し健康を増進させる。

ホット・アンド・コールド・コントラスト（プランジング）［Hot and cold contrasts（plunging）］
　温・冷交代浴。温度差の大きい湯と水に交互に浸かって血行をよくし、筋肉の回復を図ること。ホットタブ（温浴）とコールドプランジ（冷水浴）や風呂、シャワーなどを使って行う。

リカバリー［Recovery］
　低い強度のトレーニングプログラムで、強度の高いトレーニングの後、身体が回復するのを助ける。

リジェネレーション［Regeneration］
　再活性化によって、トレーニングからの身体的・精神的ストレスに打ち勝つための栄養的補助や計画的な活動行為。

■■ エクササイズさくいん ■■

あ
アンクルジャンプ …………………………………77
インバーテッド・ハムストリングス ……………36
AIS 90 - 90ストレッチ ……………………………124
AIS クワドラプト・ロッキング…………………125
AIS ショルダー（サイドライイング）…………126
AIS バランスボール：リーチ・ロール・リフト……123
AIS ロープストレッチ：ITバンド、グルト ……119
AIS ロープストレッチ：アダクター ……………120
AIS ロープストレッチ：カーフ …………………118
AIS ロープストレッチ：クワッド、ヒップ……121
AIS ロープストレッチ：ストレートレッグ・ハムストリングス…117
AIS ロープストレッチ：トライセップス…………122
オルタネット・ダンベル・ベンチプレス ………88

か
カーフストレッチ ……………………………………34
グルトブリッジ ………………………………………50
クワドラプト・サークル ……………………………52
ケーブル・チョッピング ……………………………96
ケーブル・リフティング ……………………………98
ケーブル・ワンアーム・ローテーショナル・ロウ……95
ゲットアップ …………………………………………80

さ
サイド・トゥ・サイド、ジャンプ・トゥ・スプリント…81
サイドライイング・アダクション・アンド・アブダクション…………………………………………51
スクワットジャンプ …………………………………75
スコーピオン …………………………………………33
スプリット・ダンベル・カール・トゥ・プレス………101
スプリットジャンプ …………………………………74
スプリットスクワット、ランジ ……………………92
スモウスクワット・トゥ・スタンド ………………41
スリーハードル・ドリル ……………………………82

た
タックジャンプ ………………………………………79
ダンベル・プルオーバー・エクステンション…………100
ダンベル・フロントスクワット・トゥ・プレス………91
ドロップランジ ………………………………………40

な
ニータック ……………………………………………61

は
バックワードランジ・ウィズ・ツイスト …………39
バランスボール・プッシュアップ・プラス ………49
ハンドウォーク ………………………………………35
ヒップ・クロスオーバー（第5章）…………………32
ヒップ・クロスオーバー（第7章）…………………65
ピラーブリッジ・サイド、ライト・アンド・レフト …54
ピラーブリッジ・フロント …………………………53
フォーム：ITバンド …………………………………127
フォーム：グルト ……………………………………128
フォーム：グロイン …………………………………128
フォーム：クワッド …………………………………128
フォーム：バック ……………………………………129
フォーム：ハムストリングス ………………………127
フォーム：ラット ……………………………………129
フォワードランジ、フォアアーム・トゥ・インステップ…38
プライオ・プッシュアップ …………………………83
ブリッジング …………………………………………66
プルアップ ……………………………………………103
プレートクランチ ……………………………………60
フロア／バランスボール L …………………………48
フロア／バランスボール T …………………………46
フロア／バランスボール W …………………………47
フロア／バランスボール Y …………………………45
フロア／バランスボール・レッグカール …………94
ベース・サイド・トゥ・サイド ……………………72
ベースローテーション ………………………………71
ベンチプレス …………………………………………89

ら
ライイング・オポジット ……………………………62
ラテラルバウンド ……………………………………76
ラテラルランジ ………………………………………37
ラテラルロール ………………………………………58
リアクティブ・ステップアップ ……………………78
リバースクランチ ……………………………………64
リバースハイパー ……………………………………63
ルーマニアン・デッドリフト ………………………102
ロシアンツイスト ……………………………………59

わ
ワンアーム・ワンレッグ・ダンベル・ロウ ………90
ワン・レッグ・オーバー・ザ・ライン ……………73

訳者あとがき

　職業的な翻訳者でもない私がマーク・バーステーゲンの"Core Performance"を訳せた、ということは、私にとって仕事がもたらした最高の役得のひとつとなりました。

　仕事でアリゾナのアスリーツ・パフォーマンスを初めて訪ねたのが、確か2005年。そこで出会ったマークは、具体的なトレーニングの方法論を説明する前に、まず彼のトレーニングについての哲学から語り始めました。その考えは私たちが太平洋の対岸で強く思っていたことと共鳴するもので、彼の哲学が語られたこの本をぜひ日本に紹介したいと思ったのです。

　何度もマークと話していたおかげで、彼の考え方を何とか日本語に訳すことができました。と、簡単に言ってしまっては、語弊があります。もう少し、もう少しと言いながら、思っていたより3倍以上の時間をかけることになり、担当編集者の太田さんや三浦さんの思いやりのある叱咤激励がなければ、ゴールにたどり着くことはできなかったでしょう。

　それに加えて、「僕の右腕だ」とマーク自身が言う咲花さんが訳文を監修してくださったおかげで、マークの言葉が日本語となったために変質していないかを確認してもらうことができました。また、具体的な運動方法がきちんと伝わるよう、当時弊社スタッフだった澤田がマークの意図を汲んで一つひとつチェックし、注意し、直してくれたことにも感謝です。

　アスリーツ・パフォーマンスや弊社のコンディショニングセンター品川（C.C.S.）などで、ムーブメント・プレパレーションを初めてやった人が、数日のうちに身体に「コア」が確立し、日常の動きまで見違えるように変わっていくのを目にしてきました。運動スキルの高い選手ではありません。私や、ひょっとするとあなたのような、「運動は苦手だ」という人が、です。

　「動き」というのは不思議なもので、一度「なるほど」と身体がわ

かってくれると、なぜできなかったのかが嘘のように感じられることでも、その「わかる瞬間」を迎えるために何度も何度も繰り返さなければならなかったりします。また、書籍で読んだり画像で眺めたりしてわかろうと苦戦していたのに、指導者の手が一度適切に加えられることによって、あっけなく謎が解けてしまうこともあります。

　自分の身体を本当に自分のものにしていくヒントがこの本にはたくさん詰まっています。読んで、やってみる。やってみてわからなかったら聞いてみる。聞いてもわからなかったら教えてもらう。ぜひ、「本」だけに終わらせず、「動き」につなげていってください。

　コア・パフォーマンスへのアプローチは、マークが繰り返し言っているように、人生へのアプローチにも重なります。あなたの「コア」を見つけるためにこの訳がお役に立つとすれば、こんなにうれしいことはありません。

栢野　由紀子

運動プログラムや使用している用具等についてのご質問などがある場合には、アスリーツ・パフォーマンスのウェブサイト（http://www.athletesperformance.com/）のContact Usのページをご利用いただくか（英語のみ）、コンディショニングセンター品川（〒141-0001　東京都品川区北品川 6‐7‐22　電話03-5795-0269）へお問合せください。

■コンディショニングセンター品川（C.C.S.）■
フィットネスアポロ社のデジタルツールも含めた取扱商品を実際に使って、スポーツプログラムスのスタッフが、アスリーツをはじめ、さまざまな目的をもつ人たちに、総合的なコンディショニングを提供している。
http://www.toredie.com/company/ccs.html

──エクササイズの動きがよくわかる──
付属CD-ROMのご利用にあたって

　エクササイズの動きをより理解していただくために、原書の内容に沿って作成・別売りされているCD-ROM版『CORE PERFORMANCE』（英語版）を付録として添付しています。文字や音声は英語のままであり、エクササイズ以外の原文やアスリートへのインタビューの動画も入っています。
　ここでは、本書第5～第9、第11章のエクササイズをご覧になるための方法を紹介します（例：第5章「ヒップ・クロスオーバー」を見る）。ご利用になる場合は、本書の奇数ページ右下の英語表記、ならびに各エクササイズ名の上に示されている英語表記と照らし合わせてご覧ください。

【画面①】

1．CD-ROMをコンピュータに入れると【画面①】が出ますので、「コア・エクササイズ」をクリックします。→画面②へ
※「コア・ワークアウト」「コア・ニュートリション」には原書の該当ページなどがPDFファイルとして入っています。

- コア・ワークアウト
- **コア・エクササイズ**
- コア・ニュートリション
- 出口

【画面②】

- アスリートへのインタビュー
- 01ムーブメント・プレパレーション

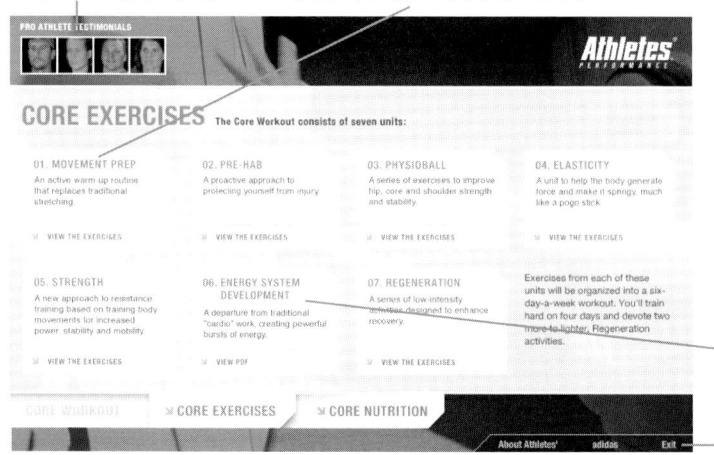

2．ユニット（章）名一覧【画面②】が現れます。エクササイズ紹介への入り口です。「01ムーブメント・プレパレーション」をクリックします。→画面③へ
※02以下のユニット名と本書の該当章については、220ページの内容構成概略参照。

※「06 エネルギー供給システムの開発」は文章のみ

出口

【画面③】

ユニット(章)名　　　ヒップ・クロスオーバー

3．エクササイズ一覧【画面③】が出ます。写真の下に書かれたエクササイズ名「ヒップ・クロスオーバー」をクリックします。
→画面④へ
この画面では、上段のタブに書かれたユニット名をクリックすると、そのユニットのエクササイズ一覧画面へ移ることができます。

エクササイズ名

出口

【画面④】

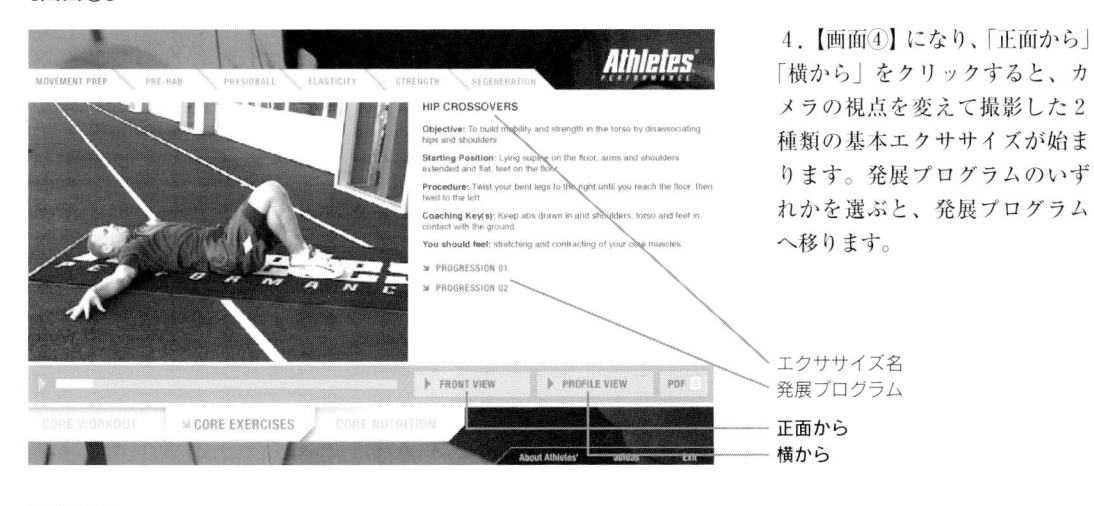

4．【画面④】になり、「正面から」「横から」をクリックすると、カメラの視点を変えて撮影した2種類の基本エクササイズが始まります。発展プログラムのいずれかを選ぶと、発展プログラムへ移ります。

エクササイズ名
発展プログラム
正面から
横から

【画面⑤】

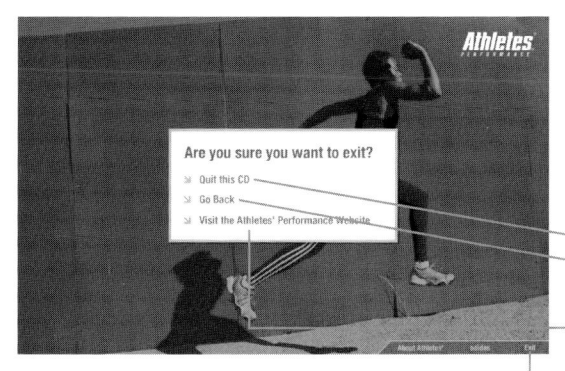

5．終了したい場合は、画面①～④の右下の「出口」をクリックすると【画面⑤】となりますので、「終了」をクリックしてください。前の画面に戻りたい場合は、「戻る」をクリックしてください。

終了
戻る

マーク・バーステーゲンが運営するトレーニング施設「アスリーツ・パフォーマンス」のウェブサイトへ

出口

【表】内容構成概略

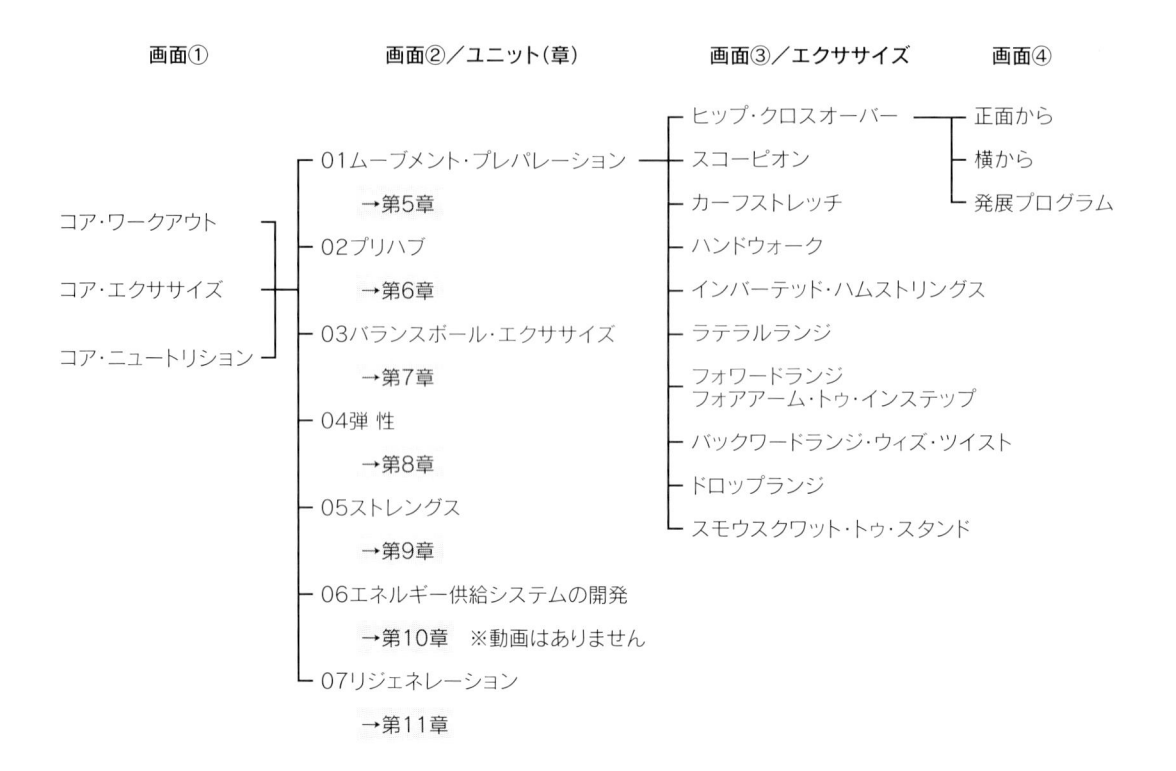

画面①	画面②／ユニット（章）	画面③／エクササイズ	画面④
コア・ワークアウト コア・エクササイズ コア・ニュートリション	01 ムーブメント・プレパレーション 　→第5章 02 プリハブ 　→第6章 03 バランスボール・エクササイズ 　→第7章 04 弾性 　→第8章 05 ストレングス 　→第9章 06 エネルギー供給システムの開発 　→第10章　※動画はありません 07 リジェネレーション 　→第11章	ヒップ・クロスオーバー スコーピオン カーフストレッチ ハンドウォーク インバーテッド・ハムストリングス ラテラルランジ フォワードランジ フォアアーム・トゥ・インステップ バックワードランジ・ウィズ・ツイスト ドロップランジ スモウスクワット・トゥ・スタンド	正面から 横から 発展プログラム

動作環境：
・Windows：Pentium Ⅲ 500MHz以上のプロセッサ／Windows 2000以降／128MB Ram／12倍CD-ROMドライブ／16 bit Color
・Mac：G4以上／OSX以降／16倍CD-ROMドライブ／16 bit Color
・Apple QuickTime6.0以降
※記載の会社名・製品名は各社の商標または登録商標です。

【著者紹介】

マーク・バーステーゲン

　母校ワシントン州立大学でコーチとしてのキャリアをスタートし、アイダホ大学で運動科学の修士号を取得。ジョージア工科大学フットボールチームやフロリダ州IMG（インターナショナル・マネージメント・グループ）アカデミーのインターナショナル・パフォーマンス研究所で大きな成果を上げた。

　1999年アリゾナ州テンピに「アスリーツ・パフォーマンス」というトレーニング施設を自ら開設。彼と彼のチームが提唱するトレーニングの「哲学」と「方法」は、アメリカのみならず、世界のトレーニング界に大きな影響を与えている。2006年サッカーワールドカップドイツ大会のドイツ代表チームのコーチの一員として、ワールドランキング22位だったチームを3位に引き上げるという大きな役割を果たすなど、アスレティック・パフォーマンス・トレーニングの分野の革新者、リーダーとして世界的に高い評価を得ている。

　また、アメリカNFL（フットボール）選手会のパフォーマンス・ディレクターとして、選手の安全と福祉のためにも貢献している。

　現在「アスリーツ・パフォーマンス」はカリフォルニア州カーソン、ネバダ州ラスベガス、フロリダ州ガルフブリーズにも開設されている。

ピート・ウィリアムズ

　スポーツライター。"Street & Smith's Sports Business Journal"や"USA Today Sports Weekly"への寄稿者で、"Muscular Development"や"Mind and Muscle Power"などを含む多くの出版物にも記事を書いている。また、"Card Sharks"や"Sports Memorabilia for Dummies"の著書がある。バージニア大学卒。フロリダ在住。

【本文エクササイズ写真】
©David Zickl

【監訳者紹介】

咲花正弥（さきはな　まさや）

　ニューヨーク州イサカ大学で運動科学の修士号を取得後、アリゾナ州テンピのアスリーツ・パフォーマンスでのインターンを経て、2004年からパフォーマンス・スペシャリストとして勤務。アメリカだけでなく、母国である日本やヨーロッパでも指導にあたっている。

　自らの経験を活かした、異文化間でのフィジカル・フィットネスや運動スキルについての比較研究にも情熱を注いでいる。

【訳者紹介】

栢野由紀子（かやの　ゆきこ）

　有限会社フィットネスアポロ社、ならびに株式会社スポーツプログラムス副社長。
　1978年、比佐 仁とともにフィットネスアポロ社（トレーニング用の機器やデジタルツールの輸入・販売）を、1982年にはスポーツプログラムス（コンディショニングコーチ、インストラクター、アスレティックトレーナー、スポーツ管理栄養士などによるチームでのトレーニング指導）を設立。

　仕事を通して、トレーニングにかかわる世界の新しいマシンやシステムの開発の流れ、指導の現場などを見てきた。

澤田　勝（さわだ　まさる）

　元株式会社スポーツプログラムス。
　トレーニング用語の日本語監修。

○イラスト（17、23、27ページ）は訳者注。

身体を中心から変える
コアパフォーマンス・トレーニング　CD-ROM付
©SPORTS PROGRAMS, INC. 2008　　NDC781／xvi, 220p／CD-ROM1枚／24cm

初版第1刷———2008年10月10日
第6刷———2017年9月1日

著　者———マーク・バーステーゲン／ピート・ウィリアムズ
監訳者———咲花正弥
訳　者———栢野由紀子／澤田　勝
発行者———鈴木一行
発行所———株式会社　大修館書店
　　　　　〒113-8541　東京都文京区湯島2-1-1
　　　　　電話03-3868-2651（販売部）03-3868-2299（編集部）
　　　　　振替00190-7-40504
　　　　　［出版情報］http://www.taishukan.co.jp

装丁者———石山智博
編集協力———錦栄書房
印刷所———厚徳社
製本所———ブロケード

ISBN978-4-469-26668-9　Printed in Japan
Ⓡ本書のコピー、スキャン、デジタル化等の無断複製は著作権法上での例外を除き禁じられています。本書を代行業者等の第三者に依頼してスキャンやデジタル化することは、たとえ個人や家庭内での利用であっても著作権法上認められておりません。

本CD-ROMに収録されているデータの無断複製は、著作権法上での例外を除き禁じられています。